DICTIONNAIRE

DE

JURISPRUDENCE HIPPIQUE

PAR

M. CHARTON DE MEUR

Avocat à la Cour de Paris

PARIS

GARNIER FRÈRES, ÉDITEURS

6, RUE DES SAINTS PÈRES, 6

1891

DICTIONNAIRE

DE

JURISPRUDENCE HIPPIQUE

PARIS. — IMP. DE LA SOCIÉTÉ ANONYME DE PUBLICATIONS PÉRIODIQUES
P. MOUILLOT. — 13, QUAI VOLTAIRE. — 45974.

DICTIONNAIRE

DE

JURISPRUDENCE HIPPIQUE

OUVRAGE CONTENANT

TOUTE LA LÉGISLATION DES COURSES

ET DES PARIS

BOOKMAKERS, DROIT DES PAUVRES, ÉCOLES VÉTÉRINAIRES, HARAS
SOCIÉTÉS DE COURSES, TRANSPORTS PAR CHEMINS DE FER
RÉQUISITIONS MILITAIRES, VÉTÉRINAIRES
VICES RÉDHIBITOIRES, ETC.

PAR

M. CHARTON DE MEUR

AVOCAT A LA COUR DE PARIS
OFFICIER D'ACADÉMIE

PARIS

GARNIER FRÈRES, LIBRAIRES-ÉDITEURS

6, RUE DES SAINTS-PÈRES, 6

—

1891

Ⓒ

AVERTISSEMENT

———

Le goût du cheval s'est, depuis un certain nombre d'années, développé d'une manière extraordinaire et sous toutes ses formes. Il est peu de personnes aujourd'hui qui ne s'intéressent aux questions d'élevage ou de courses.

Nous n'avons pas à rechercher les causes d'ailleurs très multiples de cette faveur ; nous ne devons que la constater.

Aussi une chose nous a frappé, au milieu de ce mouvement de progrès des sciences hippiques, c'est l'absence absolue de tout commentaire juridique sur des questions qui donnent lieu à tant de controverses et peuvent engendrer tant de procès. C'était là une lacune regrettable aussi bien pour les gens du monde désireux de prévoir les difficultés que pour les hommes de loi appelés à les résoudre.

Nous nous sommes donc efforcé de la combler et nous croyons, dans la mesure de nos forces, avoir apporté un élément utile et nouveau à l'étude de ces questions si dignes de fixer l'attention, et qui, parfois même, ont passionné l'opinion publique. Puisse l'exécution ne pas être trop inférieure à notre désir !

M. CHARTON DE MEUR,

AVOCAT A LA COUR DE PARIS.

EXPLICATION DES SIGNES ABRÉVIATIFS

C. C.   signifie : Code Civil.

C. Pr. C.   —   Code de procédure civile.

C. Co.   —   Code de commerce.

C. P.   —   Code pénal.

C. I. Cr.   —   Code d'intruction criminelle.

D. Rép.   —   Répertoire de jurisprudence générale de Dalloz.

D. 74. 1. 95.   —   Recueil de Dalloz, an. 1874, 1re partie, page 95.

S. 86. 1. 244.   —   Recueil de Sirey, année 1886, 1re partie, page 244.

Gaz. Pal. 86. 2. 714.   —   *Gazette du Palais*, 1886, 2e semestre, page 714.

J. Pal. 80. 241.   —   *Journal du Palais*, an. 1880, page 241.

Art.   —   Article.

Supp.   —   Supplément.

t.   —   Tome.

DICTIONNAIRE

DE

JURISPRUDENCE HIPPIQUE

A

ACCIDENT.

1. La responsabilité d'un accident en matière hippique, comme en toute autre, doit, au point de vue pénal et au point de vue civil, incomber à l'auteur principal du fait (Art. 1382 à 1385 C. C. ; art. 319, 320, 471, 475 et 479. C. P).

2. Mais la responsabilité civile, c'est-à-dire pécuniaire, peut frapper aussi une autre personne : le maître du domestique ou employé, qui, dans l'exercice ou à l'occasion de ses fonctions, a causé l'accident (Art. 1384 C. C).

3. La première question qui se présente à l'esprit est celle de savoir quelle est l'étendue de la responsabilité. On peut dire, en principe, qu'elle est proportionnelle à la faute ou à l'imprudence commise, et que par suite toutes les circonstances qui seront de nature à aggraver ou à atténuer la faute ou l'imprudence, réfléchiront sur la responsabilité dans la même mesure.

Il est donc difficile d'énoncer une règle absolue sur l'étendue de la responsabilité, celle-ci devant varier, avec chaque accident, selon les circonstances de fait, dont les tribunaux sont appréciateurs souverains.

Il faut noter que certains faits, qui n'impliquent seulement qu'une imprudence ou une négligence, peuvent donner lieu cependant à une responsabilité pénale entraînant l'application de peines correctionnelles : tels sont l'homicide et les blessures causées par imprudence, négligence ou inobservation des règlements. Dans ces cas, la responsabilité est encourue bien qu'aucune intention de nuire ne puisse être relevée à la charge de l'auteur de l'accident.

Mais cette responsabilité pénale ne doit atteindre que l'auteur direct et immédiat de l'accident, qui ne saurait y échapper même en invoquant l'ordre qu'il aurait reçu d'un tiers pour agir. C'est ainsi que la responsabilité pénale des accidents de voitures atteint seulement les cochers, qui en sont les auteurs, et ne frappe les maîtres qu'en ce qui concerne les réparations pécuniaires à attribuer aux victimes.

4. La faute du propriétaire de l'animal est toujours présumée : c'est donc à lui qu'il appartiendra de prouver, en justice, que l'accident est la suite d'un cas de force majeure ou provient de la faute de la victime même (Cass. 27 oct. 1885, S. 86. 1. 33 ; 9 mars 1886, S. 86. 1. 244).

5. Il faut admettre également que le propriétaire du cheval sera affranchi de toute responsabilité, s'il prouve qu'aucune faute ne peut lui être imputée et qu'il a pris toutes les mesures nécessaires pour éviter tout accident.

Il existe, il est vrai, des décisions de la cour suprême établissant que la présomption de faute du maître est absolue et ne cède que devant la preuve d'un cas de force majeure ou d'une faute de la partie lésée (Cass., 27 octobre 1885, S. 86. 1. 33 ; Rouen, 16 mai 1890. *Gaz. Pal.* 90. 2, supp. 32 ; Aubry et Rau, t. 4, § 448 ; Demolombe, t. 8, n° 654).

Mais, outre que ces décisions statuent dans des cas particuliers, où la faute du propriétaire pouvait certainement être invoquée, il ne faut pas s'écarter de ce principe, le seul juridique, qu'en l'absence d'une faute il ne saurait exister de responsabilité (Cass., 23 décembre 1879. S. 80. 1. 463 ; Sourdat, t. 2, n° 1448 ; Laurent, t. 20, n° 629).

6. Il est bien certain que ces règles de responsabilité, incombant au propriétaire vis-à-vis des tiers, lui incombent également vis-à-vis de ses domestiques ou employés, selon les principes exposés précédemment, à moins que les circonstances de l'affaire n'établissent une faute grave à la charge du domestique, victime de l'accident (Cass. 23 décembre 1879 ; S. 80. 1. 463. V. aussi S. 79. 1. 472).

7. Il résulte des termes de l'article 1385 Code civil que le maître est responsable de l'accident occasionné par son cheval, lorsqu'il est conduit par lui-même ou par l'un de ses préposés. Mais il cesse de l'être quand il le loue ou le prête à une autre personne, à la garde exclusive de laquelle l'animal se trouve alors momentanément confié (Cass. 19 août 1879 ; S. 80. 1. 462).

8. Notons qu'il y a toujours faute de nature à engager sa responsabilité lorsque le propriétaire ou son préposé n'observe pas les règlements de l'autorité publique (Art. 471, 15°, et 484, C. P).

9. Quand un cheval emporté cause un accident, la jurisprudence fait une distinction de principe. Il va sans dire d'ailleurs que ce principe pourrait être modifié par les circonstances particulières de chaque

affaire. Ou bien il s'agit d'un cheval naturellement et
généralement vicieux ou ombrageux, et, dans ce cas,
la responsabilité de son maître peut être engagée, selon les circonstances de fait, circonstances que les tribunaux apprécient souverainement. Ou il s'agit d'un
cheval naturellement doux et dont l'emportement est
la suite d'un cas fortuit ou de force majeure, tels
qu'un incendie, le passage subit d'un train, ou toute
autre cause. Dans ce cas, il a été jugé que : la responsabilité du maître, qui n'a aucune faute personnelle à
se reprocher et dont le cheval n'est pas habituellement
vicieux, ne saurait être engagée (Trib. Blois, 29 nov.
1883, *Gaz. Pal.* 84. 1. 291; Trib. Orléans, 16 février
1884, *Gaz Pal.* 84. 1. 553; Aubry et Rau, t. 4, § 448;
Sourdat, t. 2, n° 1453).

Le tribunal de la Seine et la cour de Paris ont successivement décidé le contraire dans une espèce spéciale concernant la Compagnie des Petites-Voitures, en
jugeant qu'il n'y a pas force majeure exclusive de toute
responsabilité dans le cas où le cheval d'une voiture,
faisant un service dans une grande ville et ses envi-
rons, s'est emporté au passage d'un train sur un chemin longeant une voie ferrée, le voiturier ne devant,
en de tels lieux, atteler à ses voitures que des chevaux
habitués au bruit et dressés à cet effet (Paris, 30 octobre 1889, *Gaz. Pal.* du 1er janvier 1890).

Cette décision, toute de fait, et que nous citons à titre
de document, ne nous paraît pas à l'abri de critique; il
est probable que les tribunaux hésiteraient à adopter
une pareille théorie.

Le propriétaire du cheval resterait d'ailleurs responsable des blessures reçues par une personne qui se
serait jetée à la tête du cheval emporté, pour éviter de
plus graves accidents (Trib. paix Paris, 12 octobre 1886
Gaz. Pal. 86. 2. 714).

10. Si l'animal, cause de l'accident, a été provoqué
ou excité, c'est la personne, propriétaire ou tiers, qui

l'a excité, qui sera responsable des suites de l'accident. Le propriétaire n'encourra pas de responsabilité si la provocation, un coup de fouet par exemple, vient d'un tiers. (Cass. 7 nov. 1873. D. 74. 1. 95), à moins qu'il n'ait une faute personnelle à se reprocher, par exemple d'avoir laissé son cheval sur la voie publique seul et sans gardien. Dans ce cas, il pourra être condamné solidairement avec le tiers, auteur principal de l'accident, au payement des dommages-intérêts. Si c'est le tiers provocateur qui a été lui-même blessé, la responsabilité du propriétaire du cheval, abandonné sur la voie publique, sera atténuée par la provocation du tiers et partagée par suite de la faute de ce dernier.

11. Mais si la provocation vient de la personne qui a été blessée, sans que le maître de l'animal ait aucune faute à se reprocher, il va sans dire qu'elle ne pourrait réclamer la réparation du dommage à elle causé par un accident qu'elle ne doit imputer qu'à elle seule.

12. Jugé que le propriétaire d'un cheval est responsable des morsures faites à un tiers par son cheval, dont il connaît le vice et contre lequel il n'a pris aucune mesure de précaution (Paris, 10 août 1867, D. 67. 5. 369).

13. Quand des chevaux sont logés à l'auberge ou dans un hôtel, l'hôtelier est responsable des accidents qui peuvent survenir selon les règles suivantes :

Si un cheval blesse un cheval voisin dont il n'était séparé par aucune barrière, comme la prudence l'aurait exigé, la responsabilité sera engagée mais variera selon les circonstances de la cause (Toullier, t. 11, n° 307; Larombière, n° 7).

Pour échapper à la responsabilité, l'hôtelier devrait prouver que l'accident est la suite d'un cas fortuit et qu'il a pris toutes les précautions que la prudence commandait (Bourges, 17 décembre 1877, D. 78. 2. 39).

Si cependant le cheval était vicieux, et que son propriétaire ait négligé d'en prévenir l'hôtelier, il pourrait y avoir lieu à une responsabilité partagée entre l'hôtelier et le propriétaire de l'animal vicieux, qui pourrait, en ce cas, être appelé en garantie (Lyon, 23 décembre 1865, D. 66. 3. 40).

Les affaires de cette nature sont de la compétence des juges de paix (Loi du 25 mai 1838, art. 2 ; Grenoble, 9 mars 1864).

14. Quand deux animaux se sont battus, il faut savoir lequel a été l'agresseur, et si c'est celui-là qui a succombé, son maître n'aura droit à aucune indemnité. Dans le cas contraire la responsabilité sera encourue (Toullier, t. 11, n° 316 ; Demolombe, t. 8, n° 649 ; Larombière, n° 6 ; Sourdat, n° 1445).

Cette preuve, en pratique, présentera souvent de sérieuses difficultés. La responsabilité pourra alors être basée sur d'autres faits accessoires de la cause, et notamment sur la présomption de faute qui frappe toujours, sauf preuve contraire, le propriétaire de l'animal.

Cependant cette présomption peut ne pas être admise sans difficulté et il a été jugé notamment que :

Quand dans une lutte survenue entre deux chevaux appartenant à des propriétaires différents, l'un de ces chevaux a été blessé et qu'il est impossible d'établir lequel a été l'agresseur, l'action en dommages-intérêts doit être déclarée non recevable et le défendeur renvoyé des fins de la demande. (Trib. Roanne, 20 février 1883, *Moniteur de Lyon* du 20 juin).

15. Quand, au cours d'une course, un cheval cause un accident dont il y a lieu de demander réparation, qui, de la Société de courses, sur l'hippodrome de laquelle a lieu la course, ou du propriétaire du cheval doit être déclaré responsable ?

Il est évident qu'en principe, tout au moins, cette responsabilité ne peut frapper que le propriétaire du cheval. Elle n'atteindrait la Société que si celle-ci avait engagé par une faute lourde sa propre responsabilité, qui pourrait être ainsi invoquée conjointement avec celle du propriétaire du cheval. Mais dans la plupart des cas, c'est par la faute du jockey que l'accident arrivera; c'est donc le maître seul du jockey et du cheval qui doit en demeurer responsable (Trib. Seine, 9 mars 1882, le *Droit* du 24 mars; Paris, 14 juin 1883, le *Droit* du 12 août).

16. Une autre question de responsabilité s'est présentée dans une espèce particulière. Par suite de la maladresse d'un jockey, appelé Reintz, qui prenait part à une course attelée, un accident était survenu qui avait occasionné des blessures à un jockey voisin nommé Desguines, ainsi que des avaries à sa voiture. Ce dernier poursuivit en police correctionnelle le jockey maladroit, qui fut néanmoins acquitté, le tribunal ayant déclaré qu'il n'y avait pas eu de sa part d'intention délictueuse.

Malgré cette décision, Desguines actionna le jockey Reintz devant le tribunal civil en réparation civile, c'est-à-dire pécuniaire, du dommage causé. L'on sait, en effet, que, bien qu'un tribunal ait déclaré qu'il n'y avait pas de délit dans un fait dommageable, l'auteur de ce fait peut rester néanmoins tenu d'en réparer pécuniairement les conséquences.

Le tribunal saisi de cette demande la repoussa en décidant que : lorsqu'un accident imputable à un propriétaire d'un cheval engagé ou à son préposé, s'est produit dans une course de chevaux et a occasionné un préjudice à un autre propriétaire, dont le cheval était engagé dans la même course, sans qu'il y ait eu intention délictueuse de l'auteur de l'accident, l'action en dommages-intérêts à raison de cet accident doit être soumise aux commissaires des courses dans les conditions prévues par leurs règlements spéciaux et ne peut pas être portée devant les tribunaux (Lille 15 décembre 1887, le *Droit* du 31 mai 1888).

Cette solution, conforme aux règlements des Sociétés de courses, nous paraît trop radicale et devrait être différente dans bien des cas analogues.

On trouve, dans le sens de notre opinion, un arrêt de la cour de Rouen, qui a statué sur une demande de dommages-intérêts, intentée par un jockey blessé dans une course à Dieppe. Sans doute la compétence exclusive des commissaires de courses n'avait pas été invoquée ; mais l'eût-elle été que la cour aurait assurément retenu l'affaire et décidé ainsi qu'elle l'a fait (Rouen, 16 mai 1890, *Gaz. Pal.* du 30 novembre 1890).

17. L'action en réparation pécuniaire du préjudice causé par un accident passe aux héritiers ou successeurs de celui qui en a été victime. Réciproquement elle subsiste contre les héritiers ou successeurs de celui qui en était responsable. Il y aura lieu seulement dans ces deux cas à une reprise d'instance, conformément aux règles du Code de procédure civile (C. Pr. C. art. 342 à 351).

18. L'action en responsabilité, lorsqu'elle n'est basée que sur le Code civil, est soumise à la prescription ordinaire de trente ans.

Quand le préjudice résulte d'un fait qualifié crime ou délit, la demande en réparation du dommage est soumise à la même prescription que l'action pénale, c'est-à-dire à dix ans pour les faits qualifiés crimes et à trois ans pour ceux qualifiés délits (V. *Commissaire, Maréchal ferrant, Transport par chemins de fer* et *Vétérinaire*).

ACTES DE CRUAUTÉ.

1. La loi du 2 juillet 1850, plus connue sous le nom de loi Grammont, a eu pour but de prévenir et de réprimer les mauvais traitements dont les animaux sont trop souvent victimes. L'article unique de cette loi est ainsi conçu : « Seront punis d'une amende de 5 à 15 francs et pourront l'être de 1 à 5 jours de prison ceux qui auront exercé publiquement et abusivement des mauvais traitements envers les animaux domestiques. La peine de la prison sera toujours appliquée en cas de récidive. L'article 483 du Code pénal sera toujours applicable. »

Les circonstances atténuantes sont applicables et permettent de réduire la peine jusqu'à un franc d'amende.

Ainsi deux conditions sont nécessaires pour donner lieu à l'application de ces pénalités, c'est que les mauvais traitements aient été publics et abusifs, c'est-à-dire exercés dans un endroit public et en dehors de toute mesure.

2. C'est ainsi qu'il a été jugé que la loi du 2 juillet 1850 réprime non seulement les actes directs de violence et de brutalité, mais encore toute espèce de mauvais traitement de nature à occasionner aux animaux des souffrances que ne justifie aucune nécessité (Cass., 17 novembre 1859).

Par exemple sont considérés comme mauvais traitement, dans ce sens très général :

1° Les coups violents ou tous autres actes détériorant l'animal, et, par exemple, le fait de laisser stationner pendant de longues heures un cheval attelé à la porte d'un cabaret (Trib. police Pantin, 9 mars 1888, *Gaz. Pal.* 88. 2. 110);

2° Les exigences abusives excédant les forces de l'animal dans un travail ou dans une marche;

3° La privation abusive des soins nécessaires à l'existence de l'animal ou des secours utiles en cas d'accident ou de maladie;

4° Les souffrances cruelles inutilement imposées pour donner la mort à l'animal dont on peut disposer.

1.

3. Il n'y a pas publicité au sens de la loi, lorsque les mauvais traitements sont exercés dans une maison ou ses dépendances, même en présence de plusieurs personnes.

4. La jurisprudence de la cour de cassation décide d'une manière très formelle que la loi de 1850 ne peut atteindre que les mauvais traitements exercés sur des animaux, qui leur appartiennent, par les maîtres ou par les personnes qui en ont la conduite ou la garde. La cour de cassation fait résulter cette opinion des travaux préparatoires de la loi, bien que son texte paraisse devoir être compris d'une manière beaucoup plus large (Cass. 14 janvier 1875, S. 75. 1. 97 ; 30 novembre 1888, *Gaz. Pal.* 89. 1. 263).

Le tribunal correctionnel de Reims avait adopté une opinion contraire dans un jugement du 16 mai 1888 (*Gaz. Pal.* 88. 1. 836).

5. D'ailleurs, même avec la théorie adoptée par la cour de cassation, les sévices et brutalités exercés par des étrangers sur des animaux appartenant à autrui, ne demeurent pas complètement impunis. Ils tombent, en effet, sous l'application soit de l'article 30 de la loi du 6 octobre 1791 s'il s'agit de chiens de garde, soit s'il s'agit de tous autres animaux de l'article 479 du Code pénal punissant d'une amende de 11 à 15 francs le dommage causé aux propriétés mobilières d'autrui et les mauvais traitements exercés sur des animaux appartenant à autrui (Cass. 19 avril 1866. S. 67. 1. 96).

La peine de l'emprisonnement de 1 à 5 jours est, en outre, prononcée en cas de récidive, c'est-à-dire contre les personnes qui, dans les douze mois précédents et dans le ressort du même tribunal de police, auraient déjà été condamnées pour le même fait (Art. 482 et 483 C. P.).

La peine d'emprisonnement de 1 à 5 jours peut aussi être prononcée, conformément à l'article 480 du Code pénal, contre ceux qui auront donné la mort ou fait des blessures aux animaux appartenant à autrui par l'emploi ou l'usage d'armes sans précaution ou avec maladresse ou par jet de pierres ou d'autres corps durs.

6. Il a été jugé que la loi du 2 juillet 1850 ne punissait les mauvais traitements envers les animaux qu'autant que la publicité était accompagnée de scandale et de procédés abusifs, et que ces procédés ne se rencontrent pas dans le fait d'avoir mené un cheval ventre à terre, en le fouettant, de telle sorte qu'il « n'avait pas un poil sec » (Cass. 14 mars 1868).

7. Il faut entendre par animaux domestiques, tous ceux qui sont apprivoisés et vivent dans la maison, qu'ils soient d'utilité ou d'agrément, les plus petits comme les plus gros, non seulement les quadrupèdes mais tous les volatiles et autres animaux privés.

8. Quiconque empoisonne des chevaux ou autres bêtes de voiture, de monture ou de charge est passible d'un emprisonnement de 1 à 5 ans et d'une amende de 16 à 300 francs (Art. 452 C. P.).

9. Ceux qui auront, sans nécessité, tué des chevaux ou autres bêtes de voiture ou de charge seront punis de la manière suivante : si le délit a été commis par un tiers dans les bâtiments, enclos et dépendances ou sur les terres dont le maître de l'animal tué était propriétaire, locataire, colon ou fermier, d'un emprisonnement de 2 à 6 mois ; s'il a été commis dans les lieux dont le coupable est propriétaire, locataire, colon ou fermier, d'un emprisonnement de 6 jours à 2 mois ; enfin, s'il a été commis dans tout autre lieu, d'un emprisonnement de 15 jours à 6 semaines. Le maximum de la peine sera toujours appliqué, si le délit a été précédé d'une violation de clôture (Art. 453 C. P.).

10. Il va sans dire qu'en dehors de l'application de toutes ces pénalités, la mort d'un animal survenue à la suite de mauvais traitements peut donner lieu contre celui qui en est l'auteur et au profit du propriétaire de l'animal à une action en dommages-intérêts (Trib. police Poissy, 6 avril 1887, *Moniteur des Juges de paix* 1887. 274. (V. *Société Protectrice*).

ACTION EN JUSTICE.

INDEX ALPHABÉTIQUE

Arbitrage, 1, 3.
Assignation, 5.
Commissaires de courses, 1.
Compétence, 4.
Conseil d'administration, 5.
Contrat tacite, 1.
Demande excessive, 7.
Dol, 2.
Exception de jeu, 6, 8.
Gain exagéré, 7.

Incompétence, 1.
Mauvaise foi, 2.
Pari, 6, 8.
Président de Société, 5.
Prix de villes, 3.
Qualité pour agir, 5.
Règlements, 1, 4.
Responsabilité, 5.
Sociétés de courses, 5.

1. Tout différend survenu entre deux ou plusieurs personnes ne peut se dénouer, lorsqu'elles se refusent à un arrangement amiable, que par une décision de justice. Mais les tribunaux ne sont pas toujours compétents pour connaître des réclamations qui leur sont soumises. Leur incompétence peut exister soit à raison des personnes en cause, soit en raison de la nature même du procès, soit enfin parce que le litige aurait été déjà terminé par une transaction ou un arbitrage. C'est ainsi qu'il a été jugé que les tribunaux ne peuvent pas reviser les décisions rendues par les commissaires de courses de chevaux, parce qu'il se forme entre ceux qui prennent part à la course comme propriétaires ou comme jockeys et les Sociétés de courses un contrat tacite d'après lequel chacun se soumet aux clauses contenues au règlement des courses et accepte l'arbitrage des commissaires (Trib. Avignon 8 mai 1884, *Gaz. Pal.* 84. 2. 233; Trib. Lyon 4 mai 1886, *Gaz. Pal.* 86. 2. 644).

2. Il en est ainsi surtout quand le demandeur n'articule aucun fait de fraude ou de mauvaise foi (Trib. Lyon 4 mars 1886, *Monit. Lyon* 28 mai 1886).

Il est, en effet, de principe en droit que le dol et la fraude vicient tous les contrats dans leur essence même ; les tribunaux seraient donc compétents pour réviser une décision de commissaires de courses, dont on prouverait la mauvaise foi ou la fraude.

3. Il a cependant été jugé que la compétence absolue et sans appel des commissaires de courses ne pouvait être invoquée pour les contestations élevées à propos de prix offerts par une ville et dans des courses organisées par elle. Cette décision, rendue à propos de régates et courses en bateaux, paraît applicable de tous points aux courses de chevaux (Cass. 28 juin 1886).

Elle pose en principe que la juridiction exclusive des commissaires de courses peut et doit être admise, chaque fois que leur arbitrage est imposé comme une condition de la libéralité que les Sociétés de courses accordent aux vainqueurs, sous forme de prix. Mais elle décide que dans les courses données par une ville et dans lesquelles les prix sont attribués par elle aux gagnants, les obligations imposées à ces courses forment entre la ville, organisatrice des courses, et ceux qui y prennent part, non pas un contrat de bienfaisance, dans lequel le donateur pourrait imposer toutes conditions à sa libéralité, mais un contrat commutatif, c'est-à-dire contenant des obligations réciproques (V. *Gaz. Pal.* 86. 2. 641).

En conséquence, la clause compromissoire indiquant que les concurrents s'en rapporteraient à la décision de commissaires arbitres n'est valable que si elle contient toutes les mentions exigées par les articles 1003 et suivants du Code de procédure civile, réglant la matière de l'arbitrage. Nous transcrivons, à titre documentaire, quelques-uns de ces articles :

Art. 1003. — Toutes personnes peuvent compromettre sur les droits dont elles ont la libre disposition.

Art. 1005. — Le compromis pourra être fait par procès-verbal devant les arbitres choisis, ou par acte'.devant notaire ou sous signature privée.

Art. 1006. — Le compromis désignera les arbitres et les objets en litige à peine de nullité.

Art. 1007. — Le compromis sera valable encore qu'il ne fixe pas de délai ; et, en ce cas, la mission des arbitres ne durera que trois mois du jour du compromis.

Art. 1009. — Les parties et les arbitres suivront dans la procédure les délais et les formes établis pour les tribunaux, si les parties n'en sont autrement convenues.

Art. 1010. — Les parties pourront lors et depuis le compromis renoncer à l'appel.

4. Les tribunaux ne peuvent par conséquent avoir à connaître que des contestations qui ne rentrent pas dans les limites des attributions des commissaires de courses, conformément aux règlements particuliers de chaque Société de courses.

5. Une question délicate se pose à ce sujet sur le point de savoir, lorsqu'une Société de courses est actionnée en justice ou bien agit elle-même comme demanderesse, contre qui l'action doit être poursuivie ou au nom de qui elle doit être intentée.

La jurisprudence a eu à s'occuper de cette question dans une espèce où une personne, victime d'un accident survenu pendant une course par la faute d'un des employés de la Société, en avait poursuivi la réparation pécuniaire contre le président pris à la fois comme président du comité d'administration et comme civilement et personnellement responsable des fautes des employés de la Société (Cass. 25 mai 1887, D. 87, 1, 289).

La cour de cassation, contrairement aux décisions du tribunal d'Epinal et de la cour de Nancy, déclara que lorsque les sociétés d'encouragement pour l'amélioration chevaline, quoique non reconnues d'utilité publique, étaient instituées avec le concours et l'approbation de l'autorité publique et dans un but d'intérêt général, elles tenaient tant de la nature de leur objet

que de l'adhésion de l'autorité à leur institution une
personnalité véritable, et que par suite elles pouvaient
ester en justice par leur comité d'administration,
nommé en assemblée générale, alors même qu'un
pouvoir spécial ne lui aurait pas été conféré à cet
effet par les statuts.

Cette opinion paraît sage.

Il est inadmissible, en effet, que l'on soit obligé, pour
pouvoir actionner une de ces Sociétés en justice, d'y
appeler tous ses membres, si celle-ci n'a pas eu la
précaution d'organiser son système de représentation
judiciaire.

Mais il y a, en outre, pour appuyer la thèse adoptée
par la cour de cassation, une raison meilleure et qui
a été sainement appréciée par elle.

En effet, le caractère juridique des Sociétés de
courses ne saurait être comparé à celui des cercles
littéraires ou des comices agricoles. Pour ceux-ci la
jurisprudence reconnaît la nécessité de l'assignation de
tous les membres en justice, parce qu'on ne saurait
leur attribuer de personnalité morale : cela est incontestable. Mais s'il est vrai aussi que les Sociétés formées
pour l'amélioration de la race chevaline ne constituent
pas, en principe, des êtres moraux susceptibles d'avoir
par elles-mêmes une personnalité juridique, on ne saurait méconnaître cependant que, fondées avec l'approbation et le concours de l'autorité, dans un but d'intérêt général et public, elles tirent de ce but même
cherché par elles et de leur organisation, une personnalité effective qui leur permet par suite d'être repré-
sentées pour les actions en justice, comme pour tous
les actes nécessaires à leur existence et à leur fonctionnement, par ceux qui ont reçu des statuts le pouvoir de gérer et d'administrer la Société.

V. cependant en sens contraire un jugement du tribunal de Limoges, que nous ne saurions admettre, du
20 février 1890 (*Gaz. Pal.* 90. 2. 666).

La cour suprême, qui a adopté cette théorie, l'avait ainsi décidé vis-à-vis des sociétés établies pour l'arrosage et la fertilisation des campagnes, créées, d'ailleurs, comme les Sociétés de courses, avec l'autorisation et le concours de l'autorité (Cass. 30 août 1859. D. 59, 1, 365 et 6 juillet 1864; D. 64, 1. 424).

En résumé, une Société de courses pourra agir ou être actionnée en la personne du président de son conseil d'administration, à moins que ses statuts n'aient organisé différemment son système de représentation judiciaire.

Dans le cas où la Société de courses serait purement privée, et se serait établie sans aucun patronage de la part de l'administration, on pourrait peut-être lui contester davantage son but d'intérêt général et faire décider par un tribunal que l'assignation donnée au nom seul du président de la Société serait nulle. Toutefois la question resterait même encore discutable. Il serait donc, dans ce cas, plus prudent de mettre en cause tous les membres du conseil d'administration.

6. L'article 1965 du Code civil refuse toute action en justice pour le paiement d'une dette de jeu ou d'un pari. Mais l'article 1966 pose immédiatement une exception à ce principe en déclarant que les courses à pied, à cheval ou en voiture pourront donner lieu à une demande judiciaire et que les tribunaux pourront seulement la rejeter quand la somme mise en jeu leur paraîtra excessive.

Cette dernière partie de l'article vise exclusivement une question de fait, que les tribunaux doivent résoudre selon l'intention qui a présidé au pari, la situation des parties et l'importance de la course, et qu'ils jugent souverainement. Une fois décidée par eux, cette question de fait échappe au controle de la cour de cassation, incompétente pour réviser les appréciations de faits produites par les cours et tribunaux.

7. Si le juge trouve le gain exagéré, il doit rejeter la demande de la partie qui a gagné, la loi ne disant pas qu'il peut la modérer. « La modérer, ce serait transformer un contrat illicite en une convention licite » (Laurent, t. 27 n° 200; Duranton, t. 18, n° 111).

Cette opinion peut au premier abord paraître bien rigoureuse. Elle est cependant strictement juridique.

En effet, ces parieurs ont passé entre eux une convention exceptionnellement reconnue par le Code, convention qui ne doit, en conséquence, être admise en justice, que dans les termes exprès et précis de l'article qui l'a autorisée. Or cet article (1966) ne parle pas de la modération mais seulement du rejet de la demande jugée excessive.

8. Le savant jurisconsulte belge, M. Laurent, va même plus loin et prétend que les paris sur les courses, étant devenus aujourd'hui une véritable spéculation, dépouillée de l'esprit d'encouragement au développement des exercices physiques, les tribunaux pourraient rejeter *de plano* l'action des gagnants, sans avoir même à se préoccuper de savoir si elle est ou non exagérée.

Pour appuyer cette manière de voir il invoque les travaux préparatoires du Code civil, rapportés par Locré (t. 15, p. 187), et qui donnent comme unique motif à l'exception de l'article 1966 Code civil l'utilité d'encourager entre ceux qui parient le développement des forces physiques et de l'adresse. Or, ajoute M. Laurent, « on ne peut pas dire que les courses sont comprises dans cette exception, car ce n'est pas l'homme qui s'exerce, c'est le cheval; et c'est le cheval qui est célébré comme vainqueur, ce n'est pas le jockey. En tout cas, les propriétaires ne participent aucunement aux jeux, il n'y a pour eux ni adresse ni exercice du corps. Donc on ne se trouve ni dans le texte ni dans l'esprit de l'exception. »

Cette théorie parfaitement juridique, si on l'interprète sainement, serait sujette à critique si on devait l'appliquer aux propriétaires de chevaux, ainsi que le demande M. Laurent.

Il est d'abord impossible de prétendre que le jockey reste complètement étranger au succès de la course et son habileté entre pour partie dans la formation des prévisions et des calculs des parieurs. Or le jockey est le représentant du propriétaire.

D'autre part, le texte de l'article 1966 est beaucoup plus général que ne semble l'indiquer M. Laurent, et ses termes doivent s'appliquer assurément aux paris faits sur les courses de chevaux.

Il est certain, en droit, que les parieurs étrangers au fait même qui donne naissance au pari, c'est-à-dire à l'exercice ou au jeu physique, sont sans action pour poursuivre en justice le payement du pari qu'ils auraient gagné. Ce qui ne veut pas dire, bien entendu, que, si un parieur remettait à un autre le montant du pari et que celui-ci se refusant à payer le pari gagné, se refusât également à rembourser la mise engagée par le gagnant, ce dernier serait sans action pour obtenir en justice le remboursement de son enjeu. Il aurait même une double action, l'une civile en restitution du dépôt, l'autre correctionnelle en abus de confiance ou en escroquerie, si les circonstances de la cause permettaient de l'exercer. La loi entend seulement que la demande en paiement du pari fait sur un exercice physique, soit susceptible d'être repoussée par une fin de non-recevoir : l'exception de jeu. Mais elle ne prohibe pas le paiement volontaire d'un pari perdu : elle l'encourage, au contraire, en quelque sorte, puisqu'elle n'autorise pas le perdant qui l'a volontairement acquitté, à réclamer, en invoquant plus tard l'exception de jeu, la restitution de ce qu'il a librement payé.

Il ne faut donc pas pousser trop loin la théorie de l'exception de jeu.

Il n'est pas contestable, en effet, en matière de courses de chevaux, qu'un grand nombre de personnes, qui ne prennent pas part effectivement à la course, doivent pourtant jouir d'une action en justice pour le paiement d'un pari fait à cette occasion. Ce sont les propriétaires entraîneurs ou éleveurs, qui, s'ils ne montent pas eux-mêmes les chevaux qui courent, sont, du moins, directement et personnellement intéressés au résultat.

Ce n'est pas, d'ailleurs, en ce cas, le fait de la course que la loi entend favoriser; c'est aussi et surtout le propriétaire éleveur qu'elle veut encourager (Marcadé et Paul Pont, t. 8, p. 292).

Et l'on en trouve la preuve dans ce fait caractéristique que ce n'est pas le jockey qui reçoit le prix de la course, mais bien le propriétaire.

Nous n'hésitons donc pas à penser que la demande intentée en justice par un propriétaire, un entraîneur ou un jockey, réclamant le paiement d'un pari, fait par lui sur l'un de ses chevaux, ayant pris part à une course et l'ayant gagnée, devrait être accueillie par les tribunaux (V. Mourlon, t. 3, p. 485).

AGE.

1. Les chevaux prennent leur âge uniformément à partir du 1ᵉʳ janvier de l'année dans laquelle ils sont nés (Art. 3 code des courses; art. 1 code des steeple-chases). L'âge du cheval est une des causes d'égalisation des chances et peut entrer en ligne dans le calcul des prévisions. Aussi a-t-on créé des courses pour chevaux de même âge; et dans les courses où sont engagés des chevaux d'âge différent on égalise leurs chances en variant les poids qui leur sont imposés (V. *Poids*). Il faut constater cependant que dans les courses pour chevaux de même âge, la réalité des faits ne répond pas à la définition. En effet, la saison de monte des étalons comprend une période qui commence au 1ᵉʳ février pour finir vers le 1ᵉʳ juin. Les poulains naîtront donc entre le mois de février et le mois de mai, ce qui peut en réalité donner entre deux chevaux qualifiés du même âge une différence de deux ou trois mois. Cette différence peut suffire chez un jeune animal à modifier sensiblement les conditions de sa croissance et de son développement, et, par conséquent, créer une inégalité assez grande entre deux concurrents qualifiés de même âge. Il appartient aux éleveurs, pour obvier à cet inconvénient, de faire naître leurs poulains le plus tôt possible, sans toutefois obtenir la naissance avant le 1ᵉʳ janvier, car si le cheval naissait le 31 décembre il serait présumé dès le lendemain avoir un an.

2. Toute fraude sur la déclaration de l'âge doit être sévèrement réprimée (V. *disqualification*).

3. Si elle était obtenue par la production de titres faux ou falsifiés, elle pourrait exposer celui qui l'aurait commise aux peines des faux en écriture, prévus par les articles 147, 148, 150 et 151 du Code pénal.

La question ne s'est jamais présentée en pratique, les Sociétés de courses se contentant en ce cas des pénalités de leurs règlements particuliers.

4. Le cheval n'a véritablement atteint son complet développement qu'à cinq ans.

AGENCES DE COURSES.

INDEX ALPHABÉTIQUE

Abus de confiance, 8.
Bureaux de renseignements, 1.
Commissionnaire, 2, 7, 8.
Mandat de commission, 3 et s., 8.
Paris, 2.
Pronostics, 5 et s.
Légalité de la vente de pronostics, 5 et s.

1. Les agences de courses sont des bureaux de renseignements qui fournissent à leurs clients, généralement abonnés, toutes les indications sur les courses courues et à courir. Elles ne font ainsi que devancer ou confirmer les renseignements publiés dans les journaux sportifs. Cette partie de leurs opérations est absolument licite et ne saurait, à aucun point de vue, être contestée.

2. Mais les agences de courses s'occupent aussi des paris et sur ce point deviennent de véritables commissionnaires, recueillant pour le compte de leurs clients des sommes qu'elles engagent pour eux et selon leur ordre, dans les paris qui s'exécutent sur les champs de courses. Chacun a pu se rendre compte du développement que ces agences avaient pris dans le courant des dernières années par l'encombrement même qu'elles produisaient sur les trottoirs parisiens. Devant chacune des boutiques où s'étaient installées ces maisons de commission et que décoraient les portraits des jockeys en vogue, la foule affluait le matin pour y apporter son argent, le soir pour connaître le résultat des courses et apprendre le plus souvent la perte des économies engagées avec de secrètes et trompeuses espérances. Cette foule était composée de toutes les classes de la société : la bourgeoisie et le prolétariat s'y coudoyaient, unissant pour une fois ses aspirations et ses appétits et associés, il faut bien le dire, trop fréquemment par la même naïveté et les mêmes insuccès.

Quelque peu sympathiques que puissent être ces opérations de commission, nous avons à nous demander si elles sont licites en droit.

3. La jurisprudence du tribunal correctionnel de la Seine et de la cour de Paris, avec un empressement peut-être excessif et obéissant plutôt à un sentiment de moralité qu'à un raisonnement juridique, semblait vouloir se prononcer pour l'illégalité de ces opérations. Après avoir reconnu valable la commission au pari mutuel. (Trib. Seine 3 août 1888, *Gaz. Pal.* 88. 2. 245), le tribunal correctionnel, revenant sur sa première manière de voir, avait décidé que le fait d'accepter des paris à la cote ou mutuels soit pour son propre compte soit comme commissionnaire, rendait celui qui les acceptait passible des peines portées par l'article 410 du Code pénal contre ceux qui tiennent des maisons de jeux de hasard (Trib. Seine 16 avril 1889. *Gaz. Pal.* 89. 1. 656).

La cour de Paris, dans un arrêt du 30 octobre 1888, avait adopté la même opinion (*Gaz. Pal.* 88. 2. 467).

4. Mais la cour de cassation a fait justice de cette théorie, qui méconnaissait les principes élémentaires du droit, et décidé, dans un arrêt du 3 mai 1889, cassant celui de la cour d'appel de Paris siégeant correctionnellement, que la cour avait eu tort en refusant d'examiner l'articulation produite par les prévenus, à savoir qu'ils agissaient exclusivement comme commissionnaires, se bornant, moyennant salaire, à recevoir les mises et à les verser, selon les instructions qui leur étaient données, aux guichets d'une loterie autorisée. La cour de cassation a reconnu que le fait ainsi articulé impliquait, si la preuve en était rapportée, un simple et légitime usage du contrat de mandat et devait nécessairement déterminer l'acquittement des prévenus (*Gaz. Pal.* 89. 1. 759).

Cette théorie a été depuis confirmée par la cour de Rouen statuant sur le renvoi de la cour de cassation (V. *infrà*, n° 7; Rouen 3 août 1889, *Gaz. Pal.* 89. 2. 474).

5. Les agences de courses s'occupent aussi parfois de l'indication de pronostics, qu'ils communiquent à leurs clients moyennant salaire. Les tribunaux ont eu ainsi à s'occuper de la légalité de ces opérations, que nous admettons, pour notre part, en principe.

Nous ne parlons pas, bien entendu, de ces pronostiqueurs ambulants ou en chambre, pour la plupart anciens bookmakers n'ayant pas fait leurs affaires, et à la carrière desquels la police correctionnelle met le plus souvent un couronnement mérité. Pour ceux-là, en effet, le métier est bien simple : il consiste à choisir une ou deux courses ayant eu un résultat invraisemblable et à annoncer effrontément qu'ils ont désigné les vainqueurs à leurs correspondants. Comme l'existence des correspondants était un mythe, il ne se produit aucune protestation et voilà le pronostiqueur sacré prophète. Une clientèle se forme aussitôt autour de cet homme habile, et pour peu que le hasard, ce familier des courses, s'en mêle, il arrive parfois au pronostiqueur d'indiquer à ses clients le cheval gagnant qu'il a pointé sur le programme au hasard de son crayon ou tiré au sort dans un chapeau.

En Angleterre, la fièvre des paris est si intense et conduit à de si inconcevables aberrations d'esprit qu'il y a quelques années encore les sportsmen lisaient sans rire dans les journaux spéciaux des annonces dans le genre de celle-ci: « Un gentleman a rêvé que Breadablane arriverait second dans le Derby, battu d'une encolure par un cheval coté aujourd'hui à 25 contre 1. Le même gentleman avait rêvé l'année dernière que Blair-Athol gagnerait le Derby et le Saint-Léger. Envoyer un shilling, on recevra le nom du cheval par retour du courrier. » Il est évident que de telles plaisanteries méritent le sourire tant qu'elles restent innocentes et les peines de l'escroquerie quand employées sur une vaste échelle, elles atteignent une partie de la fortune d'autrui.

Mais quand les pronostics sont donnés par des gens au courant des choses du sport, après des études comparées et approfondies, le renseignement devient sérieux et doit par suite échapper à toute critique juridique.

C'est ainsi que l'avait tout d'abord compris la dixième chambre du tribunal correctionnel de la Seine, quand par un jugement du 23 avril 1887 (le *Droit* du 24) elle déclarait licite la vente des pronostics.

Depuis elle est revenue sur cette opinion et d'une manière très critiquable. Par son jugement du 16 avril

1889 (*Gaz. Pal.* 89. 1. 656), la même chambre décidait, en effet, le contraire, faisant dépendre la culpabilité des vendeurs de pronostics d'une question de fait bien délicate à apprécier. Selon ce jugement en effet, les vendeurs ne seront pas coupables, si l'acheteur du pronostic en a fait un usage licite, c'est-à-dire s'il a parié au pari mutuel ou bien s'il a parié à la cote étant au courant des choses de courses et avec des personnes qu'il connaissait. Dans tout autre cas le vendeur de pronostics sera coupable d'avoir favorisé un jeu illicite. Cette distinction arbitraire sera, en fait, bien difficile à établir, car une condamnation ne pourrait intervenir que dans le cas où le ministère public ferait la preuve que les tiers acheteurs des pronostics en ont fait un usage illicite. N'est-il pas permis de croire que cette preuve sera le plus souvent impossible à rapporter. Au surplus on ne peut pas soutenir que la vente d'un pronostic constitue en principe une opération illicite, car si l'on décidait ainsi il faudrait poursuivre tous les journaux spéciaux et autres, qui, moyennant leur prix d'achat, vendent des pronostics raisonnés pour toutes les courses. Or la vente d'un renseignement commercial ou d'une probabilité financière ne peut être considérée comme un jeu; jamais non plus comme un acte d'encouragement à un jeu illicite.

6. Le tribunal de la Seine et la cour de Paris avaient décidé également que les marchands de vins qui prêtaient leur établissement aux commissionnaires du pari mutuel se rendaient complices du délit de tenue de maison de jeux de hasard.

L'arrêt de cassation du 3 mai 1889 a définitivement établi l'opinion contraire en reconnaissant la légalité de la commission au pari mutuel. L'auteur principal du délit disparaissant, il ne saurait plus y avoir de complice et les propriétaires de cafés et les marchands de vins ne pourraient plus être poursuivis de ce chef.

7. Les agences de commission au pari mutuel, qui se

sont multipliées dans des proportions considérables, ont tout récemment donné lieu à de nombreuses discussions sur la légalité de leur existence même. Le conseil municipal de Paris, dans sa séance du 24 mars 1890, y consacrait une longue et intéressante discussion.

Dans ce débat, M. Humbert avait ramené la discussion sur son vrai terrain, en disant au conseil municipal qu'il ne pouvait pas demander l'exécution de décisions administratives dont la légalité n'était pas encore appuyée par les tribunaux. Mais il fallait même aller plus loin et dire que dans l'état actuel de la législation il était impossible de fermer les agences de commission au pari mutuel.

En effet le pari mutuel autorisé constitue une loterie, ouverte à tout le monde.

Chacun peut directement ou par mandataire s'adresser aux guichets de cette loterie pour y prendre des billets ou tickets. Le mandataire, salarié ou non, qui se charge de cette commission et l'exécute fidèlement, accomplit donc un acte parfaitement licite. Et, si une maison de commerce se fonde pour exploiter uniquement ce genre de commission, le caractère licite de l'opération ne disparaît pas par là même.

Tout ce qu'on peut lui demander, c'est de se conformer aux règles du Code de commerce sur la tenue des livres et d'exécuter fidèlement les mandats qui lui sont confiés.

D'ailleurs l'existence de ces agences, en principe du moins, n'est pas en contradiction avec l'arrêté ministériel qui a autorisé le pari mutuel seulement sur les champs de courses, puisque c'est là que les agences, si elles exécutent réellement leur commission, doivent apporter l'argent qui leur est confié à cet effet. Si elles manquent à cette obligation, le parquet n'est pas désarmé, car il pourra, en rapportant la preuve que le mandat n'a pas été exécuté, obtenir contre elles une condamnation en abus de confiance ou même en escroquerie, selon les circonstances de chaque affaire, ou bien encore pour tenue de maison de jeux de hasard (Art. 405, 408 et 410 C. P.). Mais là doit se borner actuellement le droit de l'autorité qui ne peut pas arriver par voie administrative à la fermeture d'établissements commerciaux parfaitement réguliers.

Tel est bien l'esprit de la doctrine émise par la cour suprême, dont l'arrêt nous paraît inattaquable en droit (Cass. 3 mai 1889, *Gaz. Pal.* 89. 1. 759; Rouen 3 août 1889, *Gaz. Pal.* 89. 2. 474. Cf. séance de la Chambre des députés du 25 mars 1890).

Le ministre de l'intérieur semblait d'abord l'avoir ainsi compris. Cependant l'opinion publique paraissait désirer une mesure plus radicale. A la séance de la Chambre du 29 mai 1890, M. Cluseret questionnait encore le ministre sur le pari mutel. M. Constans répondit qu'il se préparait à présenter un projet de loi qui le réglementerait et que jusque-là il tiendrait la main à ce que le minimum des mises, fixé par l'arrêté de 1887 à 5 francs, fût scrupuleusement respecté.

Les commissaires de police, dès le lendemain, prévinrent, en effet, dans tous les quartiers de Paris, les commissionnaires au pari mutuel d'avoir à se conformer à cette disposition.

Tout paraissait donc momentanément apaisé, quand brusquement le ministre rendit l'arrêté dont la teneur suit :

Le ministre de l'intérieur,

Vu la loi du 21 mai 1836 ;

Vu les articles 1er et 6 des arrêtés ministériels autorisant les Sociétés de courses de chevaux à organiser personnellement la loterie dite pari mutuel simple sur leurs hippodromes;

Considérant qu'il s'est établi à Paris un grand nombre d'agences dites de commission recevant les mises au pari mutuel des joueurs qui ne peuvent ou ne veulent pas se rendre sur les champs de courses;

Considérant qu'en droit ces agences, en se substituant ainsi aux sociétés autorisées personnellement à organiser le pari mutuel sur leurs hippodromes, contreviennent aux dispositions formelles des articles 1 et 6 des arrêtés précités ;

Considérant qu'en fait il est de notoriété publique que lesdites agences opérant pour leur propre compte ne portent pas aux guichets du pari mutuel les mises qui leur sont confiées et frustrent ainsi l'Assistance publique du prélévement qui lui est réservé ;

Considérant que ces agences ne se soumettent à aucune des conditions imposées aux Sociétés de courses autorisées à établir le pari mutuel, qu'elles violent notamment la condition fixant le minimum de la mise et qu'en abaissant le taux du pari elles élargissent d'une manière dangereuse le champ de l'offre limité par les arrêtés précédents ;

ARRÊTE :

ARTICLE PREMIER. — Les Sociétés de courses de chevaux dûment autorisées par les arrêtés particuliers à organiser le pari mutuel simple sur leurs hippodromes seront rigoureusement astreintes à conduire personnellement ou par des employés spéciaux agissant sur l'hippodrome pour leur compte et à leur place, toutes les opérations relatives au pari.

ART. 2. — Il est interdit de participer au pari par l'entremise de mandataires au moyen de commissions données en dehors du champ de courses.

En conséquence, toute agence servant d'intermédiaire entre le public et les Sociétés de courses devra cesser ses opérations, sous peine d'être poursuivie pour infraction au présent arrêté et à la loi du 21 mai 1836.

Les préfets des départements sur le territoire desquels fonctionne le pari mutuel sont chargés d'assurer l'exécution des dispositions ci-dessus.

Fait à Paris, le 2 juin 1890.

Le ministre de l'intérieur,

CONSTANS.

Deux opinions se sont produites aussitôt.

La première soutient la légalité de cet arrêté, en prétendant que la loi de 1836 a investi d'un droit absolu l'autorité à laquelle revient la mission de permettre ou d'interdire les loteries. Le ministre peut donc imposer toutes les conditions qu'il lui plaît : il avait accordé une autorisation large ; il la restreint aujourd'hui : c'est son droit.

D'ailleurs, ajoutent les partisans de ce système, on peut déroger aux règles du Code par conventions particulières : ces règles ne sont donc pas immuables (V. *Gaz. Pal.* 5 juin 1890).

La seconde opinion, que nous adoptons pour notre part, prétend au contraire que l'arrêté est illégal et entaché d'excès de pouvoir. Il est bien vrai que le ministre, autorisant une loterie, peut lui imposer toutes les obligations et toutes les réserves qu'il lui plaît ; mais à une condition primordiale, c'est qu'il respecte lui-même les lois établies. Or, l'arrêté ministériel du 2 juin 1890 aboutit à l'abrogation pure et simple des articles 1984 à 2010 du Code civil, qui ont tracé les règles du mandat, ce que jamais un arrêté ne peut faire ; car ce qu'une loi a établi une loi seule peut l'anéantir.

Il est vrai encore que l'on peut déroger aux règles du Code. Mais c'est intentionnellement que le texte de l'article 6 du Code civil a employé l'expression « conventions particulières » pour établir qu'une seule partie ne pourra jamais y déroger de sa seule volonté et qu'il faudra à la dérogation le concours et le consentement des personnes contractantes. C'est dire que, de sa seule autorité, le ministre ne peut pas violer ouvertement les textes du Code civil en les déclarant purement et simplement non applicables à une matière spéciale.

Que l'on ne vienne pas dire, d'ailleurs, que les commissionnaires au pari mutuel changent les conditions essentielles de la loterie, en allant à ses guichets, pour le compte d'un tiers, prendre un certain nombre de tickets de 5 francs. Ils ne font, en ce cas, qu'exécuter un mandat licite et régulier, comme le banquier qui, pour le compte d'un client, va prendre une valeur à lot aux guichets d'une société autorisée à l'émettre.

Dans ce deuxième système, l'arrêté ministériel du 2 juin 1890 est donc considéré comme illégal et entaché d'excès de pouvoir et paraît devoir être annulé comme tel (V. *Gaz. Pal.* 16 juin 1890).

Cette théorie est confirmée par une décision de la cour de Paris, postérieure à l'arrêté ministériel du 2 juin. Par arrêt du 12 juin 1890 (*Gaz. Pal.* 13 juin) elle a décidé en effet implicitement que le mandat était licite, par le motif suivant : « Considérant que de L..... n'établit pas davantage qu'il eût reçu l'argent des parieurs, non comme la mise dans un jeu qu'il tenait pour son propre compte, mais à titre de mandataire, à la charge de l'engager aux guichets des différents paris mutuels autorisés ; qu'il établit encore moins qu'il ait toujours porté et engagé l'argent qu'il recevait du public. »

On peut donc déduire de ce raisonnement de la cour que si une pareille preuve avait été faite, les opérations auraient dû être considérées comme licites.

Des poursuites ont été néanmoins intentées par le parquet de la Seine devant le tribunal correctionnel, à une date postérieure à l'arrêté précité. Le tribunal a condamné les agences de commission au pari mutuel, mais non pas en se basant sur la violation à l'arrêté ministériel du 2 juin 1890. Les magistrats ont relevé seulement l'infraction à la loi du 21 mai 1836 sur les loteries, résultant de ce que les agences de commission violaient les termes de l'autorisation ministérielle, qui, en 1887, avait donné une vie légale au pari-mutuel, et en appliquant par suite aux prévenus l'article 410 du Code pénal, punissant la tenue de maison de jeux de hasard (Trib. corr. Seine, 12 août 1890, *Gaz. Pal.* du 13 août 1890. Cf. la loi du 8 décembre 1889 et nos observations précédentes.

8. Si l'agence ne remplit pas fidèlement sa mission et refuse le paiement des sommes qu'elle a dû encaisser comme mandataire et pour remettre à son client qui lui avait donné mandat, celui-ci a contre elle et à son choix deux actions, l'une civile en reddition de compte du mandat, l'autre correctionnelle, en abus de confiance, ou même en escroquerie, selon les circonstances de la cause.

9. La même question peut se poser pour des agences qui feraient le pari à la cote : leurs opérations sont-elles licites, ou faut-il les considérer comme des maisons de jeux de hasard, tombant sous l'application de l'article 410 du Code pénal? On trouvera au mot *Pari à la cote* la distinction si peu juridique faite par la cour de cassation (10 décembre 1887, S. 88. 1. 43) entre les paris à la cote pratiqués par les bookmakers avec des habitués du turf et ceux pratiqués avec les premiers venus. Si l'on admet, avec cette jurisprudence, tout à fait critiquable, que le pari à la cote est, en principe, un jeu de hasard, il faut décider que des agences ne pourraient faire le pari à la cote qu'avec des personnes connues d'elles et au courant des choses de courses.

Si l'on admet l'opinion contraire, il faut décider que tous les paris à la cote faits par les agences sont licites (V. *Pari à la cote* 7°).

AMENDES.

Les commissaires des courses ont le droit d'infliger aux jockeys ou aux propriétaires qui commettent des infractions au règlement des Sociétés de courses, une amende variable selon les cas.

Leur décision sur ce point est sans appel et ne peut être révisée par les tribunaux de droit commun (Avignon, 8 mai 1884, *Gaz. Pal.* 84. 2. 233. V. Code des courses et Commissaires. V. aussi Règlement de la Société d'Encouragement : art. 31 et s. ; de la Société de demi-sang, art. 89 et s. ; de la Société des Steeple-chases, art. 21 et s.).

ARRIVÉE. V. *Juge.*

ASSISTANCE PUBLIQUE. V. *Droit des pauvres et paris.*

B

BALANCES. V. *Jockey* et *Poids*.

BOOKMAKER.

1. La traduction du mot bookmaker est : faiseur de livre ; on l'appelle ainsi parce qu'il porte avec lui un livre sur lequel il inscrit les paris.

L'organisation des bookmakers remonte à une époque déjà reculée. Au début, ils se promenaient, criant la cote des chevaux qu'ils offraient, et inscrivant les paris sur leurs livres, mais les paris étaient rares alors et s'exécutaient surtout entre gens qui se connaissaient.

Cependant le nombre des personnes qui fréquentaient les courses s'accroissait rapidement ; et en même temps augmentaient aussi le nombre et l'ingéniosité des bookmakers. Le 5 mars 1865, sur l'hippodrome de La Marche, M. Oller, empruntant ce mode d'industrie aux Anglais, paraissait avec une voiture-agence, dans laquelle les amateurs de poules, fort nombreux à cette époque, pouvaient se livrer à leur pari favori, sans crainte d'être volés. La voiture fut bientôt entourée d'un certain nombre de véhicules rivaux.

2. En 1866, on y établit le pari au comptant fait à l'aide de tickets, payés après la course : le long de ces voitures pendaient des ardoises où étaient inscrits la cote et le nom des chevaux. Les voitures-agences se multiplièrent chaque jour davantage et bientôt les bookmakers en arrivèrent à les dételer et à les laisser stationner à demeure sur le champ de courses (V. *Maison de jeu*). Puis survint le pari mutuel, qui causa un certain tort aux voitures-agences de paris à la cote, mais qui cessa en 1875, condamné par la justice.

Depuis et aujourd'hui les bookmakers ont comme installation un piquet, peint en vert ou en rouge, et portant une pancarte sur laquelle sont inscrits le nom des chevaux et en face, à la craie, la cote variant selon les fluctuations du marché, et les calculs du livre de chaque bookmaker.

Les parieurs n'ont donc plus qu'à verser leur argent, en échange d'un ticket, qui forme récépissé, sur le cheval qu'ils ont choisi. C'est ce qu'on appelle parier au piquet, par opposition avec les paris faits au livre par des bookmakers continuant à inscrire leurs paris sur des carnets pour régler le samedi suivant au Salon des courses (V. ce mot). Dans ce dernier cas l'argent n'est pas immédiatement versé. Ce sont des opérations à terme.

3. Les piquets prirent un si grand développement qu'ils constituèrent une véritable industrie au profit de celui qui, sans autre titre que son intelligence, s'était attribué le droit de les installer sur les hippodromes et qui, les louant aux bookmakers, en tirait d'énormes bénéfices. Son succès même avait excité bien des convoitises. Un tiers offrit au conseil municipal de Paris une somme considérable, pour avoir seul droit à l'exploitation des piquets. Cette proposition fut le point de départ d'une campagne acharnée : on s'éleva avec vigueur contre l'immoralité du jeu aux courses et l'on en demanda la suppression. De ce jour l'existence du pari à la cote était menacée : il ne tarda pas, en effet, à succomber sous le ministère de M. Goblet, en 1887. Il fut remplacé par le pari mutuel, qui devenait ainsi une loterie autorisée, après avoir été, en 1875, sévèrement condamné par les tribunaux!

Ce n'est pas à dire que, de fait, le pari à la cote fut supprimé. Les bookmakers continuèrent leurs opérations, d'ailleurs traqués par la police, et jouant avec elle au plus fin. C'est à cette époque que l'on vit se rétablir à leur profit la vieille télégraphie optique : ce fut d'abord un compère, qui monté sur une voiture se découvrait dès que l'arrivée du commissaire lui était signalée, pour ne se couvrir qu'une fois le danger passé. Ce système, ingénieux d'ailleurs, avait pourtant l'inconvénient grave de procurer force rhumes à celui qui le pratiquait. Il fut donc remplacé par celui du drapeau rouge, hissé au sommet d'une voiture, dans les mêmes conditions, et remplacé par un drapeau blanc quand le commissaire rentrait dans son bureau.

Aujourd'hui le pari à la cote, toléré par une administration plus intelligente, a fleuri de nouveau sur les hippodromes.

4. Au lendemain de la circulaire ministérielle, qui avait proscrit le pari à la cote, les recettes des courses baissèrent dans des proportions considérables. On s'en émut en haut lieu; on comprit que les intérêts de l'élevage devaient nécessairement souffrir de la suppression du jeu sur les champs de courses, et comme le gouvernement ne pouvait immédiatement se déjuger, il établit le pari mutuel, beaucoup plus immoral que le pari à la cote, mais qui devint cependant une institution régulière, sur laquelle l'Assistance publique perçoit un droit de 2 0/0.

5. De nombreuses décisions de justice sont intervenues pour ou contre les bookmakers; on en a déjà trouvé quelques-unes, rapportées au mot *Agences*. Nous croyons intéressant de signaler les suivantes.

6. Les bookmakers peuvent continuer à faire le pari à la cote, pourvu que ce soit avec des personnes qu'ils connaissent, et qui soient au courant des choses de courses, qui, en un mot, puissent parier en toute connaissance de cause (Cass. 10 décembre 1887, S. 88. 1. 42).

7. Dans le cas contraire, ils sont en faute d'après la jurisprudence. Et alors il suffit, pour établir la contravention et baser la condamnation, que le procès-verbal, dressé contre les bookmakers, établisse qu'ils ont été surpris soit sur la pelouse, soit aux abords du champ de courses, soit sur la voie publique, au moment où ils venaient d'engager des paris avec des individus, dont ils ont déclaré ignorer les noms ou ne pas vouloir les faire connaître (Même décision).

Il doit en être ainsi, même s'ils prétendent avoir agi pour le compte d'un patron, dont ils ne veulent indiquer ni le nom ni l'adresse.

8. Nous venons de voir que, d'après la jurisprudence actuelle, le bookmaker faisant le pari à la cote avec des personnes qu'il ne connaît pas ou qui sont étrangères aux choses de courses, est en faute. Quelle est donc, en ce cas, la pénalité qui va l'atteindre, lorsqu'il parie ainsi aux courses ou sur la voie publique?

Est-ce celle de l'article 410 du Code pénal punissant d'un emprisonnement de 2 à 6 mois et d'une amende de 100 à 6.000 francs ceux qui ont tenu une maison de jeux de hasard?

La jurisprudence a repoussé d'une manière très ferme l'application de l'article 410 et déclaré que ces faits ne constituaient pas l'établissement de jeux de hasard dans les rues, chemins et lieux publics et ne pouvaient tomber que sous l'application de l'article 475 § 5 du Code pénal réprimant la tenue de jeux de hasard sur la voie publique. Cet article porte une peine de 6 à 10 francs d'amende, et un emprisonnement de 1 à 5 jours en cas de récidive, c'est-à-dire en cas de condamnation pour le même fait dans les douze mois précédents et devant le tribunal de simple

police de la même commune où la nouvelle contravention est commise (Paris 3 août 1887, le *Droit* du
2 septembre ; Paris 26 octobre 1887, le *Droit* du
30 octobre ; Cass. 10 décembre 1887, le *Droit* du
28 décembre).

9. On appelle vagabonds ou gens sans aveu ceux
qui n'ont ni domicile certain ni moyen de subsistance
et qui n'exercent habituellement ni métier ni profession. Le vagabondage est un délit passible d'un emprisonnement de 3 à 6 mois et de l'interdiction de
séjour dans les villes désignées au condamné par l'administration pendant 5 à 10 ans. Les vagabonds de
nationalité étrangère peuvent être expulsés à l'expiration de leur peine (Art. 269 à 273, C. P.).

Une loi du 27 mars 1885 assimile aux vagabonds
tous les individus qui, ayant ou non un domicile certain, ne tirent habituellement leurs moyens d'existence
que du fait de pratiquer ou de faciliter sur la voie publique des jeux illicites ou la prostitution d'autrui.

Le parquet de la Seine, peu tendre aux bookmakers,
a essayé de les englober dans cette dernière catégorie
et d'obtenir contre eux l'application des pénalités assez
graves du vagabondage.

Mais cette prétention, malgré les très intéressantes
conclusions développées à l'audience par M. le substi-
tut Sauvajol, ne devait pas être admise par le tribunal.
Il suffit de se reporter, d'ailleurs, aux travaux préparatoires de la loi de 1885 pour s'apercevoir, qu'en l'édic-
tant, le législateur avait pour but d'atteindre une tout
autre classe d'individus : ceux que l'on désigne généralement sous le nom de souteneurs. Le parquet avait
néanmoins requis l'application de cette loi contre certains bookmakers arrêtés sur le champ de courses de
Colombes, où ils faisaient la cote.

Le tribunal de la Seine a répondu, en droit, que la
loi de 1885 avait intentionnellement employé l'expression « voie publique » ; que les champs de courses ne

pouvaient pas être considérés comme la voie publique, puisqu'on n'y pénétrait qu'à certains jours et moyennant une rétribution et que, dès lors, la loi pénale devant toujours être interprétée dans un sens strict et absolu, les bookmakers arrêtés faisant la cote sur un champ de courses ne pouvaient être assimilés aux vagabonds (Trib. corr. Seine, 9 mai 1887, *Gaz. des Tribunaux*, 9 mai 1887).

Nous n'hésitons pas à admettre cette opinion absolument conforme aux principes juridiques.

10. Mais la question reste entière pour le cas, peu fréquent en pratique, où des bookmakers feraient la cote, et sans exercer aucune autre profession, sur les routes et chemins environnant ou non les champs de courses. Encore faudrait-il établir à leur charge que ce délit leur serait habituel. Dans ce cas, le Parquet et le Tribunal de la Seine font aux bookmakers arrêtés une application certaine de la loi de 1885, bien qu'elle n'ait pas été votée contre eux (V. *Paris*).

BULLETIN OFFICIEL.

1. On appelle ainsi un journal hebdomadaire contenant les programmes et le compte rendu des courses. Il y a trois *Bulletins officiels* : l'un de la Société d'Encouragement, applicable à toutes les courses plates ; l'autre de la Société des Steeple-Chases de France, pour les courses d'obstacles ; le troisième, de la Société du Demi-Sang.

2. Quelle est la nature de ces *Bulletins* et leur titre d'officiel indique-t-il qu'ils ont caractère obligatoire ? Jusqu'en 1889 on était à peu près d'accord pour le croire. On rappelait, en effet, que l'arrêté ministériel, pris le 16 mars 1866 par le maréchal Vaillant, avait attribué aux trois grandes Sociétés, alors existantes, l'autorité que le gouvernement s'était auparavant réservée sur les courses. On citait notamment les dispositions de l'article 10, ainsi conçu :

ART. 10. — L'arrêté ministériel du 30 janvier 1862, portant règlement général des courses, et les titres IV et V de l'arrêté du 7 février 1863, sont abrogés.

Par suite de cette suppression, les hippodromes seront régis désormais : pour les courses plates au galop, par le Règlement de la Société d'Encouragement pour l'amélioration des races de chevaux en France ; pour les courses à obstacles, par le Règlement de la Société générale des steeple-chases ; pour les courses au trot, par celui de la Société pour l'amélioration du cheval français de demi-sang.

De là on concluait tout naturellement que l'impression au *Bulletin officiel* n'appartenait à ces Sociétés que par une sorte de délégation officielle.

Postérieurement à l'arrêté ministériel, la Société d'Encouragement avait à différentes reprises modifié son code et notamment elle y avait inséré, parmi les causes de disqualification de son article 2, le défaut d'insertion à son *Bulletin officiel.*

On s'était incliné devant cette décision, en raison même de la puissante autorité morale que la Société exerçait en fait sur tout ce qui touchait aux courses, et aussi parce que l'opinion la plus généralement accréditée dans le monde du turf la considérait comme la déléguée de l'Administration. On aurait mal compris, en effet, qu'elle pût édicter et imposer des pénalités telles que la disqualification, si l'on n'avait compté sur les garanties que devait offrir aux tiers son caractère officiel.

3. Un récent procès est venu démontrer que cette opinion était erronée.

La Société hippique d'Encouragement, ayant voulu donner des réunions sur l'hippodrome de Colombes, avait adressé les programmes de ses courses plates au galop à la Société d'Encouragement pour en obtenir l'insertion au *Bulletin officiel.*

La Société d'Encouragement refusa purement et simplement d'insérer cette liste, prétendant qu'elle était maîtresse chez elle et n'admettait à son programme que ceux qui lui plaisaient.

4. Un procès fut intenté, et elle plaida qu'elle était une société purement privée et libre de tous ses actes. L'arrêté ministériel de 1866, disait-elle, ne l'avait investie d'aucune autorité officielle ; elle ne l'avait pas sollicitée et aucun acte du gouvernement ne lui en avait remis la charge.

Le ministre s'était contenté de s'approprier son règlement parce qu'il le trouvait bon. Mais elle ne l'avait jamais imposé à aucune autre société ; de même son *Bulletin officiel* était resté sa propriété, dont elle entendait user librement.

5. Cette interprétation nouvelle de son caractère, donnée par la Société d'Encouragement elle-même, ne fut pas sans soulever une certaine émotion parmi les éleveurs et dans le monde des courses.

6. Le ministère public donna ses conclusions, tendant à ce que le tribunal se déclarât incompétent puisqu'il s'agissait de l'interprétation d'un acte administratif et subsidiairement à ce qu'il fût sursis à statuer jusqu'à ce que le conseil d'État eût défini la portée et le caractère de l'arrêté ministériel de 1866. Cet arrêté, disait l'honorable organe du ministère public, est ambigu. Si le tribunal statue immédiatement, ou il dira, en accordant gain de cause à la Société hippique, que l'État s'est dessaisi d'un droit, qu'il a peut-être voulu conserver ; ou, dans le cas contraire, que l'État s'est maintenu une prérogative qu'il a peut-être voulu abdiquer. De toute manière une solution immédiate lui paraissait dangereuse.

7. Ces conclusions auraient eu l'avantage, si elles avaient été suivies par le tribunal, de faire déterminer

nettement par la juridiction administrative la portée de l'arrêté ministériel de 1866.

8. Cependant le tribunal n'a pas cru devoir s'y rallier, et, se déclarant compétent, il a débouté la Société hippique de sa demande par un jugement en date du 9 décembre 1889 (le *Droit* du 10 décembre).

9. Ce jugement pose en principe que la Société d'Encouragement est une société purement privée, et qu'elle n'a jamais ni sollicité ni accepté aucune délégation du gouvernement. Il ajoute que le *Bulletin officiel* est un journal comme tout autre, soumis par conséquent à la législation générale sur la presse et qui ne peut être tenu d'ouvrir ses colonnes à des étrangers que dans les cas spécifiés par la loi de 1881, par exemple dans le cas du droit de réponse accordé aux tiers désignés ou nommés dans le journal.

10. Appel de ce jugement fut interjeté, mais la décision des premiers juges fut confirmée par la cour de Paris par arrêt du 3 juin 1890 (*Gaz. Pal.* du 4 juin).

11. Cette décision est juridique.

Il est permis de regretter seulement, en fait, l'influence qu'elle va nécessairement exercer sur le prestige dont était jusqu'à ce jour revêtue, pour le plus grand bien de l'élevage, la Société d'Encouragement (Jockey-Club).

C

CAHIER DES CHARGES.

INDEX ALPHABÉTIQUE.

1. Quand une Société de courses prend à bail un terrain appartenant à une ville ou à une commune, pour y donner ses réunions, il est passé un cahier des charges, qui devient la loi des parties, et qui peut donner lieu, s'il est violé, à la résiliation du contrat.

2. Mais la Société de courses ne saurait être tenue d'obligations plus étendues que celles qui sont précisées audit cahier des charges.

C'est ainsi qu'il a été jugé qu'en l'absence d'une disposition formelle de son cahier des charges, une Société de courses ne saurait être obligée d'établir des clôtures à claire-voie entre la piste des chevaux et le terrain réservé au public. L'absence de ces clôtures n'engage donc pas sa responsabilité en cas d'accidents (Paris 14 juin 1883, le *Droit* du 12 août).

3. Nous donnons à titre de document le bail passé par la Ville de Paris avec la Société des steeple-chases, pour la location de l'hippodrome d'Auteuil. Les baux passés avec les autres grandes Sociétés sont à peu près identiques.

CAHIER DES CHARGES DE LA LOCATION DE L'HIPPODROME D'AUTEUIL

Le préfet de la Seine, membre de l'Institut,

Vu la demande formée par M. le prince de Sagan, MM. Firino et O'Connor, agissant tant en leur nom personnel, que comme délégués d'une société de steeple-chases en voie de formation, afin d'obtenir la concession d'un emplacement au Bois de Boulogne pour y créer un hippodrome de courses avec obstacles ;

Vu la délibération du conseil municipal du 18 février dernier;

Vu le plan ci-annexé,

ARRÊTE :

ARTICLE PREMIER. — La Ville de Paris concède à la Société des steeple-chases, représentée par ses délégués susnommés, un terrain situé au Bois de Boulogne, entre l'avenue des Fortifications, celle des Lacs à Passy, l'allée du Lac Supérieur et le chemin du carrefour de la Source à l'avenue des Fortifications, tel au surplus que ledit terrain est indiqué au plan ci-dessus visé.

ART. 2. — Ce terrain sera affecté à l'installation d'un hippodrome pour les courses de chevaux avec obstacels, ou courses au trot soit attelées, soit montées, à la condition que la piste restera gazonnée.

Les concessionnaires ne pourront le consacrer à aucun autre usage que temporairement et en vertu d'autorisations spéciales du préfet de la Seine, qui devront être renouvelées chaque fois.

Art. 3. — Ils devront faire sur ledit terrain tous les travaux de construction pour l'établissement de tribunes, ceux de plantation et ceux d'appropriation du sol à la nature de courses pour lesquelles il est donné en location, y compris ceux de dérivation des canaux et de création de rivières artificielles destinées à servir d'obstacles.

Un certain nombre de places sera réservé dans les tribunes d'après les indications de l'Administration, tant pour le ministre de l'agriculture et du commerce, que pour le préfet de la Seine et les membres du corps municipal.

De plus, une travée spéciale sera réservée pour le chef de l'État, avec entrée distincte et séparation complète du reste de la tribune. Cette travée donnera un accès direct dans l'enceinte du pesage; elle sera établie d'après un plan approuvé par l'Administration municipale.

Tous les projets de travaux à exécuter devront d'ailleurs être soumis à la direction des travaux de Paris, qui les fera approuver par M. le préfet de la Seine, et les ouvrages élevés sur le terrain concédé deviendront immédiatement la propriété de la Ville.

Tous ces travaux, sans exception, sont à la charge des concessionnaires qui devront les avoir terminés au plus tard dans le délai de quinze mois à partir de la notification de l'arrêté de concession.

Aucune modification, même de détail, ne sera apportée, sans l'autorisation formelle et par écrit de M. le préfet de la Seine aux plans et devis approuvés par l'Administration.

Art. 4. — L'Administration municipale prendra à sa charge l'entretien et la conservation des plantations, massifs et pièces d'eau qui seront établis dans le terrain concédé.

Les concessionnaires devront d'ailleurs souffrir tous les travaux que cette Administration jugera utiles, pour renouveler, modifier, augmenter ou diminuer les massifs plantés, les ruisseaux et pièces d'eau. Toutefois ces travaux ne devront pas avoir pour résultat de rendre le terrain impropre à sa destination.

La Société devra s'abstenir de tout ce qui pourrait endommager les plantations, notamment d'attacher quoi que ce soit aux arbres, sous peine des amendes portées par la loi et de tous dommages-intérêts.

Art. 5. — Les concessionnaires entretiendront constamment en bon état de conservation et de propreté le terrain concédé, de manière à en conserver le nivellement, à tenir le pied du gazon bien fourni, à le renouveler au besoin et à en arracher les mauvaises herbes.

Art. 6. — Les concessionnaires devront faire entretenir aussi en bon état de conservation et de propreté les bâtiments, barrières et treillages qu'ils auront établis sur le terrain de courses, de telle façon que l'aspect en contribue à l'embellissement du Bois de Boulogne.

Ils devront les faire assurer contre l'incendie pour la valeur totale de la dépense faite lors de la construction et justifier du payement des primes et cotisations de cette assurance ; ils les feront reconstruire si la solidité en était compromise pour une cause quelconque ; mais, en cas d'incendie, ils ne seront tenus à cette reconstruction que jusqu'à concurrence de la somme qui leur sera payée par les Compagnies d'assurances.

Cependant, dans le cas où les Compagnies d'assurances feraient décider par qui de droit que l'incendie provient du fait des concessionnaires ou de leurs agents, et qu'aucune indemnité n'est due, les concessionnaires devraient, dans le délai d'un an, réédifier les constructions incendiées.

Art. 7. — En cas d'inexécution par les concessionnaires des clauses portées aux articles 5 et 6, il pourra être pourvu aux travaux nécessaires d'office et aux frais de la Société, quinze jours après un avertissement resté sans effet.

Art. 8. — Sauf les cas où des fauchages seraient nécessaires pour le bon entretien des prairies, les produits n'en pourront être utilisés que par le pacage de troupeaux de moutons ou de bêtes bovines, moyennant les précautions qui seront indiquées par le service de la promenade.

Les moutons devront être parqués.

Dans le cas où ces animaux parcourraient les prairies, les concessionnaires devraient préalablement protéger par des grillages du modèle adopté par l'Administration les massifs et plantations.

Les bêtes bovines devront être toujours parquées ou au piquet.

Il est interdit aux concessionnaires d'entretenir sur les terrains loués aucune autre espèce d'animaux.

Ils devront se conformer à tous les règlements faits ou à faire dans l'intérêt de l'ordre, notamment en ce qui concerne les heures et le mode d'introduction du bétail dans la propriété communale.

Le modèle des parcs et clôtures sera préalablement soumis à l'approbation de M. le préfet de le Seine.

Art. 9. — L'Administration municipale se réserve le droit de disposer gratuitement des terrains et des constructions pour des fêtes publiques, à la charge par elle de réparer, le cas échéant, les dégradations commises et régulièrement constatées ; mais elle ne pourra pas user de ce droit dans le mois qui précédera l'époque publiquement fixée pour les courses.

En aucun cas, cette Administration ne pourra, à l'occasion de ces fêtes, laisser faire sur le terrain loué aucune course de chevaux.

Les fêtes données par l'Administration municipale sur les terrains concédés ne pourront jamais être l'objet de spéculations particulières.

ART. 10. — L'Administration municipale ne pourra établir, ni laisser établir dans aucune partie du Bois de Boulogne, ayant vue sur les terrains concédés, des tribunes ou autres constructions recevant des spectateurs pendant les courses.

Les allées et chemins qui sillonnent le terrain loué seront toujours accessibles, suivant leur nature, aux piétons, cavaliers ou voitures, toutes les fois que des courses n'auront pas lieu.

L'Administration entretiendra en bon état les routes qui conduisent au terrain concédé et, sauf le cas de force majeure, les fera arroser les jours de courses.

Quand il sera utile d'arroser les prairies, elle laissera prendre gratuitement par les locataires, aux bouches les plus voisines, l'eau nécessaire, mais aux jours et heures où le service du Bois le permettra.

ART. 11. — Les jours de courses, les concessionnaires pourront faire établir une clôture mobile à claire-voie, d'un modèle agréé par l'Administration, au carrefour des Cascades et de la Butte Mortemart, au débouché, sur l'avenue des Fortifications, des allées des Lacs à Auteuil et à Passy, de manière à interdire l'approche des spectateurs autres que ceux payant une rétribution.

La Société se conformera d'ailleurs à toutes les mesures administratives ou de police concernant l'introduction dans le Bois de Boulogne et dans l'enceinte de l'hippodrome et des tribunes des personnes, des voitures et des chevaux.

ART. 12. — Les prix d'entrée à percevoir par la Société ne pourront pas dépasser ceux fixés au tarif ci-dessous :

Entrée sur le terrain	Piétons	1 »
	Cavaliers	5 »
	Voitures à un cheval	15 »
	Voitures à deux chevaux ou plus	20 »
Dans les pavillons hors de l'enceinte du pesage		5 »
Dans l'enceinte du pesage		20 »

La Société ne pourra tirer de la présente concession aucun bénéfice. Elle devra consacrer intégralement à des prix de courses le produit net des recettes de toute nature qu'elle réalisera, déduction faite de la somme nécessaire pour le service des intérêts, l'amortissement du capital et la formation d'un fonds de réserve qui ne pourra s'élever au delà de trois cent mille francs (300,000 francs).

A cet effet, elle soumettra à la fin de chaque année, au préfet de la Seine, la situation financière de son exploitation.

ART. 13. — La Société ne pourra, sous aucun prétexte, céder

les droits qui résultent pour elle du traité de location. Elle aura seulement la faculté de louer à des personnes agréées par l'Administration municipale, l'exploitation, par le pacage de bestiaux, des herbes, des prairies et le service des buffets temporaires établis pour les jours de courses dans les bâtiments des tribunes, ainsi que l'exploitation d'un buffet restaurant que les concessionnaires sont autorisés à établir sur le terrain concédé. Les conditions de ces locations devront être soumises à l'approbation de M. le préfet de la Seine.

Art. 14. — La présente location est faite pour une durée de cinquante années consécutives, à partir du premier janvier mil huit cent soixante-treize, et moyennant une redevance annuelle fixée à dix mille francs.

Cette redevance sera payable par semestre et d'avance entre les mains de M. le receveur municipal de la Ville de Paris.

Au cas où l'Administration militaire interdirait les travaux et aménagements prévus par le présent bail ou en exigerait la suppression, les concessionnaires pourraient résilier ledit bail, trois mois après l'avis qu'ils auraient donné à l'Administration municipale des exigences de l'autorité militaire.

Ils seraient tenus alors d'enlever leurs travaux de toute nature et de rétablir en bon état les plantations et les chemins, conformément aux dispositions prescrites par l'Administration.

Art. 15. — *En cas de non-payement à l'échéance de deux termes successifs de la redevance ou en cas d'infraction grave à l'une des clauses qui précèdent, la présente concession pourra être résiliée par un arrêté de M. le préfet de la Seine, sans que cette résiliation puisse donner lieu, en faveur d'aucun membre de la Société des steeple-chases, à aucun recours contre la Ville de Paris.*

Art. 16. — A la fin de la concession, soit par l'expiration des cinquante années fixées pour la durée, soit par suite de résiliation avant cette époque, la Ville de Paris restera, aux termes de l'article 3 de la présente concession, propriétaire de toutes les constructions et ouvrages quelconques élevés sur le terrain loué par les concessionnaires, sauf le cas où la résiliation proviendrait du fait de l'autorité militaire; en ce cas, les concessionnaires pourraient enlever les constructions élevées par eux, en rétablissant le sol même, comme il en est dit à l'article 14.

Art. 17. — Tous les frais auxquels pourra donner lieu la présente concession, resteront à la charge des locataires.

Art. 18. — Les concessionnaires se soumettront à la juridiction administrative pour toutes les contestations auxquelles l'exécution du présent traité pourrait donner lieu.

Article additionnel. — L'article 1er du cahier des charges de l'entreprise du fauchage, adjugée le 6 février 1872, comprenant l'exploitation des pelouses du Bois de Boulogne et de ses dépendances, les concessionnaires s'engagent à garantir la Ville contre toute réclamation ou répétition de prix qui pourrait être élevée par les adjudicataires de l'entreprise susdésignée, ou à renoncer purement et simplement, et sans diminution du chiffre de leur bail, au bénéfice des articles 8 et 13 de la concession, si les dispositions contenues en ces articles étaient reconnues inconciliables avec les termes du traité du fauchage.

Fait à Paris, le 9 avril 1873.

4. Si la Société est locataire, pour ses courses, de terrains appartenant à des particuliers, les conditions du bail sont établies suivant des conventions, très variables selon les circonstances, contenues dans des actes de location passés entre les propriétaires des terrains et la Société, et soumises aux règles du Code sur le louage.

Les Sociétés de courses sont d'ailleurs quelquefois elles-mêmes propriétaires des hippodromes sur lesquels elles donnent leurs réunions.

5. Les Sociétés de courses sont considérées comme des entrepreneurs de spectacles publics. Elles peuvent donc s'établir librement et sous la seule condition d'en faire la déclaration à la préfecture de police pour Paris et à la préfecture dans les départements. Elles restent, d'ailleurs, soumises à tous les règlements de police, pour ce qui concerne l'ordre, la sécurité et la salubrité publics.

CHEMINS DE FER. V. *Transports*.
CHEMINS VICINAUX.

INDEX ALPHABÉTIQUE.

Contribuables, 8.
Décharge, 9.
Délais de réclamation, 10.
Dispenses, 5.
Lieu d'exploitation, 2.
Lieutenant de louveterie, 6.
Maire, 11 et s.
Matière imposable, 2.
Prestation, 1, 7.
Propriétaire, 2.
Réclamations, 9.
Recours au conseil d'État, 11.
Réduction, 9,12.
Résidences diverses, 3 et s.
Rôles, 8.

1. Il existe, dans l'organisation des finances fran-

3.

çaises, une prestation spéciale, destinée à l'entretien des chemins vicinaux, prestation qui se paye soit en argent, soit en nature, c'est-à-dire en journées de travail. Le taux de cette prestation est voté chaque année par le conseil municipal de chaque commune et frappe les propriétaires selon l'utilité qu'ils doivent tirer des chemins vicinaux.

2. Cette prestation frappe d'abord le propriétaire personnellement, mais elle l'atteint aussi sur d'autres biens : ses chevaux.

S'il est chef de famille ou d'établissement à titre de propriétaire, régisseur, fermier ou colon partiaire, il doit la prestation pour chaque bête de trait ou de selle, et pour chaque charrette ou voiture, à son usage ou à l'usage de son exploitation et dans la commune où elle a lieu. Cette prestation est due indépendamment de la taxe spéciale qui atteint les chevaux et voitures. Il ne pourrait donc se fonder sur ce motif pour demander l'exonération de la prestation des chemins vicinaux (Conseil d'État 24 décembre 1875, *Recueil du Conseil* 1875. 1041).

3. S'il a plusieurs résidences, la prestation doit être payée : pour sa personne, dans la commune où il est imposé à la contribution personnelle; mais pour ses bêtes, chevaux et voitures, dans celle où ils servent (Conseil d'État 4 février 1876, *Recueil du Conseil* 1876. 105).

4. Si les chevaux et voitures passent temporairement, et en même temps que lui, d'une résidence à une autre, ils doivent payer la prestation seulement dans la commune où est situé le principal établissement de leur maître (Conseil d'État 14 avril 1870, *Recueil du Conseil* 1870. 458):

5. Sont dispensés de la prestation :

1° Les bêtes de somme, de trait ou de selle qui en raison de leur âge ou de toute autre infirmité ne peuvent pas être employées au travail;

2° Les chevaux ou juments destinés à la consommation, à la reproduction ou possédés comme objets de
commerce, c'est-à-dire par des marchands qui en font
le trafic, à moins que, malgré leur destination spéciale,
le possesseur n'en tire un travail quelconque;

3° Les chevaux des relais de poste ou ceux loués
par l'administration des postes, mais seulement dans
la limite du nombre fixé par ses règlements pour chaque
relais;

4° Les chevaux que les agents et fonctionnaires du
gouvernement sont tenus, par les règlements des
administrations dont ils relèvent, de posséder pour
l'accomplissement de leur service.

6. Les lieutenants de louveterie ne sont pas considérés comme des fonctionnaires. Ils ne sont donc pas
dispensés de cette prestation.

7. La prestation est votée pour l'année entière, et à
raison des éléments imposables au 1er janvier. Toute
modification survenue postérieurement au 1er janvier
ne saurait donc donner lieu ni à une augmentation ni
à une diminution du montant de la prestation pour
toute l'année (Conseil d'État 5 novembre 1875, *Recueil
du Conseil* 1875. 859).

8. Un rôle est établi et des avertissements sont
envoyés par les soins du préfet et l'intermédiaire des
receveurs municipaux aux contribuables, contenant le
détail de leur prestation et la mise en demeure de
déclarer s'ils veulent l'acquitter en argent ou en journées de travail. Cette déclaration doit être faite dans
le mois qui suit la publication du rôle, faite par voie
d'affiches et à son de caisse par les soins du maire,
dans les premiers jours du mois de novembre. Le
défaut de déclaration entraîne le paiement de la prestation en argent.

9. Quand un contribuable estime que le rôle est
inexact en ce qui le concerne, il peut présenter,
selon les cas, une demande en décharge ou en réduc-

tion, sur papier libre. Cette demande doit être remise au préfet ou au sous-préfet, qui demande un avis au directeur des contributions. Le conseil de préfecture statue ensuite, avec recours possible devant le conseil d'État.

10. Le réclamant a pour produire sa réclamation un délai de trois mois à partir du 1er janvier de l'année où la prestation est exigible, si le rôle a été publié avant, sinon à partir du jour de la publication.

11. Le recours au conseil d'État contre la décision du conseil de préfecture peut être introduit dans les trois mois qui suivent la notification de l'arrêté du conseil de préfecture.

La décision du conseil de préfecture peut d'ailleurs être attaquée également par la commune. Elle est, en ce cas, représentée par le maire, autorisé à cet effet par une délibération du conseil municipal.

12. Quant aux demandes en remise ou modération de la prestation, elles sont tranchées par le préfet, après avis du conseil municipal (Conseil d'État, 14 juin 1864, *Recueil du Conseil* 1864. 556. Cf. Dict. admin. Blanche).

CODE DES COURSES.

1. On appelle ainsi les règlements et ordonnances réunis par la Société d'Encouragement, et qui ont véritablement force de loi sur la plupart des hippodromes. Nous aurons de fréquentes occasions de le citer dans cet ouvrage, attendu qu'il est admis par la jurisprudence que toutes les contestations, en matière de courses, sont souverainement jugées par les commissaires, investis de ce pouvoir par les règlements connus et acceptés des propriétaires faisant courir (Trib. Lille, 15 décembre 1887, *Gaz. Pal.* 88. 2. supp. 12).

2. Le seul reproche que l'on puisse adresser au Code des courses est de ne pas former une œuvre assez stable. Il peut, en effet, être modifié sans cesse par le comité de la Société de courses.

La Société pour l'encouragement du cheval de demi-sang et la Société des steeple-chases ont aussi leur code, reproduisant dans ses principales lignes celui de la Société d'Encouragement.

En raison de son importance, nous transcrivons ici le texte intégral du *Code des courses*[1].

LE CODE DES COURSES RÉGIT TOUTES LES COURSES POUR LESQUELLES IL AURA ÉTÉ ADOPTÉ. — LE RÈGLEMENT DE LA SOCIÉTÉ D'ENCOURAGEMENT POUR L'AMÉLIORATION DES RACES DE CHEVAUX EN FRANCE NE S'APPLIQUE QU'AUX COURSES DE LA SOCIÉTÉ.

De la qualification des chevaux.

ARTICLE PREMIER. — Ne sont admis à courir, sauf conditions contraires, que les chevaux entiers et juments nés et élevés en France jusqu'au 1er juin de leur deuxième année, dont la généalogie est inscrite, soit au *Stud-Book* anglais, soit au *Stud-Book* français, ou qui ne sont issus que d'ancêtres dont les noms s'y trouvent insérés.

Tout cheval qui quitte la France avant d'avoir couru est disqualifié et incapable de courir, à moins que, postérieurement au 1er juin de sa deuxième année, et préalablement à sa sortie de France, son signalement aussi complet que possible ait été établi par un vétérinaire diplômé, certifié par son propriétaire, et déposé au Secrétariat de la Société d'Encouragement.

ART. 2. — Est disqualifié et incapable de courir partout où le présent règlement est en vigueur :

1° Tout cheval né en France ayant couru sur le *continent* dans une course publique :

A. — Avant le 15 mars ou après le 15 novembre;

B. — En portant un poids inférieur à 40 kilog.;

C. — Sur une distance inférieure à 1,600 mètres, si la course est un handicap;

D. — A l'âge de deux ans, avant le 1er août, et, après cette

1. Adopté dans les séances du Comité des courses des 11, 14, 18, 22 et 23 février 1867 ; et modifié dans les séances des 14 et 21 mai 1869 ; 25 mars et 1er avril 1870 ; 13 et 20 mars 1872 ; 19 et 27 février 1873 ; 21 juillet et 20 septembre 1875 ; 10 et 20 février, 28 mai et 18 juin 1878 ; 22 et 29 janvier 1879 ; 8 avril 1881 ; 23 et 30 janvier, 8, 16, 23 et 30 juin 1882 ; 31 janvier et 12 février, 18 mars et 29 avril 1884 ; 11 et 19 février 1885 ; 1er et 8 juillet 1887 ; 6 et 17 mars 1888 ; 6 et 14 février 1890 ; 19 et 27 janvier 1891.

époque, s'il a été engagé plus de trois mois à l'avance, ou si la course est un handicap.

2° Tout cheval déclaré incapable de courir par l'autorité compétente en France ou à l'étranger ;

3° Tout cheval ayant couru en France :

A. — Dans une course dont le prix n'est formé que par les entrées payées par les propriétaires des chevaux engagés;

B. — Dans une course dont l'entrée dépasse 5 0/0 de la somme annoncée comme offerte en prix[1];

C. — Dans une réunion publique dont le programme n'a pas été publié au *Bulletin officiel*.

Cette insertion n'a lieu qu'autant qu'il a été justifié, à la satisfaction du Comité, et, en cas d'urgence, des Commissaires :

Que la réunion est régie par le Code des courses qu'elle ne fait pas l'objet d'une spéculation, que les excédents de recettes sont entièrement appliqués au maintien et au développement des courses, que les prix annoncés ne sont, en aucun cas, sujets à réduction au profit du fonds de course, et que le programme remplit les conditions suivantes :

La proportion des prix offerts, pendant le cours d'une année, sur le même hippodrome ou sur plusieurs hippodromes ayant une administration commune, ne pourra dépasser :

POUR LES SOCIÉTÉS

	DISTRIBUANT UNE SOMME			Dont un ou plusieurs des hippodromes sont situés dans un rayon de 40 kilom. de Paris.
	de 5.000 fr. et moins de 20,000 f.	de 20.000 f. et moins de 50.000 f.	de 50.000 f.	
Prix à réclamer.................	40 0/0	33 0/0	25 0/0	25 0/0
Handicaps :....................	40 —	33 —	25 —	25 —
Courses ouvertes aux chevaux de 3 ans et au-dessus, sur une distance inférieure à 2.000 mètres.	40 —	33 —	25 —	25 —
Courses ouvertes aux chevaux de 2 ans....................	40 —	33 —	25 —	20 —
Courses ouvertes aux chevaux nés et élevés hors de France........	25 —	25 —	25 —	20 —

Les proportions ci-dessus ne sont pas applicables aux Sociétés qui distribuent une somme inférieure à 5.000 francs.

Pour les Sociétés dont un ou plusieurs des hippodromes sont

---

1. *Les dispositions des paragraphes 1 et 3 ne sont pas applicables aux courses de chevaux arabes, anglo-arabes de demi-sang et de hacks et hunters*

situés dans un rayon de 40 kilomètres de Paris, la somme moyenne distribuée en prix par journée ne sera pas inférieure à 18.000 francs et le nombre des courses de chaque journée ne dépassera pas six[1].

Art. 3. — Les chevaux prennent leur âge du 1er janvier de l'année de leur naissance.

Art. 4. — Un cheval qui n'a pas gagné est celui qui n'a jamais gagné de course publique dans aucun pays.

Art. 5. — Toute course dont le gagnant reçoit un prix formé, soit par une donation spéciale, soit par les entrées payées par les propriétaires des chevaux engagés, soit par ces deux moyens réunis, est une course publique.

Un pari particulier entre deux propriétaires n'est pas une course publique; mais s'il y a plus de deux propriétaires ayant engagé des chevaux, la course est considérée comme publique et le gagnant comme le gagnant d'un prix.

Art. 6. — Il n'y a qu'un seul gagnant pour chaque course. Les sommes attribuées au second ou au troisième, soit par une donation spéciale, soit sur les entrées, ne sont pas considérées comme des prix, même quand le programme de la course leur donnerait ce nom.

Le montant des gains se calcule sur la totalité de la somme annoncée comme offerte en prix, sans aucune déduction pour les retenues que le gagnant peut avoir à subir à quelque titre que ce soit.

Mais on ajoute au prix le montant de toutes les entrées revenant au gagnant, la sienne exceptée.

Si un objet d'art ou autre forme le prix ou une partie du prix, il n'entre pas en compte; la somme payable en espèces est seule comptée.

La livre sterling est calculée au change fixe de *vingt-cinq francs*.

Art. 7. — Les chevaux ayant couru ou gagné des courses d'obstacles ne sont pas considérés comme ayant couru ou gagné.

Art. 8. — Lorsque certaines conditions particulières sont exigées pour la qualification des chevaux dans une course, il suffit, pour qu'un cheval soit qualifié, qu'il remplisse ces conditions au moment de la clôture des engagements, sauf conditions contraires.

De l'engagement des chevaux.

Art. 9. — Tout engagement doit être fait par le propriétaire du cheval engagé ou en son nom par son mandataire.

---

1. *Les dispositions du paragraphe 3 ne sont pas applicables aux journées dont le programme ne comprend que des courses exclusivement réservées aux gentlemen.*

S'il y a plusieurs propriétaires ou intéressés, celui qui fait l'engagement est considéré comme seul propriétaire; mais pour agir en cette qualité et engager valablement, il faut qu'il ait une part de propriété ou d'intérêt au moins égale à celle d'aucun des autres associés; ou bien qu'il ait été constitué associé dirigeant par un acte authentique; les redevances éventuelles stipulées au profit de celui qui a vendu ou cédé temporairement le droit de disposer d'un cheval n'empêchent pas le cessionnaire d'être considéré comme seul propriétaire s'il remplit, d'ailleurs, les conditions énoncées ci-dessus.

Toute objection contre la qualification d'un cheval, en raison des dispositions qui précèdent, doit être faite, à peine de nullité, avant l'heure fixée pour la course.

Les engagements se font par écrit ou par télégramme, au domicile et à l'heure indiqués par le programme. Tout engagement arrivé après l'heure fixée est nul de plein droit, même dans le cas où le retard serait justifié par des raisons de force majeure.

ART. 10. — Tout engagement doit contenir la désignation exacte du cheval engagé, son âge et son origine. Il faut y consigner les noms des père, mère, grands-pères, grand'mères des chevaux, etc., en s'arrêtant à ceux de leurs ancêtres qui sont inscrits au *Stud-Book* anglais ou au *Stud-Book* français.

Si la mère du cheval a été couverte par plusieurs étalons, ils doivent tous être nommés.

ART. 11. — Après qu'un cheval a été engagé une seule fois avec sa désignation, son nom et son origine, dans une course publiée au *Bulletin officiel*, il suffit, pour les engagements subséquents, de le désigner par son nom, même s'il n'a pas couru; et si on l'engage en même temps, et pour la première fois, dans plusieurs courses, il suffit de donner sa désignation exacte et son origine pour l'un de ces engagements, et son nom seulement pour les autres.

ART. 12. — Si l'on veut changer le nom sous lequel un cheval a déjà couru, on doit, dans tous les engagements faits pendant trois mois à dater du premier engagement qui suit ce changement, mentionner à la suite du nouveau nom celui ou ceux sous lesquels le cheval a déjà couru.

S'il s'agit d'un cheval n'ayant pas couru, mais ayant reçu un nom, soit au *Stud-Book*, soit dans un engagement antérieur, il suffit de mentionner le changement et de donner le nouveau nom avec l'ancien, dans le premier engagement inséré au *Bulletin officiel*.

ART. 13. — Les Commissaires ont, dans tous les cas, la faculté de ne valider les engagements qu'après avoir obtenu, à l'appui de la désignation des chevaux, toutes les justifications qu'ils jugent nécessaires.

Art. 14. — Si un cheval est engagé sans être désigné conformément aux règles qui précèdent, il est disqualifié ; c'est-à-dire qu'il ne peut courir, et que son propriétaire doit néanmoins payer le forfait, ou la totalité de la mise, s'il n'y a pas de forfait, ou si l'époque où il doit être déclaré est passée.

Art. 15. — Si le cheval a été exactement désigné, et que de cette désignation même il résulte qu'il n'est pas qualifié pour la course dans laquelle on l'engage, l'engagement est nul et le propriétaire ne doit pas d'entrée.

Art. 16. — Si, par suite d'une manœuvre frauduleuse, un cheval court ou est engagé sous une fausse désignation, ce cheval devient incapable de courir ensuite dans aucune course. Son propriétaire doit restituer à qui de droit la valeur des prix qu'il a gagnés, et peut être déclaré incapable de faire courir à l'avenir aucun cheval.

Art. 17. — Tout propriétaire désirant que ses chevaux ne courent pas sous son nom, peut être autorisé à les mettre sous le nom d'un représentant agréé par le Comité de la Société d'Encouragement, ou, en cas d'urgence, par les Commissaires, et inscrit au Secrétariat sur un registre *ad hoc*.

Art. 18. — Toute personne ayant souscrit un engagement ne peut ni retirer son nom, ni lui substituer celui d'une autre personne, et reste toujours responsable de la totalité de l'entrée ou du forfait.

Aucun changement d'aucune espèce ne peut être apporté aux engagements après le terme fixé pour les recevoir.

Des déclarations de forfait et des engagements nuls.

Art. 19. — Le droit de retirer un cheval ou de déclarer forfait appartient exclusivement à la personne qui l'a engagé ou à ses représentants. La déclaration doit être faite aux Commissaires ou à la personne chargée de recevoir les engagements.

Art. 20. — Quand un cheval est vendu avec tout ou partie de ses engagements, le vendeur ne peut plus déclarer forfait ni retirer ce cheval d'aucun des engagements avec lesquels il a été vendu, et ce droit appartient exclusivement à l'acquéreur ou à ses représentants.

Dans le cas de vente à l'amiable, une reconnaissance écrite et signée des deux parties est nécessaire pour constater qu'un cheval a été vendu avec ses engagements. Dans le cas d'une vente publique, ou d'une vente dans un prix à réclamer, les conditions de la vente ou celles de la course font foi.

A défaut des preuves spécifiées ci-dessus, un cheval est toujours considéré comme vendu sans ses engagements.

Quand un cheval est vendu sans ses engagements, le vendeur

conserve le droit d'en disposer, et il peut accorder ou refuser à l'acquéreur l'autorisation d'en profiter.

Art. 21. — La déclaration par laquelle un cheval est retiré d'une course est irrévocable.

Si un cheval pour lequel on a payé forfait ou qui a été retiré par une personne ayant qualité à cet effet est, par suite d'une erreur, admis à courir, il ne peut pas gagner et est disqualifié pour cette course.

Art. 22. — L'engagement d'un cheval est annulé, si la personne sous le nom de laquelle il a été engagé meurt avant l'époque fixée pour le paiement de l'entrée ou du forfait. Dans les courses où il est stipulé que l'entrée sera représentée par un billet, l'époque du paiement sera considérée comme fixée au jour de la souscription de ce billet.

Art. 23. — L'engagement fait pour une poule de produits est nul si la jument engagée est vide ; si elle a un produit mort-né ; si elle met bas avant le 1er janvier, ou si elle a plus d'un produit.

Art. 24. — Lorsque, par dérogation à l'article 8, et par suite de conditions particulières exigées pour la qualification des chevaux dans une course, un cheval qui était qualifié à l'époque de son engagement cesse de l'être au moment de la course, l'engagement de ce cheval est nul.

Des entrées et forfaits.

Art. 25. — Les entrées sont réunies au prix, sauf conditions contraires.

Art. 26. — Le montant du forfait, ou de l'entrée lorsqu'il n'y a pas de forfait, doit être versé au moment de l'engagement.

Dans les courses pour lesquelles les engagements se font un an ou plus d'un an à l'avance, le montant de l'entrée ou du forfait peut être représenté par un billet à ordre.

Lorsque les conditions de la course admettent plusieurs forfaits, c'est le forfait le plus élevé qui doit être déposé ou souscrit.

Tout engagement qui n'est pas accompagné du montant de l'entrée ou du forfait exigé peut être refusé.

Art. 27. — Aucun cheval ne peut courir sans que son entrée ait été payée.

Le fonds de course est responsable de l'entrée des chevaux, pour les courses où les Commissaires les auront laissés partir.

Art. 28. — Toute personne ayant plusieurs chevaux engagés dans la même course ne peut en faire partir aucun, tant que les entrées ou forfaits ne sont pas payés pour tous ceux qui, bien que ne partant pas, lui appartiennent ou sont engagés sous son nom, ou sous le même nom que le cheval qu'elle fait courir.

Aucun cheval ne peut courir, tant que toutes les entrées dues par son propriétaire ou par, la personne qui l'a engagé ne sont pas payées.

Aucun cheval ne peut non plus courir, tant que toutes les sommes dues pour ses engagements ne sont pas payées.

Art. 29. — Le droit d'empêcher un cheval de partir, en vertu des dispositions de l'article précédent, appartient :

Aux gagnants des prix pour lesquels des entrées ou des forfaits sont dus ;

Aux Commissaires ou au Trésorier des courses de la localité où les entrées et les forfaits sont dus ;

Au Secrétaire de la Société d'Encouragement.

Lorsqu'il s'agit d'entrées ou de forfaits dus dans un autre endroit que celui où la course a lieu, l'opposition doit, pour être valable, être faite la veille de la course avant quatre heures du soir.

Dans tous les cas, elle doit être faite par écrit et signée.

Art. 30. — Si, malgré l'opposition régulièrement formée contre lui, un cheval prend part à la course, il ne peut pas gagner et est disqualifié.

Art. 31. — Quand un cheval a été vendu avec tout ou partie de ses engagements, et que, faute par l'acquéreur d'en payer le montant, le vendeur est obligé de les payer lui-même, il a, jusqu'à ce qu'il soit remboursé, le droit de réclamer, contre l'acquéreur et contre le cheval, l'application de l'article 29.

Art. 32. — Quand un propriétaire a été obligé, pour faire partir un cheval, de payer des entrées ou forfaits dont il n'était pas lui-même débiteur, il a, jusqu'à ce qu'il soit remboursé, le droit de réclamer, contre la personne et contre les chevaux dont il a payé les engagements, l'application de l'article 29.

Art. 33. — Les Commissaires peuvent toujours exiger de la personne au nom de laquelle un cheval a été engagé, la justification de sa part d'intérêt ou de propriété dans ledit cheval, et la preuve qu'aucune personne incapable de faire courir n'y est intéressée. Si ces preuves ne sont pas faites à leur satisfaction, ils peuvent déclarer le cheval disqualifié.

Du pesage.

Art. 34. — A l'heure fixée pour chaque course, la cloche sonne, et si un quart d'heure après tous les jockeys ne sont pas prêts, on peut faire partir ceux qui le sont.

Art. 35. — Tous les jockeys sont tenus de se faire peser avant la course devant les Commissaires ou leur délégué, qui constatent le poids de chaque jockey, mais ne sont pas responsables si ce poids n'est pas calculé correctement d'après les conditions de la course.

Tout jockey qui, sans en avoir obtenu la permission de la personne chargée du pesage, ne se fait pas peser devant elle avant la course, est mis à l'amende de *Cinquante francs.*

Art. 35 *bis.* — Les propriétaires ou leurs représentants doivent déclarer à l'avance à la personne chargée du pesage, quels sont les chevaux qu'ils veulent faire courir.

Pour chaque course, le délai accordé pour ces déclarations prend fin cinq minutes après qu'a été donné le signal annonçant le commencement du pesage.

Les numéros des chevaux ainsi déclarés comme partants, sont affichés et l'expiration du délai est indiquée ostensiblement par un signal.

Aucun cheval ne peut prendre part à la course, s'il n'a pas été déclaré comme partant, conformément aux prescriptions ci-dessus.

Si un cheval est retiré après avoir été affiché, les Commissaires ont le droit d'en demander l'explication au propriétaire ou à son représentant, et, si l'explication n'est pas satisfaisante, ils peuvent le mettre à une amende n'excédant pas *Cinq cents francs.*

Art. 36. — Après la course, les jockeys doivent rester à cheval jusqu'à l'endroit où ils sont pesés ; s'ils descendent avant d'y arriver, les chevaux qu'ils montent sont distancés.

La fin du pesage qui suit la course est indiquée par un signal; ce signal ne peut être donné que lorsque tous les jockeys, sauf cas de force majeure, sont rentrés au pesage.

Si un jockey est, par suite d'un accident, hors d'état de revenir à cheval jusqu'aux balances, il peut, mais dans ce cas seulement, y être conduit ou porté.

Tout jockey qui ne se présente pas au pesage après la course est mis à l'amende de *Cinquante francs.* Tout jockey dont le poids est inférieur de plus de un kilogramme au poids constaté avant la course, peut être mis à une amende n'excédant pas *Cinq cents francs.*

Art. 37. — Tout cheval n'ayant pas porté le poids fixé par les conditions de la course est distancé. On peut peser tout ce que porte le cheval, excepté les fers.

Art. 38. — Lorsque le poids le plus lourd accepté est inférieur à 62 kilogrammes, dans un Handicap ouvert aux chevaux de 3 ans et au-dessus, ou à 56 kilogrammes, dans un Handicap où les chevaux de plus de 3 ans ne sont pas admis, il est élevé à ce chiffre et les autres en proportion.

Cette règle n'est pas applicable aux Handicaps pour lesquels il n'y a pas d'époque fixée pour la déclaration de forfait ou l'acceptation des poids avant la course.

Du départ.

ART. 39. — La place des chevaux au départ est tirée au sort avant chaque course, si les Commissaires le jugent utile.

ART. 40. — Quand la personne chargée par les Commissaires de faire partir les chevaux a appelé les jockeys pour prendre leur place, les propriétaires des chevaux qui se présentent au poteau doivent, dès lors, leurs mises entières.

ART. 41. — La personne chargée de faire partir les chevaux peut faire ranger les jockeys en ligne en arrière du point de départ, aussi loin qu'elle le juge nécessaire. Il est interdit aux jockeys de prendre le galop avant que le signal de partir soit donné. Les chevaux doivent marcher au pas vers le poteau et partir du pas.

La personne chargée de faire partir les chevaux est juge souverain de la validité du départ.

ART. 42. — Si un jockey désobéit ou cherche à prendre un avantage illicite, les Commissaires peuvent lui imposer une amende, et même lui interdire de monter dans les courses de la localité, pendant le temps qu'ils jugent convenable.

Tout jockey mis à l'amende est incapable de monter, même dans une autre localité, tant que cette amende n'est pas payée.

Tout jockey se trouvant sous le coup d'une exclusion ou d'une suspension prononcée par les Commissaires du Jockey-Club anglais, est incapable de monter partout où le présent Règlement est en vigueur.

De la course.

ART. 43. — S'il est prouvé qu'un jockey a coupé la ligne suivie par un autre, sans avoir, au moins, deux longueurs d'avance sur lui, qu'il l'a poussé, ou empêché par un moyen quelconque d'avancer, le cheval que monte ce jockey peut être déclaré distancé, ainsi que tout autre cheval appartenant en totalité ou en partie au même propriétaire et courant dans la même course ; à moins que la collision n'ait été causée par un troisième cheval ou que le jockey qui en a souffert ne fût lui-même en faute ; mais le fait que cette collision a été involontaire, ou qu'elle n'a pas modifié le résultat de la course, ne constitue, en aucun cas, une excuse valable.

ART. 44. — Lorsqu'un cheval, en courant, passe en dedans d'un poteau, il est distancé, à moins qu'on ne le fasse retourner et rentrer sur la piste à l'endroit où il en est sorti.

ART. 45. — Si un jockey tombe et que son cheval soit remonté et amené au but par une autre personne, le cheval prend sa place comme si l'accident n'avait pas eu lieu, pourvu qu'il soit reparti de l'endroit où le jockey est tombé.

Art. 46. — Pour qu'un cheval ait gagné, il faut qu'il ait rempli toutes les conditions de la course, quand même aucun concurrent ne se serait présenté.

Dans ce cas, il est passible des surcharges imposées aux gagnants de ce prix.

Art. 47. — Il est interdit de faire partir un ou plusieurs chevaux dans une course, sans avoir l'intention d'essayer de la gagner.

Tout jockey convaincu d'avoir, dans un but frauduleux, fait battre le cheval qu'il monte, peut être puni par les Commissaires, conformément aux dispositions de l'article 42.

Tout propriétaire convaincu d'avoir donné à son jockey l'ordre de ne pas gagner peut être déclaré incapable d'engager ou de faire courir aucun cheval.

Du second cheval.

Art. 48. — Lorsque, par suite de la disqualification du cheval arrivé premier, le second se trouve avoir droit au prix, ou lorsque les conditions de la course attribuent au second ou au troisième, soit un prix spécial, soit une somme sur les entrées, et qu'il n'y a pas de cheval placé second ou troisième, l'argent destiné au second ou au troisième fait retour au fonds de course.

Si le cas se présente pour une poule sans prix, le montant de la poule, ou l'argent destiné au second ou au troisième est partagé entre tous les souscripteurs, à l'exclusion de ceux qui ont payé forfait, et s'ils ont tous payé forfait, l'argent fait retour au fonds de course.

Des épreuves nulles.

Art. 49. — Si, dans une course en une seule épreuve, deux ou plusieurs chevaux arrivent les premiers au but, tellement ensemble que le juge ne puisse pas décider lequel a gagné, ces chevaux recourent après la dernière course de la journée. Les autres chevaux sont considérés comme perdants, et prennent leurs places respectives comme si la course avait été terminée la première fois.

Art. 50. — Si, après que deux ou plusieurs chevaux ont couru une épreuve nulle, leurs propriétaires conviennent de partager le prix, ils partagent aussi l'argent attribué au second et, s'il y a lieu, au troisième ; ces chevaux sont tous alors considérés comme gagnants et passibles des surcharges imposées au gagnant de ce prix ; mais dans les courses pour lesquelles les surcharges sont établies d'après l'importance des sommes gagnées, ils sont considérés comme ayant gagné seulement le montant de leur part.

Art. 51. — Si deux ou plusieurs chevaux arrivent ensemble de façon que le juge ne puisse décider qui est second, l'argent attribué au second est partagé entre eux, et s'il y a une somme attribuée au troisième, ils la partagent aussi. Ces chevaux sont tous passibles des surcharges imposées au second dans cette course ; mais dans les courses pour lesquelles il existe des surcharges en raison des sommes reçues comme second, ils sont considérés comme ayant reçu seulement le montant de leur part.

Des courses en partie liée.

Art. 52. — Pour gagner une course en partie liée, un cheval doit gagner deux épreuves, à moins qu'il ne coure seul. Dans ce cas, il suffit qu'il parcoure une seule fois le terrain.

Art. 53. — Un poteau est placé à 100 mètres du but ; les chevaux qui n'ont pas dépassé ce poteau, lorsque le premier cheval dépasse le but, sont distancés et ne peuvent plus courir les épreuves suivantes.

Art. 54. — La place des chevaux au départ est tirée au sort à chaque épreuve, si les Commissaires le jugent utile.

Art. 55. — Si le juge ne peut décider quel est le cheval qui a gagné, l'épreuve est nulle, et tous les chevaux peuvent recourir.

Art. 56. — Si deux chevaux gagnent chacun une épreuve, ils peuvent seuls recourir pour la troisième, qui décide de la course.

Art. 57. — Si la course est gagnée en deux épreuves, la place des chevaux est déterminée par celle qu'ils ont eue à la seconde épreuve. S'il y a trois épreuves, le second cheval est celui qui a gagné une épreuve.

Art. 58. — Tout cheval retiré avant que le prix soit gagné est distancé.

Art. 59. — Aucun cheval n'est distancé à la troisième épreuve.

Art. 60. — Dans les courses en partie liée, aucun propriétaire ne peut faire courir plus d'un cheval lui appartenant en totalité ou en partie, quand même les chevaux seraient engagés sous des noms différents.

Sont formellement interdits tous arrangements par lesquels les propriétaires de chevaux partants s'intéresseraient les uns les autres dans leur chance de gagner.

Deux chevaux entraînés dans la même écurie ne peuvent pas courir dans une course en partie liée, bien qu'ils appartiennent à des propriétaires différents.

Des prix à réclamer ou à vendre au plus offrant.

Art. 61. — Lorsque les conditions d'une course portent que le *gagnant* ou que *tous les chevaux* seront à vendre au plus offrant, tout cheval engagé dans cette course, et n'ayant pas été retiré, peut être réclamé *avant la course*, moyennant la somme pour laquelle il a été mis à vendre, augmentée de la valeur du prix.

Les propriétaires de chevaux engagés dans la même course, et n'ayant pas été retirés, ont seuls le droit de réclamation.

Un propriétaire ne peut pas réclamer lui-même son propre cheval.

S'il y a plusieurs réclamations pour le même cheval, les Commissaires, ou leur délégué, procèdent à un tirage au sort qui décide de la préférence.

Tout cheval réclamé *avant la course* ne peut pas courir.

Le délai pendant lequel le droit de réclamation peut s'exercer commence *quinze minutes avant l'heure fixée pour la course*, et finit au moment du signal indiquant l'ouverture du pesage. Pendant ce délai, le droit des propriétaires de retirer leurs chevaux est suspendu.

Les chevaux doivent être rendus sur le terrain *quinze minutes avant l'heure fixée pour la course*. Tout cheval dont l'absence est constatée par les Commissaires, sans qu'ils l'aient autorisée, est considéré comme retiré et ne peut plus partir.

ART. 62. — Lorsque les conditions d'une course portent que *le gagnant sera à vendre pour un prix déterminé*, toute personne ayant l'intention de l'acheter peut, dans le quart d'heure qui suit la course, remettre aux Commissaires, au juge ou à la personne chargée du pesage, une lettre cachetée contenant l'offre d'un prix qui ne peut être inférieur à celui fixé par les conditions de la course. Le quart d'heure expiré, les lettres sont ouvertes et le gagnant appartient à la personne qui a fait l'offre la plus élevée. Son propriétaire n'a droit qu'à la somme pour laquelle il avait mis son cheval à vendre, et l'excédent, s'il y en a, revient au fonds de course.

Cet excédent doit être payé tout de suite aux Commissaires, faute de quoi la vente est nulle, et le cheval appartient à la personne qui a fait l'offre immédiatement inférieure.

ART. 63. — Lorsque les conditions d'une course portent que *tous les chevaux seront à vendre pour un prix déterminé*, toute personne qui désire acheter un ou plusieurs des chevaux partants peut, dans le quart d'heure qui suit la course, remettre aux Commissaires, au juge ou à la personne chargée du pesage, une lettre contenant l'offre d'une somme qui ne peut être inférieure à celle fixée par les conditions de la course, augmentée, s'il s'agit d'un cheval autre que le gagnant, de la valeur du prix. Le quart d'heure expiré, les lettres sont ouvertes, et tout cheval ayant couru appartient à la personne qui a fait l'offre la plus élevée; son propriétaire n'a droit qu'à la somme pour laquelle il avait mis son cheval à vendre, augmentée de la valeur du prix.

L'excédent, s'il y en a, revient au fonds de course et doit être payé comme il est dit dans l'article précédent.

Art. 64. — Tout cheval vendu au plus offrant n'est livré qu'après avoir été payé ; il doit l'être le jour même de la course, faute de quoi, la personne qui l'a acheté ne peut plus exiger qu'il soit livré, tandis qu'elle reste obligée à le prendre et à le payer si le propriétaire l'exige.

Si le propriétaire d'un cheval vendu refuse de le livrer, après qu'il a été payé, aucun cheval lui appartenant ou engagé sous son nom ne pourra courir tant que le cheval n'aura pas été livré ; l'opposition devra être faite conformément aux prescriptions de l'article 29.

Art. 65. — Tout cheval vendu au plus offrant est considéré, sauf condition contraire, comme vendu sans ses engagements.

Des surcharges et remises de poids.

Art. 66. — Les juments et pouliches portent 1 kil. 1/2 de moins que le poids indiqué pour les chevaux et poulains.

Art. 67. — Quand les conditions d'une course imposent une surcharge, ou accordent une remise de poids, pour avoir gagné ou avoir été battu un certain nombre de fois dans l'année, l'année se compte du 1er janvier précédant le jour de la course.

Art. 68. — Quand les conditions d'une course imposent une surcharge aux gagnants d'autres courses, cette surcharge est applicable aux chevaux ayant gagné après leur engagement, comme à ceux qui ont gagné auparavant.

Quand une remise de poids, est accordée aux chevaux n'ayant pas gagné, ils perdent le droit d'en profiter s'ils gagnent après leur engagement.

Art 69. — Les paris particuliers n'imposent aucune surcharge et ne donnent lieu à aucune remise de poids.

Art. 70. — Les surcharges et remises de poids ne peuvent être accumulées ; la plus forte est seule applicable.

Des réclamations et des délais dans lesquels elles doivent être présentées.

Art. 71. — Le droit de réclamer contre un cheval dans une course, appartient exclusivement aux propriétaires des autres chevaux ou à leurs entraîneurs, jockeys et autres représentants.

Les Commissaires, le juge et la personne chargée du pesage, ont seuls qualité pour recevoir les réclamations.

Les Commissaires peuvent toujours agir d'office.

Art. 72. — Les délais dans lesquels les réclamations doivent être faites, à peine de nullité, sont les suivants :

1° Pour les réclamations contre la mesure des distances, la qualification des jockeys, le défaut de paiement d'entrées ou forfaits, *avant la course, et jusqu'à l'expiration du délai accordé pour la déclaration des chevaux partants ;*

2° Pour les réclamations contre l'exactitude matérielle ou la composition du poids porté par un cheval, *avant que le jockey dont le poids est contesté, ait quitté la balance ;*

3° Pour les réclamations contre l'insuffisance du poids constaté par le juge, eu égard aux conditions de la course; contre les manœuvres illicites des jockeys, les erreurs de parcours ou toute autre irrégularité ayant eu lieu pendant la course, *avant le signal indiquant la fin du pesage qui suit la course ;*

4° Pour les réclamations contre la qualification des chevaux ou de leurs propriétaires, les erreurs dans les engagements et en général toutes les réclamations autres que celles spécifiées aux deux paragraphes ci-dessus, *dix jours francs après celui de la course ;*

5° Pour les réclamations contre une fraude ayant eu pour résultat l'engagement ou le départ d'un cheval sous une fausse désignation, et tombant sous le coup de l'article 16, *six mois après la course.*

ART. 73. — Lorsqu'une objection contre la qualification d'un cheval est faite *avant la course,* la validité de cette qualification doit être prouvée par le propriétaire du cheval. Les Commissaires fixent l'époque à laquelle la preuve devra être fournie, et si le cheval arrive premier l'argent est retenu.

Si, à l'époque fixée, la qualification du cheval n'est pas établie à la satisfaction des Commissaires, le prix est remis au propriétaire du second cheval.

Dans le cas où la réclamation contre la qualification d'un cheval est faite *après la course,* les preuves à l'appui doivent être fournies par la personne qui réclame. Les Commissaires peuvent exiger du propriétaire du cheval tous les éclaircissements qu'il est en son pouvoir de donner.

Des Commissaires des courses.

ART. 74. — Les Commissaires des courses doivent publier le programme, recevoir les engagements, décider de la qualification des chevaux, veiller au recouvrement des entrées, fixer vingt-quatre heures au moins à l'avance l'heure et l'ordre des courses, prendre les dispositions convenables pour le terrain, le pesage, la désignation des juges du départ et de l'arrivée, et adresser, dans le plus bref délai possible, le compte rendu des courses au gérant du *Bulletin officiel.*

En cas de nécessité absolue et lorsque des circonstances de

force majeure rendent impossible de courir, les Commissaires ont le pouvoir de remettre les courses de jour en jour, mais pendant quatre jours consécutifs seulement. S'il est certain que l'impossibilité de courir doit durer plus de quatre jours après la date fixée, ils ont le droit de décider que les courses n'auront pas lieu.

Tous les engagements faits pour des courses dont la date serait reculée de plus de quatre jours sont nuls de plein droit.

.Art. 75. — Les Commissaires sont au nombre de trois au moins; ils ne peuvent recevoir aucune rémunération, aucun jeton de présence, ni frais de déplacement. Un Commissaire absent ou empêché désigne la personne chargée de le remplacer; s'il omet de le faire, les Commissaires présents pourvoient, d'un commun accord, à cette désignation. Les Commissaires ont d'ailleurs le droit de s'adjoindre une ou plusieurs personnes compétentes, et de leur déléguer une partie de leurs attributions.

Ni les Commissaires, ni les personnes auxquelles ils délèguent leurs fonctions, ne peuvent les exercer pour une course dans laquelle ils seraient directement ou indirectement intéressés.

Art. 76. — Toutes les réclamations ou contestations auxquelles les courses peuvent donner lieu, sont jugées par les Commissaires. Leurs décisions sont sans appel.

Ils ont le pouvoir de mettre à l'amende, de renvoyer ou de suspendre tout employé, jockey, ou autre personne placée sous leur contrôle.

Lorsque, sans donner prise à l'application du paragraphe précédent, la manière de monter d'un jockey leur paraîtra nécessiter un avertissement, cet avertissement sera inséré au *Bulletin officiel.*

Lorsque l'importance ou la difficulté d'une question leur paraît l'exiger, les Commissaires ont la faculté d'en déférer le jugement au Comité de la Société d'Encouragement pour l'amélioration des races de chevaux en France.

Art. 77. — Lorsqu'en vertu d'un des articles qui précèdent, un propriétaire, un jockey ou un cheval se trouve frappé d'exclusion par décision des Commissaires, cette exclusion ne s'applique qu'aux courses de la localité où elle a été prononcée.

Mais, si les Commissaires le jugent nécessaire, ils ont la faculté de déférer au Comité de la Société d'Encouragement l'examen des faits qui ont motivé leur décision, et l'exclusion absolue ou temporaire, prononcée par ce Comité et insérée au *Bulletin officiel*, s'applique à toutes les courses où le présent Règlement est en vigueur.

CODE DES STEEPLE-CHASES [1]

Le Code des steeple-chases régit toutes les courses pour lesquelles il aura été adopté.

De la qualification des chevaux.

ARTICLE PREMIER. — Les chevaux sont considérés comme prenant leur âge à partir du 1er janvier de l'année de leur naissance.

Est considéré comme disqualifié et incapable de courir partout où le Code et le Règlement des steeple-chases sont en vigueur :

1o Tout cheval ayant couru en France dans une réunion publique dont le programme n'aura pas été publié au *Bulletin officiel des steeple-chases*, à moins que la réunion n'ait eu lieu hors d'un rayon de 200 kilomètres de Paris et que le montant du prix, entrées comprises, n'ait pas atteint le chiffre de cinq cents francs en argent ;

2o Tout cheval ayant couru en Angleterre, dans une réunion publique dont le programme n'aura pas été publié au *Racing Calendar* ;

3o Tout cheval ayant couru en France à l'*âge de trois ans*, dans une COURSE DE HAIES *avant le* 15 *juin*, et dans un STEEPLE-CHASE *avant le* 1er *août* ;

4o Tout cheval ayant couru en France, dans une COURSE DE HAIES, sur une distance inférieure à 2.500 mètres, et dans un STEEPLE-CHASE, sur une distance inférieure à 3.000 mètres ;

5o Tout cheval ayant couru en France, dans une course à obstacles, avec un *poids inférieur à* 60 *kil.;*

6o Tout cheval ayant pris part à une course publique à obstacles, du 15 DÉCEMBRE au 15 FÉVRIER, *exclusivement*, sur un hippodrome quelconque en France, excepté ceux de Nice, de Cannes, de Pau, de Bordeaux, et ceux des mêmes régions qui auraient obtenu l'autorisation du Comité ;

7o Tout cheval ayant également pris part à une course publique à obstacles du 25 *juillet* au 25 *août exclusivement* sur un hippodrome quelconque, dans un rayon de soixante kilomètres de Paris ;

8o Tout cheval ayant pris part en France à une ou plusieurs

---

1. Adopté dans la séance du 9 mai 1873 et modifié dans les séances des 19 septembre et 7 novembre 1880: 10 et 16 avril, 18 et 25 septembre, 7 novembre et 4 décembre 1881; 26 novembre et 5 décembre 1882; 2 et 9 décembre 1883; 16, 21 et 29 décembre 1884; 11 et 22 mars 1885; 25 et 27 juin, 12 et 19 décembre 1886; 16 mars et 19 avril 1887; 24 juin, 1er juillet, 16 et 23 décembre 1888; 17 et 28 décembre 1890.

courses plates le disqualifiant pour celles qui sont régies par le Code des courses.

Le programme d'aucune réunion de courses ne sera publié au *Bulletin officiel* qu'autant :

1° *Qu'aucune retenue au profit du fonds de course* ne sera faite sur les prix ou les entrées, sans toutefois qu'il soit apporté la moindre dérogation à l'article 44 du Code des steeple-chases;

2° Que la réunion ne comprendra que des journées entièrement consacrées à des courses d'obstacles ou des journées dans lesquelles ne figureraient en même temps et le même jour que des courses régies, soit par le Code des courses, soit par le Règlement de la Société d'Encouragement pour l'amélioration du cheval français de demi-sang;

3° Qu'il aura été établi à la satisfaction du Comité et, en cas d'urgence, des Commissaires, que cette réunion est régie par le Code des steeple-chases et qu'il sera reconnu qu'elle ne fait l'objet d'aucune spéculation.

MM. les Commissaires des Sociétés de courses, en envoyant au Secrétariat de la Société des steeple-chases de France le programme de leur première réunion, pour être inséré au *Bulletin officiel*, devront joindre à ce programme le plan par eux certifié de leurs hippodromes, avec le nombre et la dimension des obstacles qui y figurent.

ART. 2. — Un cheval qui n'a jamais gagné est celui qui n'a gagné aucune course à obstacles publique, dans aucun pays.

Sous la dénomination de courses à obstacles, sont compris les steeple-chases et les courses de haies.

Est aussi considéré comme n'ayant jamais gagné, tout cheval qui n'aura pas gagné un prix de *cinq cents francs*, déduction faite de son entrée.

ART. 3. — Toute course dont le programme est rendu public est une course publique.

Toute course dont le gagnant reçoit un prix formé, soit par une donation spéciale, soit par les entrées payées par les propriétaires des chevaux engagés, soit par ces deux moyens réunis, est une course publique.

Un pari particulier entre deux propriétaires n'est pas une course publique; mais s'il y a plus de deux propriétaires ayant engagé des chevaux, la course est considérée comme publique, et le gagnant comme le gagnant d'un prix.

ART. 4. — Les sommes attribuées au second ou au troisième, soit par une donation spéciale, soit sur les entrées, ne sont pas considérées comme des prix, même quand le programme de la course leur donnerait ce nom.

ART. 5. — A moins de conditions contraires, les chevaux ayant couru ou gagné des courses autres que des courses à obstacles, ne sont pas considérés comme ayant couru ou gagné.

ART. 6. — Lorsque certaines conditions particulières sont exigées pour la qualification des chevaux dans une course, il suffit, pour qu'un cheval soit qualifié, qu'il remplisse ces conditions au moment de la clôture des engagements, sauf conditions contraires.

ART. 7. — Pour qu'un cheval soit qualifié comme étant de demi-sang, il ne suffit pas qu'il ne soit pas tracé au *Stud-Book*; il faut que son propriétaire puisse prouver que son père ou sa mère était réellement de demi-sang.

De l'engagement des chevaux.

ART. 8. — Tout engagement doit être fait par le propriétaire du cheval engagé, ou en son nom par son mandataire.

S'il y a plusieurs propriétaires ou intéressés, celui qui fait l'engagement est considéré comme seul propriétaire; mais, pour agir en cette qualité et engager valablement, il faut qu'il ait une part de propriété ou d'intérêt au moins égale à celle d'aucun des autres associés, ou bien qu'il ait été constitué associé dirigeant par un acte authentique; les redevances éventuelles stipulées au profit de celui qui a vendu ou cédé temporairement le droit de disposer d'un cheval n'empêchent pas le concessionnaire d'être considéré comme seul propriétaire, s'il remplit, d'ailleurs, les conditions énoncées ci-dessus.

Toute objection contre la qualification d'un cheval, en raison des dispositions qui précèdent, doit être faite, à peine de nullité, avant l'heure fixée pour la course.

Les engagements se font par écrit ou par télégramme, au domicile et à l'heure indiqués par le programme. Tout engagement arrivé après l'heure fixée est nul de plein droit, même dans le cas où le retard serait justifié par des raisons de force majeure.

ART. 9. — Tout engagement doit contenir la désignation exacte du cheval engagé, son âge et son origine.

Si la mère du cheval a été couverte par plusieurs étalons, ils doivent tous être nommés.

ART. 10. — Après qu'un cheval a été engagé une seule fois avec sa désignation, son nom et son origine dans une course publiée au *Bulletin officiel des Steeple-Chases*, il suffit, pour les engagements subséquents, de le désigner par son nom, même s'il n'a pas couru; et si on l'engage en même temps, et pour la première fois, dans plusieurs courses, il suffit de donner sa désignation exacte et son origine pour l'un de ces engagements, et son nom seulement pour les autres.

ART. 11. — Si l'on veut changer le nom sous lequel un cheval a déjà couru, on doit, dans tous les engagements faits pendant un an, à dater du premier engagement qui suit ce changement, mentionner à la suite du nouveau nom celui ou ceux sous lesquels le cheval a déjà couru.

Tout changement de nom fait sans motifs plausibles et sans autorisation préalable, sera passible du paiement d'une somme de *deux cents francs*.

S'il s'agit d'un cheval n'ayant pas couru, mais ayant reçu un nom, soit au *Stud-Book*, soit dans un engagement antérieur, il suffit de mentionner le changement et de donner le nouveau nom avec l'ancien, dans le premier engagement inséré au *Bulletin officiel des Steeple-Chases*.

Art. 12. — Les Commissaires ont, dans tous les cas, la faculté de ne valider les engagements qu'après avoir obtenu, à l'appui des désignations des chevaux, toutes les justifications qu'ils jugent nécessaires.

Lorsqu'un cheval importé de l'étranger sera engagé pour la première fois, le propriétaire sera tenu de fournir à l'appui de son engagement un certificat constatant que le cheval n'a encouru aucune disqualification, et qu'il n'est pas inscrit sur le *Forfeit List*.

A défaut de ce certificat, l'engagement pourra être refusé.

Art. 13. — Si un cheval est engagé, sans être désigné conformément aux règles qui précèdent, il est disqualifié ; c'est-à-dire qu'il ne peut courir, et que son propriétaire doit néanmoins payer le forfait, ou la totalité de la mise, s'il n'y a pas de forfait, ou si l'époque où il doit être déclaré est passée.

Art. 14. — Si le cheval a été exactement désigné, et que de cette désignation même il résulte qu'il n'est pas qualifié pour la course dans laquelle on l'engage, l'engagement est nul et le propriétaire ne doit pas d'entrée.

Art. 15. — Si, par suite d'une manœuvre frauduleuse, un cheval court ou est engagé sous une fausse désignation, ce cheval devient incapable de courir ensuite dans aucune course. Son propriétaire doit restituer à qui de droit la valeur des prix qu'il a gagnés, et peut être déclaré incapable de faire courir à l'avenir aucun cheval.

Art. 16. — Tout propriétaire désirant que ses chevaux ne courent pas sous son nom peut être autorisé à les mettre sous le nom d'un représentant agréé par le Comité de la Société des steeple-chases de France ; ou, en cas d'urgence, par les Commissaires, et inscrit au secrétariat sur un registre *ad hoc*.

Art. 17. — Toute personne ayant souscrit un engagement ne peut ni retirer son nom, ni lui substituer celui d'une autre personne, et reste toujours responsable de la totalité de l'entrée ou du forfait.

Aucun changement d'aucune espèce ne peut être apporté aux engagements, après le terme fixé pour les recevoir.

Des déclarations de forfaits et des engagements nuls.

ART. 18. — Le droit de retirer un cheval ou de déclarer forfait appartient exclusivement à la personne qui l'a engagé ou à ses représentants. La déclaration doit être faite aux Commissaires ou à la personne chargée de recevoir les engagements.

ART. 19. — Quand un cheval est vendu avec tout ou partie de ses engagements, le vendeur ne peut plus déclarer forfait ni retirer ce cheval d'aucun des engagements avec lesquels il a été vendu, et ce droit appartient exclusivement à l'acquéreur ou à ses représentants.

Dans le cas de vente à l'amiable, une reconnaissance écrite et signée des deux parties est nécessaire pour constater qu'un cheval a été vendu avec ses engagements. Dans le cas d'une vente publique, ou d'une vente dans un prix à réclamer, les conditions de la vente ou celles de la course font foi.

A défaut des pièces spécifiées ci-dessus, un cheval est toujours considéré comme vendu sans ses engagements.

Quand un cheval est vendu sans ses engagements, le vendeur conserve le droit d'en disposer, et il peut accorder ou refuser à l'acquéreur l'autorisation d'en profiter.

ART. 20. — La déclaration par laquelle un cheval est retiré d'une course est irrévocable.

Si un cheval pour lequel on a payé forfait, ou qui a été retiré par une personne ayant qualité à cet effet, est, par suite d'une erreur, admis à courir, il ne peut pas gagner et est disqualifié pour cette course.

ART. 21. — Lorsque, par dérogation à l'article 6, et par suite de conditions particulières exigées pour la qualification des chevaux dans une course, un cheval qui était qualifié au moment de la clôture des engagements cesse de l'être au moment de la course, l'engagement de ce cheval est nul.

Des entrées et forfaits.

ART. 22. — Les entrées sont réunies au prix, sauf conditions contraires.

Lorsque, d'après les conditions de la course, il devra revenir une somme sur les entrées au deuxième et au troisième cheval, si la totalité des entrées se trouve inférieure au chiffre supposé par les conditions de la course, les entrées seront partagées de la manière suivante :

Deux tiers au deuxième ;

Un tiers au troisième[1].

Art. 23. — Le montant du forfait, ou de l'entrée lorsqu'il n'y
a pas de forfait, doit être versé au moment de l'engagement.

Dans les courses pour lesquelles les engagements se font un an
ou plus d'un an à l'avance, le montant de l'entrée ou du forfait
peut être représenté par un billet à ordre.

Lorsque les conditions de la course admettent plusieurs forfaits, c'est le forfait le plus élevé qui doit être déposé ou souscrit.

Tout engagement qui n'est pas accompagné du montant de
l'entrée ou du forfait exigé peut être refusé.

Art. 24. — Aucun cheval ne peut courir sans que son entrée
ait été payée.

Le fonds de course est responsable de l'entrée des chevaux, pour
les courses où les Commissaires les auront laissés partir.

Art. 25. — Toute personne ayant plusieurs chevaux engagés
dans la même course ne peut en faire partir aucun, tant que les
entrées ou forfaits ne sont pas payés pour tous ceux qui, bien que
ne partant pas, lui appartiennent ou sont engagés sous son nom
ou sous le même nom que le cheval qu'elle fait courir.

Aucun cheval ne peut courir, tant que toutes les entrées dues
par son propriétaire ou par la personne qui l'a engagé ne sont
pas payées.

Aucun cheval ne peut non plus courir, tant que toutes les
sommes dues pour ses engagements ne sont pas payées.

Il sera publié, à la fin de chaque saison, dans le *Bulletin officiel des Steeple-Chases*, une liste des entrées et des forfaits qui
n'auront pas été payés, avec le nom du propriétaire, le nom du
cheval, le montant de l'entrée et du forfait, et la course pour
laquelle il est dû.

Tout cheval inscrit sur cette liste ou sur les *Steeple-Chases* ou
Flat race forfeit lists, ne pourra être engagé ou courir dans
aucune course, avant que le montant des forfaits mentionnés sur
ces listes ait été payé. Si l'on s'aperçoit que le cheval ait gagné
sans avoir rempli ces conditions, il pourra être fait réclamation
contre lui pendant un délai de six mois, à dater du jour de la
course.

Art. 26. — Le droit d'empêcher un cheval de partir, en vertu
des dispositions de l'article précédent, appartient :

Aux gagnants des prix pour lesquels des entrées ou des forfaits
sont dus ;

Aux Commissaires ou au Trésorier des courses de la localité où
les entrées et les forfaits sont dus ;

---

1. EXEMPLE : *Entrée : 100 fr., le deuxième recevra les entrées jusqu'à concurrence de 500 fr., le troisième doublera la sienne.* S'il n'y a que
600 fr., le deuxième recevra 400 fr. et le troisième 200 fr. S'il n'y a que 300 fr.,
le deuxième recevra 200 fr. et le troisième 100 fr.

Au Secrétaire de la Société des Steeple-Chases de France.

Lorsqu'il s'agit d'entrées ou de forfaits dus dans un autre endroit que celui où la course aura lieu, l'opposition doit, pour être valable, être faite la veille de cette course, avant quatre heures du soir.

Dans tous les cas, elle doit être faite par écrit et signée.

ART. 27. — Si, malgré l'opposition régulièrement formée contre lui, un cheval prend part à la course, il ne peut pas gagner et est disqualifié.

ART. 28. — Quand un cheval a été vendu ou réclamé, avec tout ou partie de ses engagements, et que, faute par l'acquéreur d'en payer le montant, le vendeur est obligé de les payer lui-même, il a, jusqu'à ce qu'il soit remboursé, le droit de réclamer contre l'acquéreur et contre le cheval l'application de l'article 26.

ART. 29. — Quand un propriétaire a été obligé, pour faire partir un cheval, de payer les entrées ou forfaits dont il n'était pas lui-même débiteur, il a, jusqu'à ce qu'il soit remboursé, le droit de réclamer, contre la personne et contre les chevaux dont il a payé les engagements, l'application de l'article 26.

ART. 30. — Les Commissaires peuvent toujours exiger de la personne au nom de laquelle un cheval a été engagé, la justification de sa part d'intérêt ou de propriété dans ledit cheval, et la preuve qu'aucune personne incapable de faire courir n'y est intéressée. Si ces preuves ne sont pas faites à leur satisfaction, ils peuvent déclarer le cheval disqualifié.

Du pesage.

ART. 31. — A l'heure fixée pour chaque course, la cloche sonne, et si, un quart d'heure après, tous les jockeys ne sont pas prêts, on peut faire partir ceux qui le sont.

ART. 32. — Tous les jockeys sont tenus de se faire peser, avant la course, devant les Commissaires ou leur délégué qui constatent le poids de chaque jockey, mais ne sont pas responsables si ce poids n'est pas calculé correctement, d'après les conditions de la course.

ART. 33. — Après la course, les jockeys doivent rester à cheval jusqu'à l'endroit où ils sont pesés ; s'ils descendent avant d'y arriver, les chevaux qu'ils montent sont distancés.

Si un jockey est, par suite d'un accident, hors d'état de revenir à cheval jusqu'aux balances, il peut, mais dans ce cas seulement, y être conduit ou porté.

Tout jockey qui ne se présente pas au pesage, après la course, est mis à l'amende de *cinquante francs.* Tout jockey dont le poids après la course est inférieur de plus d'un kilogramme au poids constaté avant la course, peut être mis à une amende n'excédant pas *cinq cents francs*.

Tout jockey dont le poids, après la course, est supérieur de 2 kil. au poids constaté avant la course, peut être mis à une amende n'excédant pas *cinq cents francs* et le cheval qu'il monte distancé. Si l'excédent de poids se justifie par une chute dans une rivière ou dans la boue, les Commissaires jugeront s'il y a lieu d'infliger une pénalité.

ART. 34. — Tout cheval n'ayant pas porté le poids fixé par les conditions de la course est distancé. Tout autre cheval appartenant en totalité ou en partie au même propriétaire, peut également être distancé. On peut peser tout ce que porte le cheval, excepté les fers et la cravache.

Du départ.

ART. 35. — La place des chevaux au départ est tirée au sort avant chaque course, si les Commissaires le jugent utile.

ART. 36. — Quand la personne chargée par les Commissaires de faire partir les chevaux, a appelé les jockeys pour prendre leur place, les propriétaires des chevaux qui se présentent au poteau doivent, dès lors, leurs mises entières.

ART. 37. — La personne chargée de faire partir les chevaux peut faire ranger les jockeys en ligne en arrière du point de départ, aussi loin qu'elle le juge nécessaire. Il est interdit aux jockeys de prendre le galop avant que le signal de partir soit donné. Les chevaux doivent marcher au pas vers le poteau et partir du pas.

La personne chargée de faire partir les chevaux est juge souverain de la validité du départ.

ART. 38. — Si un jockey désobéit ou cherche à prendre un avantage illicite, les Commissaires peuvent lui imposer une amende qui ne dépassera pas *cinq cents francs*, et même lui interdire de monter dans les courses de la localité, pendant le temps qu'ils jugent convenable.

Tout jockey mis à l'amende est incapable de monter, même dans une autre localité, tant que les Commissaires qui l'ont puni ne lui auront pas donné un certificat constatant que l'amende a été payée.

L'interdiction de monter pour la vie sera toujours infligée au jockey convaincu d'avoir empêché son cheval de gagner.

De la course.

ART. 39. — Tout cheval qui, dans une course, en pousse un autre, le croise ou l'empêche par un moyen quelconque d'avancer, peut être distancé, ainsi que tout autre cheval appartenant en totalité ou en partie au même propriétaire.

Tout cheval qui coupe la ligne suivie par un autre, avant d'avoir au moins deux longueurs d'avance sur lui, peut aussi être distancé.

En outre, si les Commissaires reconnaissent que le jockey a agi avec mauvaise intention, ils peuvent le punir conformément aux dispositions de l'article 38.

ART. 40. — Lorsqu'un cheval en courant passe en dedans du drapeau indiquant le tracé de la course, ou en dehors de l'espace compris entre les drapeaux indiquant les obstacles à franchir, il est distancé, à moins qu'on ne le fasse rentrer dans la piste à l'endroit par où il en est sorti.

Dans tout steeple-chase dont le parcours ne sera pas déterminé par des drapeaux, le cheval qui parcourra une distance de plus de cent mètres, soit sur une grande route, soit sur un chemin, sera distancé quand même il arriverait premier.

Si un cheval refuse un obstacle, et si les Commissaires ont la preuve évidente qu'une personne quelconque a aidé à faire passer le cheval, ou bien qu'un cavalier étranger à la course ait servi de leader, le cheval pourra être distancé.

ART. 41. — *Les jockeys, au moment du pesage, doivent connaitre parfaitement le parcours qu'ils vont effectuer.*

Les Commissaires pourront interdire de monter, pour une période qui n'excédera pas deux mois, à tout jockey qui se trompera de parcours.

Si un cavalier, par suite d'une chute, ou d'un accident quelconque, soit en se rendant au poteau de départ, soit pendant la course, est mis dans l'impossibilité ou de prendre part à cette course ou de la continuer, et que son cheval soit monté et amené au but par une personne dont le poids soit suffisant, le cheval prend sa place comme si l'accident n'avait pas eu lieu, pourvu, si le fait s'est produit pendant la course, qu'il soit reparti de l'endroit où l'accident est arrivé, ou au moins avant l'obstacle suivant, mais à condition qu'il ait accompli le parcours indiqué par les drapeaux ou poteaux. Dans ce cas, l'excédent du poids du cavalier ne pourra être l'objet de l'application d'aucune pénalité.

Lorsqu'un cheval aura renversé son cavalier, celui-ci peut toujours être aidé pour le reprendre et le remonter sans encourir de disqualification.

Tout jockey dont le cheval refusera un obstacle, et qui ne pourra le lui faire passer, devra s'arrêter et rentrer au pesage.

Interdiction de monter, pendant un délai qui n'excédera pas un mois, pourra être infligée au jockey qui aura contrevenu à cette décision.

Art. 42. — Pour qu'un cheval ait effectivement gagné un prix ou une poule, il faut qu'il ait rempli toutes les conditions de la course, quand même aucun concurrent ne se présenterait ; il devra dans tous les cas effectuer régulièrement le parcours et sera passible des surcharges imposées aux gagnants de ces prix.

Le temps accordé pour les courses à obstacles ne pourra jamais se prolonger au delà d'une demi-heure ; passé ce délai, le prix sera acquis au fonds de course ; on sonnera la cloche et on fera peser les jockeys pour la course suivante.

L'argent réservé au deuxième ou au troisième cheval ne sera pas donné, s'ils arrivent plus de cinq minutes après le gagnant.

Art. 43. — Il est interdit de faire partir un ou plusieurs chevaux dans une course, sans avoir l'intention de la gagner.

Tout jockey convaincu d'avoir, dans un but frauduleux, fait battre le cheval qu'il monte, peut être puni par les Commissaires, conformément aux dispositions de l'article 38.

Tout propriétaire convaincu d'avoir donné à son jockey l'ordre de ne pas gagner, peut être déclaré incapable d'engager ou de faire courir aucun cheval.

Si un propriétaire fait partir plusieurs chevaux dans la même course, et que l'un de ces chevaux ne soit pas qualifié, tous les autres chevaux lui appartenant se trouveront par ce fait distancés.

Du second cheval.

Art. 44. — Lorsque, par suite de la disqualification du cheval arrivé premier, le second se trouve avoir droit au prix, ou lorsque les conditions de la course attribuent au second ou au troisième, soit un prix spécial, soit une somme sur les entrées, et qu'il n'y a pas de cheval placé second ou troisième, l'argent destiné au second ou au troisième fait retour au fonds de course.

Si le cas se présente pour une poule sans prix, le montant de la poule ou l'argent destiné au second ou au troisième est partagé entre tous les souscripteurs, à l'exclusion de ceux qui ont payé forfait, et s'ils ont tous payé forfait, l'argent fait retour au fonds de course.

Des épreuves nulles.

Art. 45. — Si dans une course deux chevaux arrivent ensemble au but, de telle sorte que le juge ne puisse décider lequel a gagné (*dead heat*), ils ne seront pas admis à courir de nouveau. Le prix ajouté, s'il y a lieu, à la somme revenant au deuxième cheval, sera partagé entre ces chevaux, et tous deux seront à l'avenir passibles de la surcharge imposée au gagnant de la course ; mais, dans les courses pour lesquelles les surcharges sont établies d'après l'importance des sommes gagnées, ils seront considérés comme ayant gagné seulement le montant de leur part.

ART. 46. — Si deux ou plusieurs chevaux arrivent ensemble, de façon que le juge ne puisse décider qui est second, l'argent attribué au second est partagé entre eux, et s'il y a une somme attribuée au troisième, ils la partagent aussi. Ces chevaux sont tous passibles des surcharges imposées au second dans cette course ; mais dans les courses pour lesquelles il existe des surcharges en raison des sommes reçues comme second, ils sont considérés comme ayant reçu seulement le montant de leur part.

Des prix à réclamer[1].

ART. 47. — Dans ces courses, tous les chevaux courant peuvent être réclamés en ajoutant à la somme fixée pour la réclamation le montant du prix gagné par le premier cheval, y compris les entrées.

Le droit de réclamation s'exerce de la manière suivante:

Dans le quart d'heure qui suit la course, toute personne ayant l'intention de réclamer un cheval doit remettre aux Commissaires une lettre cachetée contenant l'offre d'une somme qui ne peut pas être inférieure à celle fixée par les conditions de la course, ou par le propriétaire dans son engagement. Le quart d'heure expiré, les lettres sont ouvertes par les Commissaires, et le cheval réclamé appartient à la personne qui a fait l'offre la plus élevée. Le propriétaire n'a droit qu'à la somme pour laquelle il a mis son cheval à réclamer, plus, pour les chevaux autres que le gagnant, à la somme qu'il aurait touchée s'il avait gagné. Le surplus, quel qu'il soit, reste acquis au fonds de course.

Les excédents de mises de réclamation doivent être payés tout de suite aux Commissaires ou à leur délégué, faute de quoi la réclamation est considérée comme non avenue, et le cheval appartient à la personne qui a fait l'offre immédiatement inférieure[2].

ART. 48. — Tout propriétaire qui fait courir un cheval dans un prix à réclamer est tenu de laisser son cheval dans l'enceinte du

1. Dans tous les prix à réclamer et à vendre aux enchères publiques, tous les chevaux pourront être réclamés avant la course.

(Décision du Comité de la Société des Steeples-Chases de France du 29 décembre 1884).

2. Le droit de réclamation avant la course s'exerce sur tous les chevaux engagés et n'ayant pas été retirés.

Les propriétaires de chevaux engagés dans la même course et n'ayant pas été retirés, ont seuls le droit de réclamation.

S'il y a plusieurs réclamations pour le même cheval, les Commissaires ou pesage, jusqu'à ce que les Commissaires aient déclaré quels sont les chevaux qui ont été réclamés. Les Commissaires pourront punir les contraventions d'une amende de *cent à cinq cents francs*.

Le cheval réclamé n'est livré qu'après avoir été payé : il doit l'être le jour même de la course ; plus tard on ne peut plus exiger qu'il soit livré. Cependant, le propriétaire peut obliger celui qui l'a réclamé à le prendre et à le payer.

Le propriétaire est forcé de livrer son cheval ; en cas de refus, les Commissaires, après avertissement, pourront prononcer, pour un temps contre le propriétaire, l'interdiction de faire courir dans les courses de la localité et même en exclure le cheval.

ART. 49. — Tout cheval réclamé est considéré, sauf condition contraire, comme réclamé sans ses engagements.

Des surcharges et remises de poids.

ART. 50. — A moins de mention expresse, les poids indiqués au programme sont communs aux chevaux entiers, hongres ou juments.

ART. 51. — Quand les conditions d'une course imposent une surcharge pour avoir gagné, ou accordent une remise de poids pour avoir été battu, un certain nombre de fois, dans l'année, l'année se compte du 1er janvier précédant le jour de la course.

ART. 52. — Quand les conditions d'une course imposent une surcharge aux gagnants d'autres courses, cette surcharge est applicable aux chevaux ayant gagné après leur engagement, comme à ceux qui ont gagné auparavant.

Quand une remise de poids est accordée aux chevaux n'ayant pas gagné, ils perdent le droit d'en profiter, s'ils gagnent après leur engagement.

ART. 53. — Les paris particuliers n'imposent aucune surcharge et ne donnent lieu à aucune remise de poids, sauf le cas prévu par l'article 3, où il y aurait plus de deux propriétaires ayant engagé des chevaux.

ART. 54. — Les surcharges et remises de poids ne peuvent être accumulées ; la plus forte est seule applicable.

Les surcharges ou remises de poids pour les jockeys et gentle-

---

leur délégué procèdent à un tirage au sort qui décide de la préférence.

Tout cheval réclamé avant la course ne peut pas courir.

Le délai pendant lequel le droit de réclamation peut s'exercer commence QUINZE MINUTES AVANT L'HEURE FIXÉE POUR LA COURSE, et finit au moment du signal indiquant l'ouverture du pesage. Pendant ce délai, le droit des propriétaires de retirer leurs chevaux est suspendu.

Les chevaux doivent être rendus sur le terrain QUINZE MINUTES AVANT L'HEURE FIXÉE POUR LA COURSE. Tout cheval dont l'absence est constatée par les Commissaires, sans qu'ils l'aient autorisée, est considéré comme retiré et ne peut plus courir.

men sont indépendantes des surcharges ou remises de poids attribuées aux chevaux et peuvent s'accumuler ou se compenser.

Art. 55. — Lorsqu'une surcharge est imposée aux gagnants de
prix d'une certaine valeur, on doit compter, en ajoutant aux prix
toutes les entrées attribuées au gagnant, excepté la sienne.

Si un objet d'art ou autre forme le prix ou une partie du prix,
il n'entre pas en compte dans l'estimation de la valeur de la
course ; la somme payable en espèces est seule comptée.

Des réclamations et des délais dans lesquels elles doivent être
présentées.

Art. 56. — Le droit de réclamer contre un cheval, dans une
course, appartient exclusivement aux propriétaires des autres
chevaux ou à leurs entraîneurs, jockeys et autres représentants.

Les Commissaires, le juge et la personne chargée du pesage,
ont seuls qualité pour recevoir les réclamations.

Les Commissaires peuvent toujours agir d'office.

Toute personne faisant une réclamation dans une course, devra
verser une somme de *cent francs* entre les mains du Secrétaire
des courses, et s'il est établi que la réclamation est ou frivole ou
de mauvaise foi, l'argent ne sera pas rendu après la décision et
sera versé à la Caisse de secours des Jockeys.

Art. 57. — Les délais dans lesquels les réclamations doivent
être faites à peine de nullité, sont les suivants :

1º Pour les réclamations contre la mesure des distances, la qualification des jockeys, le défaut de paiement d'entrées ou forfaits,
les erreurs de poids, *quelle qu'en soit la cause*, les manœuvres
illicites des jockeys, les erreurs de parcours, ou toute autre irrégularité ayant eu lieu pendant une course, *avant la fin du pesage*
des cavaliers ayant pris part à cette course ;

2º Pour les réclamations contre la qualification des chevaux ou
de leurs propriétaires, les erreurs dans les engagements, et en
général toutes les réclamations autres que celles spécifiées au
paragraphe ci-dessus, dix jours francs après celui de la course ;

3º Pour les réclamations contre une fraude ayant eu pour
résultat l'engagement ou le départ d'un cheval sous une fausse
désignation, et tombant sous le coup de l'article 15, six mois
après la course.

Art. 58. — Lorsqu'une objection contre la qualification d'un
cheval est faite *avant la course,* la validité de cette qualification
doit être prouvée par le propriétaire du cheval. Les Commissaires fixent l'époque à laquelle la preuve devra être fournie, et
si le cheval arrive premier, l'argent est retenu.

Si, à l'époque fixée, la qualification du cheval n'est pas établie

à la satisfaction des Commissaires, le prix est remis au proprié
taire du second cheval.

Dans le cas où la réclamation contre la qualification d'un cheval est faite *après la course*, les preuves à l'appui doivent être
fournies par la personne qui réclame. Les Commissaires peuvent
exiger du propriétaire du cheval tous les éclaircissements qu'il est
en son pouvoir de donner.

Des Commissaires des courses.

ART. 59. — Les Commissaires des courses doivent publier le
programme, recevoir les engagements, décider de la qualification
des chevaux, veiller au recouvrement des entrées, fixer vingt-
quatre heures au moins à l'avance l'heure et l'ordre des courses,
prendre les dispositions convenables pour le terrain, le pesage,
la désignation des juges du départ et de l'arrivée, établir pour les
courses les mesures d'ordre et de police qu'ils croient utiles, et
adresser dans le plus bref délai possible le compte rendu au gérant du *Bulletin officiel des steeple-chases.*

En cas de nécessité absolue, et lorsque des circonstances de
force majeure ne permettent pas de courir le jour fixé par le
programme, les Commissaires ont le pouvoir de remettre les
courses de jour en jour, au lendemain d'abord, puis au surlendemain. S'il est certain que l'impossibilité de courir doit durer
plus de deux jours après la date primitive, ils ont le droit de
décider que les courses n'auront pas lieu.

Tous les engagements faits pour les courses dont la date serait
reculée de plus de deux jours sont nuls de plein droit.

ART. 60. — Les Commissaires sont au nombre de trois. Dans le
cas où deux d'entre eux sont seuls présents, ils choisissent d'un
commun accord un remplaçant pour leur collègue absent. Ils
ont d'ailleurs le droit de s'adjoindre une ou plusieurs personnes
compétentes, et de leur déléguer une partie de leurs attributions.

Ni les Commissaires, ni les personnes auxquelles ils délèguent
leurs fonctions, ne peuvent les exercer pour une course dans
laquelle ils seraient directement ou indirectement intéressés.

ART. 61. — Toutes les réclamations ou contestations auxquelles
les courses peuvent donner lieu, sont jugées par les Commissaires.
Leurs décisions sont sans appel.

Ils ont le pouvoir de mettre à l'amende, de renvoyer ou de
suspendre tout employé, jockey, ou autre personne placée sous
leur contrôle.

Lorsque, sans donner prise à l'application du paragraphe précédent, la manière de monter d'un jockey leur paraîtra nécessiter un avertissement, cet avertissement sera inséré au *Bulletin
officiel.*

Lorsque l'importance ou la difficulté d'une question leur paraît l'exiger, les Commissaires ont la faculté d'en déférer le jugement au Comité de la Société des steeple-chases de France.

Art. 62. — Lorsqu'en vertu d'un des articles qui précèdent, un propriétaire, un jockey ou un cheval se trouvera frappé d'exclusion par décision des Commissaires, cette exclusion ne pourra jamais s'appliquer qu'aux courses de la localité où elle aura été prononcée.

Mais si les Commissaires le jugent nécessaire, ils ont la faculté de déférer l'examen des faits qui ont motivé leur décision au Comité de la Société des steeple-chases de France, et l'exclusion absolue ou temporaire prononcée par ce Comité et insérée au *Bulletin officiel des steeple-chases* s'applique à toutes les courses où le présent Code est en vigueur.

Art. 63. — Il est interdit à tout propriétaire, entraîneur ou jockey, sous le coup d'une exclusion ou d'une suspension prononcée pour quelque fraude que ce soit sur le turf, par le Grand National Hunt Committee, par le Comité du Jockey-Club de Vienne, par celui de l'Union-Club de Berlin, par le Comité central des courses de Belgique, ou par le Comité de la Société d'Encouragement, de posséder, d'entraîner ou de monter aucun cheval courant dans les courses soumises au Code de la Société des steeple-chases de France.

Tout cheval disqualifié par ces Comités et pour les mêmes motifs est également exclu des courses soumises au Code de la Société des steeple-chases de France.

Toutefois, ces interdictions ne seront applicables qu'après une notification donnée au Comité de la Société des steeple-chases de France, par le Grand National Hunt Committee, par le Comité du Jockey-Club de Vienne, par celui de l'Union-Club de Berlin, par le Comité central des courses de Belgique, ou par le Comité de la Société d'Encouragement.

Dispositions générales.

Art. 64. — Tout propriétaire engageant un cheval pour la première fois doit déclarer ses couleurs qui ne peuvent plus être changées sans un nouvel avis. Les jockeys qui se présenteraient avec des couleurs différentes paieraient une amende de *vingt francs*.

Art. 65. — Nul ne peut donner à ses jockeys les couleurs adoptées antérieurement par un autre propriétaire, à moins que ce propriétaire n'ait complètement cessé de faire courir en France depuis plus de cinq ans. Toute infraction à cette règle donnera lieu à une amende n'excédant pas *cent francs*.

Art. 66. — Plusieurs chevaux appartenant au même propriétaire ou à la même association de propriétaires ne peuvent courir dans la même course que sous le même nom et les mêmes couleurs. Toute infraction à cette règle donnera lieu à une amende n'excédant pas *deux cents francs*[1].

ART. 67. — Dans les cinq minutes qui suivront l'heure où la cloche aura sonné pour chaque course, les propriétaires ou leurs représentants devront déclarer à la personne chargée du pesage les noms des chevaux qu'ils veulent faire courir. Aucun cheval ne pourra prendre part à la course si le cavalier qui doit le monter n'a été pesé, sans toutefois qu'il soit apporté de dérogation au paragraphe 3 de l'article 41 du Code des Steeple-Chases. S'il arrive qu'un cheval soit retiré après avoir été déclaré, les Commissaires ont le droit d'en demander l'explication au propriétaire ou à son représentant, et si l'explication n'est pas satisfaisante, ils peuvent le mettre à une amende n'excédant pas cinq cents francs.

Des jockeys.

ART. 68. — Sont seuls admis à monter dans les courses dont le programme sera inséré au *Bulletin officiel :*

1º Les jockeys munis d'une licence délivrée par les Commissaires du Grand National Hunt Committee ;

2º Ceux qui ont été agréés par les Commissaires de la Société des Steeple-Chases de France ;

3º Ceux qui n'ont pas encore gagné de course publique.

L'autorisation exigée par le paragraphe 2 ci-dessus ne deviendra obligatoire pour chaque jockey qu'un mois après le gain de sa première course publique.

Au commencement de chaque année, les Commissaires dressent, sur la demande des intéressés, et publient au *Bulletin officiel*, la liste des jockeys admis à monter dans les courses dont le programme sera inséré au *Bulletin officiel*.

Pendant le cours de l'année, ils ont la faculté d'agréer et de mettre à la suite de la liste les jockeys dont l'inscription leur serait demandée. Ces inscriptions complémentaires seront publiées au fur et à mesure au plus prochain *Bulletin officiel*.

L'inscription sur la liste n'a d'effet que pour l'année où elle a lieu, et ne préjudicie en rien à l'application des dispositions du Code des Steeple-Chases relatives aux jockeys, notamment des articles 39, 43 et 62.

Tout jockey ayant monté en France dans une course publique non insérée au *Bulletin officiel* sera rayé de la liste et ne pourra y être rétabli que par une décision des Commissaires.

---

1. Si un propriétaire a plusieurs chevaux partant dans la même course, il est invité à distinguer ses jockeys par des écharpes de couleurs différentes, mais il ne peut changer la couleur ni des toques, ni des casaques.

Les Commissaires délivrent aux jockeys un certificat constatant leur inscription.

Les propriétaires, entraîneurs et jockeys qui contreviendraient sciemment aux dispositions qui précèdent seront passibles d'une amende n'excédant pas *cinq cents francs.*

Les licences ne seront accordées aux jockeys qu'à la condition qu'ils ne seront ni propriétaires ni copropriétaires d'aucun cheval de courses.

Tout jockey convaincu d'avoir contrevenu à la décision ci-dessus serait immédiatement privé de sa licence.

Art. 69. — Si un jockey engagé pour un certain temps, ou pour une certaine course, refuse d'exécuter son engagement, les Commissaires des courses peuvent le mettre à une amende de *cent francs* à *cinq cents francs* et lui interdire de monter pendant le temps qu'ils jugent convenable.

Art. 70. — Si un jockey monte pour une autre personne, sans la permission de son maître, les Commissaires des courses peuvent lui appliquer l'amende et l'interdiction ci-dessus, et le propriétaire qui l'a employé ainsi est en outre passible d'une amende de *cent francs* à *mille francs.*

COMITÉ.

Chaque Société de courses a un comité, composé d'un certain nombre de ses membres, et investi des pouvoirs d'administration généralement les plus étendus soit au point de vue de l'organisation des réunions de courses, soit au point de vue de la direction pratique de la Société (V. *Jockey-Club*, règlement, art. 3 et suiv., et *Sociétés*, règlements).

COMMISSAIRES DES COURSES.

INDEX ALPHABÉTIQUE

Contestations, 6 et s., 10.
Définition, 1.
Dernier ressort, 9.
Fonctions, 3 et s.

Nomination, 2,
Remise des courses, 5.
Remplacement, 8.

1. Les commissaires des courses sont des membres délégués par les comités pour s'occuper de tout ce qui concerne la préparation et l'exécution des courses.

2. Au commencement de chaque année, aussitôt après la reddition des comptes de l'année précédente et le renouvellement des membres adjoints, le comité de la Société d'Encouragement nomme parmi les membres qui le composent, trois commissaires des courses, par vote au scrutin secret et à la majorité simple (Art. 9 Règ. Société d'Encouragement).

3. Les commissaires préparent le travail du comité et exécutent ses décisions.

Chaque année, ils présentent le budget et publient le programme des courses. Ils étudient toutes les questions, soumises au comité, et donnent leur avis. Ils administrent les propriétés et concessions de la Société; nomment et révoquent les gardes et employés; ordonnancent les dépenses votées par le comité; surveillent la perception des recettes et présentent, chaque année, au comité, le compte détaillé de leur gestion. Ils dirigent et contrôlent le travail du secrétaire, le service financier la correspondance, l'organisation des courses et la publication du *Bulletin officiel* et du *Calendrier des courses* (Art. 10 Règ. Société d'encouragement).

4. Ce sont eux, par conséquent, qui reçoivent les engagements, décident de la qualification des chevaux, veillent au recouvrement des entrées, fixent vingt-quatre heures au moins à l'avance l'heure et l'ordre des courses, prennent les dispositions nécessaires pour le terrain, le pesage, la désignation des juges de départ et d'arrivée et adressent le plus promptement possible le compte rendu des courses au *Bulletin officiel*.

5. En cas de nécessité absolue, par exemple par suite du mauvais temps, les commissaires ont le pouvoir de remettre les courses de jour en jour, mais seulement pendant quatre jours consécutifs. S'il est certain que l'impossibilité de courir doit durer plus de quatre jours après la date fixée, ils ont le droit de décider que les courses n'auront pas lieu. Tous les engagements faits pour des courses dont la date serait reculée de plus de quatre jours sont nuls de plein droit (Art. 74 Code des courses). (V. art. 59 Code des Steeple-Chases.)

6. Les commissaires décident les contestations qui leur sont soumises, alors même qu'elles ne se sont pas produites au sujet des courses de la Société. Mais, dans ce dernier cas, ils ne le font qu'autant que la question a rapport aux courses de chevaux et que les parties s'engagent à se soumettre à leurs décisions. Le Règlement de la Société d'Encouragement doit seul servir de base à leurs jugements, quand bien même un autre règlement serait adopté dans le lieu où la contestation s'est élevée (Art. 11 Règ. Société d'encouragement).

Ils peuvent mettre à l'amende, renvoyer ou suspendre tout employé, jockey ou autres personnes placés sous leur contrôle.

7. Quand l'importance ou la difficulté d'une question leur paraît l'exiger, les commissaires peuvent en référer le jugement au comité dont ils émanent (Art. 76 Code des courses).

8. Dans le cas où l'un des commissaires serait empêché, ils choisissent d'un commun accord une personne pour le remplacer. Ils ont, du reste, le droit de s'adjoindre une ou plusieurs personnes compétentes et de leur déléguer une partie de leurs pouvoirs. Mais ni les commissaires, ni les personnes auxquelles ils délèguent leurs fonctions, ne sauraient les exercer dans une course à laquelle ils seraient directement ou indirectement intéressés (Art. 75 Code des courses).

9. Les décisions des commissaires sont sans appel (Art. 76 Code des courses). Aussi a-t-il été jugé, à différentes occasions, qu'on ne pouvait demander aux tribunaux de reviser leur décision (sauf bien entendu le cas de dol ou de fraude) quand les règlements connus et acceptés des propriétaires et jockeys leur donnent compétence exclusive à cet égard (Trib. Lille 15 décembre 1887, *Gaz. Pal.* 88. 2, supp. 12; Trib. Lyon 4 mai 1886, *Gaz. Pal.* 86. 2. 644).

10. D'après le décret du 4 juillet 1806 sur les haras, il appartient au ministre de l'intérieur de publier des règlements sur les primes et prix de courses de chevaux. L'article 28 de ce décret décide que la connaissance des difficultés qui pourraient surgir entre les concurrents est réservée exclusivement au maire pour le provisoire et au préfet pour la solution définitive.

Des règlements ministériels postérieurs ont confié à des commissions spéciales le soin de trancher ces difficultés.

Les courses terminées, la juridiction passe aux préfets. A aucun moment donc l'autorité judiciaire ne saurait être compétente pour statuer sur ces difficultés (Trib. corr. Nice 3 mars 1884, *Gaz. Pal.* 85. 1. 651).

Il est évident que ces dispositions ne sauraient s'appliquer qu'aux courses du gouvernement ou à celles dans lesquelles l'État alloue des primes ou prix.

CONSCRIPTION DES CHEVAUX.

1. Cette matière est réglementée par deux lois, l'une du 1er août 1874 et l'autre du 3 juillet 1877 titre 8.

Ces lois établissent pour l'autorité militaire le droit d'acquérir les chevaux, juments et mulets nécessaires pour compléter et entretenir l'armée sur le pied de guerre.

2. A cet effet, le recensement est fait tous les ans dans chaque commune. Au commencement du mois de décembre, le maire fait publier des avertissements, invitant les propriétaires à venir faire leur déclaration à la mairie, sur le nombre et l'âge des bêtes qu'ils possèdent et qui sont soumises au recensement. Le maire fait contrôler l'exactitude de ces indications et il

est bon de noter immédiatement que les fausses déclarations, volontairement faites, exposent leurs auteurs
à une amende de 50 à 2.000 francs.

3. Cette déclaration des chevaux doit être faite
tous les ans, sous peine de l'application des articles
37 et 52 de la loi du 3 juillet 1877 (Cass. 12 janvier 1888,
le *Droit* du 23 janvier).

Ainsi la présentation annuelle des chevaux à la commission de classement ne serait pas suffisante et la
déclaration à la mairie doit être renouvelée tous les
ans.

Mais il a été jugé : qu'aucune forme sacramentelle
n'était imposée à cette déclaration ; qu'elle pouvait,
par conséquent, être purement verbale et même faite
sur le ton de la conversation au secrétaire de la mairie,
dans son bureau (Trib. Clermont (Oise) 18 juillet 1889,
Gaz. Pal. 89. 2.340).

Les termes de l'article 37 de la loi sont, en effet,
très généraux, et comme son inobservation aboutit à
une condamnation pénale, on comprend que le tribunal
de Clermont l'ait interprété strictement. Il faut observer
cependant que toutes les déclarations exigées par l'administration, le sont toujours par écrit.

4. Ceux qui ne se conformeraient pas aux dispositions de la loi et ne feraient pas, par exemple, la déclaration, seraient passibles d'une amende de 25 à
1.000 francs.

5. Le maire doit délivrer un certificat de la déclaration qui lui est faite.

6. Les bêtes soumises au recensement et qui par
suite doivent être déclarées sont celles qui sont âgées
de 6 ans et au-dessus pour les chevaux et juments et
de 4 ans et au-dessus pour les mules et mulets.

7. Chaque année le ministre de la guerre peut faire
procéder du 16 janvier au 1er mars et du 15 mai au
15 juin à l'inspection et au classement des chevaux
recensés ou non.

Dans chaque commune il est procédé à ces opérations par une commission mixte désignée par le général commandant le corps d'armée, et ainsi composée : un officier président, avec voix prépondérante, un membre civil et un vétérinaire civil ou militaire.

8. Sont exemptés de la réquisition et par suite ne sont pas portés sur la liste de classement :

1° Les chevaux du chef de l'État ;

2° Ceux des fonctionnaires tenus d'en posséder ;

3° Les chevaux entiers approuvés ou autorisés pour la reproduction ;

4° Les juments en état de gestation constatée ou suitées d'un poulain, ou consacrées à la reproduction ;

5° Les chevaux n'ayant pas atteint l'âge de 6 ans ;

6° Les chevaux de l'administration des postes et des administrations publiques.

9. Dès la réception de l'ordre de mobilisation les chevaux classés doivent être conduits par les soins de leurs propriétaires aux jour, heure et lieu fixés par l'autorité militaire. Là, ils sont reçus par des commissions spéciales et le prix, fixé à l'avance, est aussitôt payé en un mandat sur la caisse du receveur le plus voisin.

COTE.

On appelle ainsi un tableau dressé de manière à faire saisir par des chiffres comparatifs, et dès le premier coup d'œil, les chances probables attribuées à chaque cheval de gagner une course. Cette constatation se fait au moyen de l'indication suivante : 3/1, 15/1, ce qui veut dire que le cheval est considéré comme ayant 3 ou 15 chances de perdre sur 1 de gagner.

On définit encore la cote : l'ensemble des proportions auxquelles sont évaluées les chances que semble posséder chaque cheval de gagner le prix. (V. *Bookmaker* et *Paris*).

COULEURS.

1. Tout propriétaire engageant un cheval pour la première fois doit déclarer ses couleurs, qui ne peuvent plus être changées sans un nouvel avis. Les jockeys qui se présenteraient avec des couleurs différentes, paieraient une amende de vingt francs (Art. 15 Règ. Société d'Encouragement).

2. Aucun propriétaire ne peut faire courir sous des couleurs adoptées antérieurement par un autre propriétaire, à moins que ce dernier n'ait cessé de faire courir en France depuis plus de cinq ans. Toute infraction à cette règle donnera lieu à une amende de cent francs (Art 16 Règ. Société d'Encouragement).

3. Lorsque plusieurs chevaux appartenant au même propriétaire ou à la même association de propriétaires courent dans la même course, ils doivent être inscrits au programme sous le même nom et porter les mêmes couleurs. Toute infraction à cette règle donnera lieu à une amende n'excédant pas deux cents francs.

Les propriétaires sont invités à distinguer leurs jockeys par des écharpes de couleurs différentes. (Art. 17 Règ. Société d'Encouragement. V. Code des steeple-chases art. 64 à 66).

COURSES DE CHEVAUX.

1. Les courses ont été établies et encouragées

comme un moyen d'améliorer la race chevaline. Il est donc utile de donner un aperçu historique de leur formation et de leur développement.

L'origine des courses est fort ancienne et on les rencontre déjà particulièrement organisées chez les Grecs et surtout chez les Romains sous leurs deux formes : courses en char et à cheval.

Tous les empereurs romains eurent un penchant très vif et souvent excessif pour le cheval. Ils avaient des haras dans lesquels étaient soignés des étalons appelés « admissarii » et des poulinières. Caligula fit élever des autels à son cheval Incitatus, qu'il avait, avant sa mort, revêtu de la dignité pontificale et qui souvent mangeait à sa table dans une auge d'ivoire et dans une coupe d'or.

2. Les courses à Rome existaient avant Néron et il est permis d'affirmer que le peuple les connaissait déjà du temps d'Auguste.

Les Romains avaient des jockeys, qu'ils appelaient « cursores » et des entraîneurs qu'ils nommaient « agitatores ». Dès cette époque, les jockeys qui se distinguaient entre eux, alors comme aujourd'hui, par des vêtements de couleur différente, étaient fort largement rétribués et l'on cite le nom du cursor Eutichus, auquel Caligula remit plus de 360.000 francs (2.000 sesterces) pour le récompenser d'avoir été vainqueur.

Les vêtements des jockeys ne pouvaient être pris que dans des étoffes de couleur déterminée : blanc, rouge, vert et bleu. Ce ne fut que sous le règne de Domitien que les jockeys furent autorisés à employer la pourpre et l'or pour leurs tuniques.

Les jockeys étaient pris dans la classe des esclaves. Mais plus tard, les empereurs en donnant l'exemple, les plus grands personnages ne dédaignèrent pas de prendre part aux courses et Rome connut les épreuves de « gentlemen ».

On dit que les courses étaient très bien organisées à Rome et qu'il existait déjà une société analogue à celle du Jockey-Club actuel. Son président, « editor spectaculorum », était celui qui organisait les courses et proclamait le vainqueur, dont le nom, jeté à la foule par des crieurs spéciaux, était répété par tous les échos du cirque.

Celui qui donnait le signal du départ, le starter, portait le nom de « designator »; il faisait, à cet effet, ranger les chevaux en ligne en arrière d'une corde blanchie et soutenue en travers de la piste par deux petits poteaux. Cette corde était baissée au moment du départ.

Les chevaux de course étaient marqués au fer rouge. On pense que les caractères, qui étaient ainsi imprimés sur leur peau, représentaient les premières lettres du nom de leur maître.

Il y avait aussi à Rome des courses de chevaux sans cavalier.

A cette époque les paris faits sur les courses étaient aussi nombreux et plus acharnés que de nos jours. Souvent leurs résultats donnaient lieu, dans le cirque même, à des luttes sanglantes entre les parieurs.

3. Quant à la création des courses en France, il est assez difficile de lui assigner une date précise. On en trouve des traces, vers l'an 500, chez les Bretons d'Armorique. Archambaud de Bourbon, beau-frère du roi Louis le Gros, en établit, paraît-il, dans un de ses domaines, vers l'an 1136. Mais il faut arriver au règne de Louis XV, malgré la fondation des haras par Colbert, pour en trouver de sérieusement organisées; encore ne se produisaient-elles qu'entre gentilshommes.

C'est ainsi que l'on cite la course faite, moyennant un pari de 10.000 livres, par M. de Saillant, entre la porte Saint-Denis et le château de Chantilly; la course accomplie par lord Pascool entre Fontainebleau et

Paris ; enfin les courses de la plaine des Sablons en 1776.

En 1781, sous Louis XVI, le parc de Vincennes fut le théâtre de courses importantes entre juments de race française et de race étrangère. En 1783 avaient lieu des épreuves plus sérieusement organisées encore. La Révolution emporta les courses, avec bien d'autres institutions d'origine seigneuriale. Il y eut donc, à cette époque, un temps d'arrêt important dans leur développement.

4. Mais Napoléon Ier, comprenant l'avantage que pouvait en tirer l'amélioration de la race chevaline, si utile à la prospérité d'un pays, les rétablit et les organisa sur des bases sérieuses.

Le 13 fructidor an XII (31 août 1805) l'empereur rendait au camp de Boulogne, le décret suivant :

ART. 1. — Il sera successivement établi des courses de chevaux dans les départements de l'Empire les plus remarquables par la bonté des chevaux qu'on y élève, et des prix seront accordés aux chevaux les plus vites.

ART. 2. — A dater de l'an XIV des courses auront lieu dans les départements de l'Orne, de la Corrèze, de la Seine, du Morbihan ou des Côtes du Nord, de la Sarre et des Hautes-Pyrénées.

ART. 3. — Le ministre de l'intérieur fera tous les règlements nécessaires, et il est chargé de l'exécution du présent décret.

5. Cependant les préoccupations de ses guerres incessantes devaient détourner l'attention de l'empereur et rendre forcément très lents les progrès que l'organisation des courses devait attendre de ce décret, organisation qui ne prit un réel développement qu'à partir de 1827.

6. Louis XVIII encouragea la fondation de plusieurs établissements pour l'amélioration du cheval de pur sang, notamment des haras de Meudon et de Viroflay. Son frère, le comte d'Artois, devenu Charles X, continua cette œuvre de protection intelligente, qui fut de nouveau interrompue par la Révolution de 1830, mais reprise par Louis-Philippe.

7. Celui-ci créa par une ordonnance du 3 mars 1833 le registre destiné à l'inscription des naissances des chevaux de pur sang, qui devint le Stud-Book français, C'est aussi à cette époque que remonte la création de la Société d'Encouragement, qui devait tant faire, par la suite, pour l'amélioration de la race chevaline, et qui a aujourd'hui la haute direction morale de tout ce qui concerne les courses de chevaux.

8. Cependant la création à Paris d'hippodromes confortables devait encore se faire attendre assez longtemps et ce n'est qu'en 1856, après en avoir été longtemps réduit à l'hippodrome du Champ de Mars, que l'on songea à utiliser le merveilleux champ de courses qui est aujourd'hui l'hippodrome de Longchamps.

9. L'hippodrome de Chantilly date de la naissance même de la Société d'Encouragement, en 1833. Sa création est due au hasard, c'est-à-dire à une partie de cheval faite par le prince Labanoff et M. de Normandie, et qui leur révéla les qualités élastique et souples de ce sol, c'est-à-dire son aptitude à devenir un excellent terrain de courses.

10. Longtemps avant leur établissement en France, les courses étaient déjà florissantes en Angleterre. Leur création régulière y remonte au règne de Henri II, mais elles ne furent sérieusement organisées que sous celui de Jacques Ier.

L'étude du développement des courses en Angleterre, qui pourrait donner lieu à d'intéressantes recherches, nous entraînerait hors du cadre de notre ouvrage. Nous ne pouvons donc sur ce point que renvoyer aux documents spéciaux.

11. Les fonds affectés aux courses se composent de sommes données par l'État, les départements, les Sociétés, les villes et les particuliers.

Dans les subventions de l'État affectées aux courses plates, sont compris les 50,000 francs consacrés aux épreuves des chevaux arabes et anglo-arabes.

12. Les conditions des courses ont été réglementées par plusieurs arrêtés ministériels, notamment par deux arrêtés en date des 16 mars 1866 et 18 janvier 1883.

13. Les prix des courses sont divisés en deux catégories : prix classés au règlement et prix non classés. Chaque année, le ministre détermine la répartition et les conditions relatives aux prix non classés.

14. Les poids sont réglés suivant le mois où la course a lieu et selon l'âge des chevaux.

15. Les prix classés sont ouverts aux chevaux nés et élevés en France, sans distinction de circonscription.

16. La valeur des prix, la distance, l'âge des chevaux, les lieux des courses sont fixés pour les prix classés, conformément à un tableau arrêté par le ministre.

Les prix sont divisés, dans ce tableau, en nationaux d'une valeur de 3.500 francs ; en principaux d'une valeur de 2.000 francs et en spéciaux d'une valeur de 1.000 francs.

17. Les courses dites nationales doivent avoir lieu sur une distance de 4.000 mètres au moins, les courses principales sur une distance de 3.000 mètres et les courses spéciales sur une distance de 2.500 mètres.

Dans les prix nationaux, sur la somme de 3.500 francs, 2.500 sont donnés au premier cheval et 1.000 au second (V. *Prix* 6°).

18. La présidence d'honneur des courses appartient de droit aux préfets des départements.

Les inspecteurs généraux des haras, les directeurs des dépôts d'étalons et inspecteurs départementaux remplissent les fonctions de commissaires du gouvernement pour les courses ; ils y assistent, les surveillent et en rendent compte. Il y a pour chaque localité trois commissaires de courses désignés par le directeur des haras. Cependant là où il existe des Sociétés de courses, le directeur peut déléguer auxdites Sociétés le choix des commissaires.

19. L'histoire des courses est marquée en 1866 par un événement important. Jusqu'à cette époque, le gouvernement avait la direction absolue de tout ce qui concernait les courses. Mais l'exemple donné par les Sociétés anglaises avait démontré que l'initiative privée pouvait aboutir à de meilleurs résultats, au point de vue du développement et de l'amélioration de la race chevaline. Le gouvernement français eut le bon sens de s'incliner devant cette expérience et abdiqua entre les mains des Sociétés privées la plus grande partie de ses prérogatives et de ses pouvoirs. Dans cet ordre d'idées le général Fleury, grand écuyer, chargé de l'administration des haras, présentait au maréchal Vaillant, ministre de la maison de l'Empereur et des Beaux-Arts, le rapport suivant :

Monsieur le Ministre,

Le nombre des hippodromes et les allocations qu'ils reçoivent, soit du Gouvernement, soit des Sociétés, des villes, des départements, etc., ont doublé depuis cinq ans. Ce développement rapide, si digne d'attention à tous les points de vue, est surtout remarquable en ce qu'il caractérise dans l'histoire des courses une phase d'émancipation. Le zèle des sociétés constituées pour organiser les réunions, l'empressement du public, les ressources pécuniaires et les moyens d'action empruntés à la faveur dont jouit l'institution dans le pays, l'activité née des intérêts divers mis en jeu, la vulgarisation des notions techniques sur les règlements en vigueur et les usages reçus, ont progressivement diminué la nécessité de l'intervention administrative, en augmentant proportionnellement l'importance du rôle rempli par les particuliers et les associations.

Le moment me paraît venu de faire un nouveau pas dans cette voie, et d'accentuer cette tendance de décentralisation au profit de l'initiative privée, qui constitue, d'ailleurs, en matière de courses, le mode de procéder en Angleterre. La situation actuelle permet, suivant moi, au service des Haras de s'effacer dans certaines limites, et de restreindre son règlement général aux dispositions purement organiques, c'est-à-dire à celles qui ont pour but de définir le fonctionnement des Sociétés, de fixer leurs attributions désormais plus étendues, de déterminer leurs rapports avec le Gouvernement.

Voici comment s'effectuerait cette transformation. A côté de l'ancienne Société d'Encouragement, s'occupant exclusivement du cheval de pur sang, dont le critérium est la course plate au galop, se sont fondées récemment deux grandes Sociétés vouées à l'amélioration du cheval de service et de guerre ; — l'une : la Société générale des Steeple-Chases, protégeant l'élevage des chevaux de selle au moyen de courses à obstacles ; — l'autre : la Société pour l'amélioration du cheval français de demi-sang, distribuant, sous forme de prix de courses au trot, de généreux encouragements aux chevaux destinés à l'attelage. Ces trois Sociétés mères représentent, dans sa triple acception, l'élevage du cheval en France, et chacune d'elles est régie par une législation distincte, œuvre des hommes les plus pratiques et les plus compétents.

En face de cette situation, que l'usage a consacrée depuis longtemps pour le Jockey-Club et que l'opinion publique est toute prête à accepter pour les deux Sociétés nouvelles, je suis convaincu qu'il n'y aurait aucun inconvénient pour l'État à renoncer à toute juridiction administrative, à se rallier aux règlements des trois Sociétés, lesquels ne diffèrent d'ailleurs de ceux des Haras que dans quelques détails, et à en faire le Code général, pour chaque spécialité, sur tous les hippodromes de France.

La mesure que je propose aurait pour effet, en unifiant la jurisprudence des courses, d'investir les Commissaires du droit de juger désormais toutes les questions sans appel ; toutefois, lorsque l'importance ou la difficulté du litige le comporterait, ils auraient la faculté de le déférer au Comité de l'une des trois Sociétés, suivant la nature de la course. La Commission centrale, créée par arrêté ministériel pour décider souverainement, dans certains cas, cesserait donc d'exister, et la Commission du *Stud-Book*, confondue avec la précédente, serait reconstituée séparément.

Ce n'est pas à dire que l'Administration entendrait abdiquer son autorité. En faisant une plus large place à l'initiative individuelle, en suivant le courant actuel des idées économiques, elle ne renoncerait pas à diriger de haut l'institution des courses. Indépendamment du droit naturel d'établir la répartition des fonds et des conditions des prix de l'État, le Grand Écuyer continuerait de nommer les Commissaires, de contrôler les programmes et conserverait une action disciplinaire pour la répression des délits et des fraudes.

Si les considérations qui précèdent obtiennent l'agrément de Votre Excellence, je la prierai de vouloir bien signer les deux arrêtés ci-joints.

Le Grand Écuyer,
Signé : Général FLEURY.

A la suite de ce rapport fut rendu l'arrêté suivant :

Le Ministre de la Maison de l'Empereur et des Beaux-Arts,
Sur le rapport du Grand Écuyer ;
Vu les arrêtés ministériels en date des 26 mars 1842, 24 janvier 1850, 17 février 1853, 30 janvier 1862 et 7 février 1863 relatifs aux courses de chevaux ;

            Arrête :

ARTICLE PREMIER. — La présidence d'honneur des courses de chevaux appartient de droit aux préfets des départements.

ART. 2. — Les inspecteurs généraux des haras, les directeurs des dépôts d'étalons et inspecteurs départementaux remplissent les fonctions de Commissaires du gouvernement pour les courses ; ils y assistent, les surveillent et en rendent compte au Grand Écuyer.

Ils peuvent également faire partie des Commissions.

ART. 3. — Il y a dans chaque localité trois Commissaires des courses.

ART. 4. — La nomination des Commissaires est faite par le Grand Écuyer.

Néanmoins là où il existe des Sociétés de courses, le Grand Écuyer peut déléguer auxdites Sociétés le choix des Commissaires.

ART. 5. — Les Commissaires des courses sont chargés de préparer le programme des courses, de le soumettre à l'approbation du Grand Écuyer, de lui donner toute la publicité désirable, de recevoir les engagements, de décider sans appel de leur validité, de fixer l'ordre des courses lequel devra être publié au moins 24 heures à l'avance, de surveiller l'exécution des dispositions du règlement.

ART. 6. — Les Commissaires prennent les dispositions qui leur paraissent convenables pour le terrain des courses, le pesage des jockeys, la désignation des juges du départ et de l'arrivée.

Dans le cas où deux Commissaires sont seuls présents, ils choisissent d'un commun accord un remplaçant pour leur collègue absent. Ils ont, d'ailleurs, le droit de déléguer à telle personne qu'ils jugent à propos de désigner une partie de leurs attributions.

Ni les Commissaires, ni les personnes auxquelles ils délèguent leurs fonctions ne peuvent les exercer pour une course dans laquelle ils seraient directement ou indirectement intéressés.

ART. 7. — Toutes réclamations ou contestations élevées au sujet des courses sont jugées par les Commissaires ; leurs décisions sont sans appel.

Ils peuvent toujours, lorsqu'ils le jugent convenable, appeler deux personnes compétentes à prendre part à leurs décisions.

Néanmoins, lorsque l'importance ou la difficulté de la question leur paraît l'exiger, les Commissaires peuvent encore en déférer le jugement : pour les courses plates, au Comité de la Société d'Encouragement pour l'amélioration des races de chevaux en France ; pour les courses à obstacles, au Comité de la Société générale des Steeple-Chases ; pour les courses au trot, au Comité de la Société pour l'amélioration du cheval de demi-sang.

ART. 8. — Il sera dressé par les soins des commissaires locaux, procès-verbal de toutes les opérations.

Ce procès-verbal, transmis dans le délai de vingt-quatre heures au préfet du département, sera, à la diligence de ce fonctionnaire, et dans un délai semblable, adressé au Grand Écuyer.

ART. 9. — Lorsqu'un jockey, entraîneur ou propriétaire se trouve sous le coup d'une exclusion ou d'une suspension régulièrement prononcée par une Commission locale, le Grand Écuyer peut prononcer contre lui l'interdiction pour un temps plus ou moins long de monter, d'entraîner ou de posséder aucun cheval courant sur les hippodromes français.

ART. 10. — L'arrêté ministériel du 30 janvier 1862 portant règlement général des courses et les titres IV et V de l'arrêté du 7 février 1863 sont abrogés.

En suite de cette suppression, les hippodromes seront régis désormais : pour les courses plates au galop par le règlement de la Société d'Encouragement pour l'amélioration des races de chevaux en France ; pour les courses à obstacles, par le règlement de la Société générale des steeple-chases ; pour les courses au trot par celui de la société pour l'amélioration du cheval français de demi-sang.

ART. 11. — Le Grand Écuyer est chargé de l'exécution du présent arrêté.

Paris, le 16 mars 1866.

Signé : VAILLANT.

20. Il s'est élevé récemment une controverse importante au sujet de la portée qu'il fallait attribuer à cet arrêté (V. *Bulletin officiel*).

D

DEAD-HEAT.

1. Expression anglaise signifiant épreuve morte et désignant l'arrivée de deux chevaux sur la même ligne. Par suite, ces chevaux gagnent ex-æquo. Mais les propriétaires ont la faculté de se partager le prix ou de faire courir de nouveau leurs chevaux, pour savoir lequel des deux l'emportera définitivement.

Dans ce cas les chevaux recourent après la dernière course. Les autres chevaux sont considérés comme perdants et prennent leurs places respectives, comme si la course avait été terminée la première fois (Art. 49 Code des courses).

2. Si les propriétaires conviennent de partager le prix, ils partagent aussi l'argent attribué au second et s'il y a lieu au troisième. Ces chevaux sont alors considérés comme gagnants et passibles des surcharges imposées au gagnant du prix dans lequel ils ont couru (Art. 50 Code des courses). (V. *Surcharge*.)

3. Si deux ou plusieurs chevaux arrivent ensemble de façon que le juge ne puisse décider qui est second, l'argent attribué au second est partagé entre eux, et s'il y a une somme attribuée au troisième, ils la partagent aussi (Art. 51 Code des courses. V. Code des steeple-chases art. 45 et 46).

4. Quand il y a dead-heat, les paris suivent le sort du prix, c'est-à-dire que les mises sont réunies et partagées entre les deux parieurs dans les mêmes proportions que le prix entre les propriétaires des deux chevaux.

5. Le Code des steeple-chases contient des dispositions spéciales sur les dead-heats.

Si dans une course deux chevaux arrivent ensemble au but, de telle sorte que le juge ne puisse décider lequel a gagné, ils ne seront pas admis à courir de nouveau. Le prix ajouté, s'il y a lieu, à la somme revenant au deuxième cheval sera partagé entre ces chevaux, et tous deux seront, à l'avenir, passibles de la surcharge imposée au gagnant de la course; mais dans les courses pour lesquelles les surcharges sont établies d'après l'importance des sommes gagnées, ils seront considérés comme ayant gagné seulement le montant de leur part (Art. 45 Code des steeple-chases).

DÉCHARGE.

On appelle décharge la différence de poids accordée à certains chevaux, soit dans un handicap, soit en raison de leur carrière antérieure. Cette différence, que l'on nomme aussi remise de poids, a pour but de rétablir entre les chevaux concurrents et dans la limite du possible l'équilibre des chances de succès (V. *Remise de poids*).

DÉFAULTER.

Ce mot, d'origine anglaise, sert à désigner un parieur qui n'a pas payé les paris perdus par lui, et qui, par suite, est l'objet de réclamations au Salon des courses (V. ce mot).

Notons que le « défaulter » ne peut plus paraître au Salon, avant d'avoir payé sa dette (V. *Pari*).

DÉPART. V. *Starter*.

DETTE DE JEU.

1. Aux termes de l'article 1965 Code civil, toute personne poursuivie en justice pour le paiement d'une dette de jeu peut repousser l'action de son créancier en lui opposant l'exception de jeu. C'est là un moyen dont nous n'avons pas à apprécier l'honorabilité personnelle, la loi l'ayant expressément reconnu, et la jurisprudence ayant même admis qu'elle pouvait la relever d'office comme touchant à l'ordre public.

2. Cependant l'article 1966 a posé une exception à ce principe en faveur des courses à pied ou à cheval. Les paris, intervenus à cette occasion, peuvent, en effet, être réclamés en justice, à moins qu'ils ne portent sur des sommes excessives, auquel cas les tribunaux peuvent rejeter la demande (V. *Action en justice*).

3. Notons, d'ailleurs, que, dans tous les cas, si le perdant a volontairement payé sa dette, il ne saurait être admis à en réclamer la restitution en justice, en invoquant l'exception de jeu, à moins que le gagnant n'ait obtenu ce paiement par dol, supercherie ou escroquerie.

4. On peut valablement donner à un tiers le mandat de payer une dette de jeu, le mandat étant en ce cas aussi valable que le paiement lui même. (Art. 1965. 1967 C. C.).

Par conséquent, le mandataire, qui aurait payé ainsi une dette de jeu conformément au mandat qu'il aurait reçu, a une action en recours contre son mandant, par exemple pour obtenir le remboursement de ce qu'il a payé, ou des frais que son mandat lui a occasionnés (Art. 1999 C. C., Paris, 7 janvier 1874; D. 77. 5. 268).

5. Le gagnant ne peut d'ailleurs forcer le perdant à payer. Il a été jugé, en ce sens, que : lorsque le perdant remet au gagnant, pour le payer, un billet à ordre souscrit par un tiers et revêtu de son endossement régulier, le gagnant ne saurait exercer contre le perdant aucune action récursoire pour l'obliger à payer le montant du billet, dans le cas où le souscripteur ne l'acquitterait pas (Cass., 6 août 1878. *J. Pal.* 78, p. 1083).

La même décision constate, d'ailleurs, que le paiement d'une dette de jeu faite au moyen d'un billet est valable en ce sens que le perdant ne peut exiger la restitution de ce billet, ni de la somme en provenant.

Toutes ces observations ne doivent pas être appliquées aux paris de courses faits par les propriétaires, entraîneurs ou éleveurs et les jockeys sur le résultat des courses auxquelles ils sont intéressés. Mais elles s'appliquent aux paris faits par les simples spectateurs, lesquels sont dépourvus d'action (V. *Action en justice*, n° 8).

DIFFAMATION.

1. Toute allégation ou imputation d'un fait, même vrai, qui porte atteinte à l'honneur ou à la considération de la personne ou du corps auquel le fait est imputé, est une diffamation (Loi du 29 juillet 1881, art. 29).

Alléguer, c'est annoncer sur la foi d'autrui ou laisser à l'assertion l'ombre du doute ; imputer, c'est affirmer.

La diffamation suppose trois éléments :
1° L'imputation d'un fait préjudiciable ;
2° La publicité donnée à cette imputation ;

3° L'intention de nuire, c'est-à-dire la mauvaise foi.

2. Les peines de la diffamation sont les suivantes : 5 jours à 6 mois de prison et 20 à 2.000 francs d'amende ou l'une de ces deux peines seulement, sauf réduction en cas de circonstances atténuantes.

Il faut d'ailleurs constater, qu'en fait, les tribunaux se montrent d'une indulgence excessive dans la répression de la diffamation.

3. La poursuite des diffamations qui remontent à plus de trois mois est couverte par prescription. Toute demande pour des faits diffamatoires remontant à plus de trois mois sera donc non recevable.

L'action est également prescrite après trois mois révolus à partir du jour du dernier acte de poursuite, s'il en a été fait.

Le délai se compte de date à date, et cette prescription est d'ordre public, de sorte qu'elle peut être invoquée en tout état de cause et même relevée d'office par le juge (Loi du 29 juillet 1881, art. 65).

Il va sans dire que le jugement de condamnation n'est plus, pour son exécution, soumis à cette prescription, mais bien à la prescription ordinaire de trente ans.

4. Les chroniqueurs et rédacteurs de sport peuvent librement discuter le talent professionnel d'un jockey ou d'un propriétaire éleveur, s'ils n'apportent pas dans leurs jugements un parti pris de dénigrement. Ce n'est là, en effet, qu'un libre exercice du droit de critique, qui ne saurait les exposer à aucune responsabilité (Cf. Trib. Seine 26 mars 1884, la Loi du 27 mars).

Mais il n'en serait plus de même si leurs articles contenaient des injures graves ou des imputations diffamatoires de nature à porter atteinte à l'honneur du jockey ou du propriétaire éleveur ou à leur considération professionnelle. Par exemple le fait de dire d'un jockey : qu'il a tiré sur son cheval pour l'empêcher de gagner la course, serait une diffamation ; de même le fait de dire d'un propriétaire qu'il a donné à son jockey des instructions pour ne pas laisser gagner son cheval, alors surtout qu'on ajouterait que cet ordre était donné pour permettre à celui qui le donnait de réaliser des paris importants. Mais il faut, pour obtenir une condamnation, que la personne soit nettement désignée ou facilement reconnaissable (Trib. cor. Seine, 16 mai 1888) (non publié).

5. Il faut, en outre, car c'est là un des éléments mêmes du délit, que le diffamateur ne puisse pas invoquer sa bonne foi. Or, les tribunaux sont juges souverains des circonstances de fait qui peuvent, selon eux, constituer la bonne foi (Cass. 10 novembre 1876, D. 77. 1. 44).

Ainsi, il a été jugé que : si un propriétaire, ayant deux chevaux engagés dans une même course, donne à son jockey l'ordre de gagner avec celui des deux qui n'est pas favori, et sur lequel il a engagé de nombreux paris, sans annoncer hautement ses intentions, il commet un acte, qui, bien que conforme aux règlements des Sociétés de courses, manque de correction et peut justifier les critiques d'un journal qui attaquera cette manière de faire et par conséquent amener son acquittement, fondé sur la bonne foi, dans le cas où le propriétaire attaqué poursuivrait le journal en diffamation (Trib. corr. Seine 11 mars 1890, *Gaz. des Tribunaux* du 13 mars).

Cette décision, qui est à l'abri de tout reproche au point de vue juridique pur, met en lumière une des dispositions les plus critiquables des règlements de courses.

Il est évident, en principe, qu'un propriétaire peut faire de son bien ce qui lui convient, et si les courses portaient uniquement sur le gain du prix offert au vainqueur, il serait libre de gagner avec tel cheval qu'il voudrait, sans avoir à rendre aucun compte de sa volonté.

Mais depuis un grand nombre d'années, un troisième intérêt, respectable parce qu'il constitue un des encouragements les plus puissants de l'amélioration chevaline par les courses, est venu apporter un tempérament à ce principe. Les paris, c'est-à-dire l'intérêt du public, sont subordonnés aux résultats d'une course et il ne doit pas être permis à l'arbitraire d'un seul de modifier des résultats qui ne doivent être dus qu'à la valeur des chevaux et des jockeys.

Il y a donc une réforme à faire, soit en obligeant le propriétaire à annoncer officiellement avec quel cheval il veut gagner, ce qui offrirait de graves inconvénients pour le cas possible où ce serait l'autre cheval qui gagnerait ; soit en interdisant aux propriétaires de faire courir dans la même course plus d'un cheval leur appartenant. Cette solution, beaucoup plus radicale, nous paraît la meilleure.

La plupart des Sociétés de courses ont résolu, pour obvier à cet inconvénient, de coupler les chevaux de la même écurie courant dans la même épreuve, au point de vue des paris. De la sorte, le ticket délivré aux guichets du pari-mutuel représente la chance totale de l'écurie, quel que soit le nombre des chevaux qu'elle a mis en ligne et quel que soit celui d'entre eux qui gagne la course.

Notons d'ailleurs que la mauvaise foi est toujours présumée et que c'est au prévenu à prouver qu'il a agi de bonne foi (Cass. 18 mars 1881, *Courrier des Tribunaux*, n° 79).

6. Le propriétaire qui avait ainsi perdu le procès de diffamation, qu'il avait intenté à deux journaux de sport, dont les critiques avaient quelque peu dépassé la mesure, fit appel de la décision du tribunal.

La cour (chambre des appels correctionnels) confirma le jugement d'acquittement en ce qui touchait la diffamation, attendu que les articles incriminés ne contenaient pas d'imputation diffamatoire suffisamment caractérisée. Mais elle l'infirma du chef d'injures, considérant que les articles renfermaient des expressions outrageantes et injurieuses et condamna de ce chef les deux journaux à l'amende (Paris 13 juin 1890, *Gaz. Pal.*, 90. 2. 80).

La loi de 1881 sur la presse prononce en effet des pénalités pour les injures. Toute expression outrageante, terme de mépris ou invective, qui ne renferme l'imputation d'aucun fait, est une injure (Art. 29 loi du 29 juillet 1881).

DISQUALIFICATION.

On appelle ainsi la mesure pénale prise par les commissaires de courses et qui consiste à retirer à un cheval qualité pour une ou plusieurs courses, à temps ou à perpétuité. C'est la peine la plus forte qui puisse être appliquée sur tous les hippodromes. Outre les chevaux, elle peut atteindre également les propriétaires, entraîneurs ou jockeys, coupables de manœuvres frauduleuses.

Les causes de disqualification sont nombreuses. On en trouvera l'énumération au Code des courses et aux différents règlements des Sociétés.

DISTANCÉ.

On appelle distancé un cheval qui est encore à plus de 100 mètres en arrière au moment où le vainqueur, arrivant au poteau, gagne la course. Il est distancé, c'est-à-dire qu'il est considéré comme n'ayant pas pris part à la course : par suite, il ne peut être placé et perd les avantages que, le cas échéant, sa place de second ou troisième pouvait lui assurer.

Est encore distancé : tout cheval dont le jockey ne porte pas le poids, qui lui est attribué, ou ne le porte plus à son retour aux balances; tout cheval qui, pendant la course a gêné ou coupé l'un de ses concurrents;

tout cheval, dont le jockey est descendu avant d'être revenu aux balances, sauf le cas d'accident (V. *Disqualification* et *Poids*).

Un cheval ne doit pouvoir être distancé que sur la déclaration d'un juge placé près d'un poteau fixé à 100 mètres du but. En l'absence du juge et du poteau, un cheval ne peut être légalement distancé, fût-il effectivement à 400 mètres du but (V. *Gagnant*).

DRESSAGE (primes et écoles de).

1. Les écoles de dressage ont été instituées pour permettre aux petits propriétaires, qui ne peuvent avoir d'établissements personnels, d'élever leurs chevaux pour la vente.

2. Il existe onze écoles subventionnées par le gouvernement à Airel (Manche), Amiens, Bordeaux, Caen, Cercy-la-Tour (Nièvre), la Grand-Maison (Cher), la Roche-sur-Yon, Nancy, Rennes, Rochefort, Sées (Orne). — Loi du 29 mai 1874, art. 5. —

3. Chaque année, des concours publics ont lieu, dans lesquels sont distribués aux chevaux hongres et juments, nés et élevés en France, âgés de 4 et 5 ans, montés ou attelés, et appartenant depuis trois mois au moins à l'exposant, des prix désignés sous le nom de primes de dressage.

4. Les papiers d'origine doivent être joints à la demande d'engagement. Le même cheval ne peut être primé qu'une fois.

5. Le jury est composé de membres nommés par le ministre sur une liste présentée par le Préfet du département où a lieu le concours.

6. Le plus important de ces concours est celui connu sous le nom de « grand concours hippique » et donné

chaque année à Paris par la société hippique française. Reconnue d'utilité publique et subventionnée par
l'Etat, cette œuvre peut subsister surtout grâce aux
cotisations de ses membres.

7. Outre ces encouragements distribués dans les concours, l'Etat accorde des primes de 200 à 600 francs
aux poulinières de pur sang suitées d'un produit de
pur sang arabe, ou anglo-arabe. Ces primes sont accordées sur la proposition des inspecteurs généraux des
haras (V. *Étalons*).

DROIT DES PAUVRES.

INDEX ALPHABÉTIQUE.

Exemption, 2 et s.
Pari mutuel, 6.
Quotité du droit, 1.

Sociétés d'intérêt public, 2 et s.
Sociétés privées, 4.

1. Les courses de chevaux sont, comme tous les
spectacles où le public est admis en payant, soumis à
la taxe du droit des pauvres. Cette perception qui
atteint les sociétés privées, d'une manière indiscutable,
est du quart de la recette brute. (Art. 2, loi du 8 thermidor, an V).

2. Mais une question intéressante sur ce point a été
posée au conseil d'État et résolue par lui : le droit des
pauvres peut-il être exigé des sociétés fondées dans un
but d'intérêt public et sous le patronage du gouvernement ? La Société des courses rouennaises, fondée pour
l'amélioration de la race chevaline, sous le patronage
du gouvernement, invoquant son but d'intérêt général
et public, s'était, en effet, refusée à acquitter la taxe
qui lui était réclamée. Le bureau de bienfaisance l'avait
appelée alors devant le conseil de préfecture de Rouen
qui admit la thèse de la Société des courses rouennaises. Le bureau de bienfaisance se pourvut devant le
conseil d'Etat, qui confirma la décision du conseil de
préfecture.

3. Il peut être intéressant à ce propos de rappeler

un passage du rapport de M. David, commissaire du gouvernement.

« Les courses de chevaux, disait-il, instituées et réglées par le gouvernement, ont-elles ce but caractéristique d'un plaisir offert au public ? Si tel en peut être le résultat, nous n'hésitons pas à le déclarer que tout autre a été la pensée, qui a présidé à cette institution. Il s'agissait, non pas d'un divertissement à offrir au public, mais d'un concours sérieux à présenter aux éleveurs comme moyen d'encouragement pour l'amélioration de la race chevaline. Sans doute, le public n'est pas de trop à ces courses ; il en est peut-être le stimulant le plus actif..... Mais enfin, l'institution n'en conserve pas moins son caractère propre qui est celui, non d'un spectacle offert au public, mais d'un concours offert aux éleveurs, et son but, qui est, non pas d'attirer le public, mais d'encourager l'amélioration de la race chevaline, c'est-à-dire d'une œuvre d'intérêt général. Il en est de même de tous les concours ouverts par l'administration dans les diverses branches des beaux-arts, de l'industrie et de l'agriculture. » — Conseil d'Etat 13 juin 1873. — Recueil du Conseil 1873. 543. — Cette décision est critiquée par M. Becquet, dans son étude sur le régime et la législation de l'assistance publique. Nous ne saurions nous associer à cette critique.

4. En résumé, les courses de chevaux organisées sous le patronage du gouvernement, peuvent invoquer cette jurisprudence pour refuser le paiement du droit des pauvres, alors surtout que la totalité des recettes est affectée, aux termes mêmes des statuts, à l'amélioration de la race chevaline.

Il n'en saurait être de même des sociétés purement privées, même autorisées par l'administration, parce que, bien que leur raison d'être puisse être aussi un but d'intérêt général, il leur manque, du moins, la consécration officielle du gouvernement, qui seule peut leur donner le caractère d'utilité publique nécessaire pour écarter l'application du droit des pauvres. Il a été ainsi décidé par le conseil de préfecture de Seine-et-Oise au profit du bureau de bienfaisance de la commune de Marne contre la Société sportive (courses de La Marche) (Cons. préf. Seine-et-Oise, 17 février 1888, Pandectes françaises 88. 4. 10).

Il en est ainsi particulièrement quand les statuts sont tels qu'ils permettent aux membres des Sociétés sportives de réaliser certains bénéfices sur les recettes.

5. Rappelons que c'est en vertu de cette distinction que les trois grandes Sociétés reconnues par l'arrêté ministériel de 1866 ne paient pas le droit des pauvres. L'on sait que ce sont : la Société d'Encouragement (Jockey-Club), la Société des Steeple-Chases et la Société d'encouragement pour l'amélioration du cheval français de demi-sang.

6. Les produits du pari mutuel autorisé par l'administration sont frappés d'un droit de 2 %, qui est affecté à des œuvres de bienfaisance, à désigner par le ministre. Ce droit ne doit pas être confondu avec celui des pauvres. (V. *Pari Mutuel*.)

E

ÉCOLES VÉTÉRINAIRES.

La fondation des écoles vétérinaires est due à Bourgelat, et remonte à 1792. Il y en a actuellement trois en France : à Lyon, fondée en 1792 ; à Alfort, fondée en 1796, et à Toulouse, fondée en 1828. Un décret du 19 mai 1873 les avait réorganisées.

La nomination de tous les fontionnaires et employés des écoles vétérinaires appartient au ministre de l'agriculture.

Les écoles comprennent des élèves internes, des élèves externes et des auditeurs libres, ces derniers admis sans examen. Pour les autres il existe un examen préparatoire d'admission devant un jury spécial désigné par le ministre. Les candidats doivent avoir 17 ans au moins et 25 ans au plus.

Les bacheliers et diplômés des écoles d'agriculture sont reçus sans examen. La durée des études est de quatre ans après lesquels un examen est subi qui donne lieu, s'il est satisfaisant, à la délivrance du diplôme de vétérinaire (V. ce mot).

Actuellement elles sont réglementées par un nouveau décret, dont voici le texte intégral :

DÉCRET DU 18 FÉVRIER 1887, PORTANT ORGANISATION DES ÉCOLES NATIONALES VÉTÉRINAIRES.

TITRE PREMIER. — *Institution des écoles vétérinaires.*

ARTICLE PREMIER. — Les écoles vétérinaires nationales établies à Alfort, Lyon et Toulouse sont placées sous l'autorité du ministre de l'agriculture et sous la surveillance des préfets des départements dans lesquels elles sont situées.

ART. 2. — Ces écoles admettent des élèves internes, des élèves demi-pensionnaires et des élèves externes.

Les étrangers peuvent être admis dans les écoles vétérinaires au même titre que les nationaux.

ART. 3. — Le prix de la pension est de 600 francs par an pour les élèves internes. Cette somme est payable dans une caisse de l'État en trois termes, ainsi qu'il suit : le 1er octobre, 180 francs; le 1er janvier, 180 francs; le 1er avril, 240 francs. Les élèves demi-pensionnaires et les élèves externes acquittent aux mêmes époques et par fraction proportionnelle une rétribution scolaire fixée à 400 francs par an pour les demi-pensionnaires et à 200 francs pour les externes.

Indépendamment du prix de la pension, les élèves sont tenus de verser, au commencement de chaque année scolaire, une somme de 30 francs destinée à garantir le payement des objets cassés, détériorés ou perdus par leur faute.

Tous les élèves boursiers et payant pension sont obligés de se procurer, à leurs frais, les effets du trousseau, ainsi que les livres et instruments nécessaires à leur instruction.

ART. 4. — 140 bourses d'internat, pouvant être fractionnées, sont réparties entre les trois écoles par le ministre de l'agriculture.

Ces bourses et fractions de bourses sont accordées, d'après l'ordre de classement, aux élèves qui ont subi avec succès les examens d'admission ou les épreuves de passage d'une division à une division supérieure et qui ont préalablement justifié de l'insuffisance de leurs ressources ou de celles de leurs familles pour subvenir au payement total ou partiel du prix de la pension.

Les bourses ou fractions de bourses ne sont accordées que pour une année scolaire; elles peuvent être continuées en faveur des élèves qui s'en rendent dignes par leur conduite et par leurs progrès.

Art. 5. — Les élèves portent une tenue réglementaire dont le modèle est arrêté par le ministre.

Ils ne peuvent modifier cet uniforme dans aucune de ses parties, même en dehors de l'école.

Titre II. — *Mode et conditions d'admission des élèves.*

Art. 6. — Nul ne peut être admis dans les écoles vétérinaires que par voie de concours.

Le concours a lieu tous les ans, au siège de chaque école, à une date fixée par le ministre.

Il est précédé d'un examen d'admissibilité qui se passe au chef-lieu de chaque département à une date également fixée par le ministre.

Art. 7. — Pour être admis à ces épreuves, tout candidat doit avoir dix-sept ans au moins et vingt-cinq ans au plus au 1er octobre de l'année dans laquelle le concours a lieu.

Aucune dispense d'âge ne peut être accordée.

Art. 8. — La demande d'admission au concours, rédigée sur papier timbré, doit être adressée au ministre, soit directement, soit par l'intermédiaire du préfet du département où réside le candidat.

Elle est accompagnée des pièces suivantes :

1° L'acte de naissance du candidat;

2° Un certificat du médecin attestant que le candidat a eu la petite vérole ou a été revacciné depuis moins de trois ans;

3° Un certificat de moralité délivré par le chef de l'établissement dans lequel l'élève a accompli sa dernière année d'études, ou à défaut par le maire de sa dernière résidence;

4° Une obligation souscrite, sur papier timbré, par les parents du candidat pour garantir le paiement de sa pension pendant tout le temps de son séjour à l'école;

5° Le diplôme de bachelier ès lettres ou ès sciences complet ou de l'enseignement secondaire spécial, ou bien le diplôme délivré soit par l'Institut agronomique, soit par les écoles nationales d'agriculture. Mais la production de l'un de ces diplômes ne sera exigée pour être admis au concours qu'à partir de 1890.

Pour les candidats dont les parents ne résident pas dans la localité où l'école est établie, l'obligation ci-dessus doit désigner un correspondant domicilié dans cette localité ou dans son voisinage.

Pour les candidats étrangers, l'obligation relative au paiement de la pension doit être fournie, à défaut de parents, par un correspondant résidant en France, en son propre nom, laquelle le constitue personnellement responsable de ce paiement. Les certificats et autres pièces à produire en vertu du présent article doivent être dûment légalisés.

Art. 9. — Les demandes de bourses sont adressées au ministre. Elles sont communiquées au préfet du département qui les soumet au conseil municipal du domicile des parents du candidat, à l'effet, par ce conseil, de constater l'insuffisance de fortune de la famille.

La délibération motivée du conseil municipal avec les pièces justificatives à l'appui, est transmise au ministre par le préfet qui y joint son avis.

Art. 10. — Les candidats sont examinés d'après un programme, arrêté par le ministre, qui est publié chaque année au *Journal officiel*.

Jusqu'en 1889 inclusivement, les candidats pourvus de titres universitaires ou de diplômes d'écoles du gouvernement impliquant la possession de connaissances supérieures à celles du programme pourront être reçus sans examen.

Art. 11. — Le jury des examens d'admission est nommé chaque année par le ministre.

La liste des candidats admissibles est arrêtée par le ministre ainsi que celle des élèves admis, qui est établie d'après l'ordre de classement jusqu'à concurrence des places disponibles dans chaque école.

Il est statué également sur les bourses par le ministre.

La liste des élèves admis chaque année dans les écoles vétérinaires et l'état des bourses sont publiés au *Journal officiel*.

Titre III. — *Enseignement.*

Art. 12. — La durée des études dans les écoles vétérinaires est de quatre ans.

L'enseignement qui y est distribué comprend les matières ci-après :

La physique, la météorologie, la chimie, la pharmacie et la toxicologie ;

L'histoire naturelle et la matière médicale ;

L'anatomie des animaux domestiques et l'extérieur du cheval.

La physiologie des animaux domestiques, la tératologie et la thérapeutique générale ;

La pathologie des maladies contagieuses, la police sanitaire, l'inspection des viandes de boucherie, la médecine légale et la législation commerciale en matière de vente d'animaux ;

La pathologie générale, la pathologie médicale et la clinique ;

La pathologie chirurgicale, le manuel opératoire et la ferrure ;

L'hygiène et la zootechnie ;

La littérature française et la langue allemande.

ART. 13. — Tout élève qui, à la suite des examens de fin d'année, ne sera pas reconnu capable de passer dans la division supérieure sera rayé des contrôles.

Toutefois le ministre, sur la proposition du conseil de l'école, peut accorder aux élèves reconnus trop faibles pour passer dans la division supérieure, mais pouvant reprendre un rang convenable par la suite, la faculté de recommencer les cours de l'année écoulée ; cette faculté ne peut s'exercer qu'une fois pendant toute la période réglementaire des études.

Cette dernière disposition n'est pas applicable si l'élève a été empêché de suivre régulièrement les cours par suite de maladie ou par toute autre circonstance de force majeure. Dans les cas de cette nature, le conseil de l'école soumet, s'il y a lieu, des propositions motivées au ministre, qui statue.

ART. 14. — Des diplômes de vétérinaires sont délivrés chaque année, par le ministre de l'agriculture, aux élèves désignés par le conseil de l'école comme ayant satisfait d'une manière complète à toutes les épreuves de l'examen de sortie.

Pour être admis à cet examen, la consignation d'une somme de 100 francs est préalablement exigée à titre de droit de diplôme.

Cette somme est remboursée intégralement dans le cas où le diplôme n'est pas obtenu.

TITRE IV. — *Personnel.*

ART. 15. — Chaque école vétérinaire est administrée par un directeur nommé par le ministre.

L'autorité du directeur s'étend sur toutes les parties du service.

Il correspond directement avec le Ministre. Il lui rend compte immédiatement de toutes circonstances de nature à compromettre la marche régulière de l'école.

Art. 16. — Le personnel enseignant se compose dans chaque école : du directeur, des professeurs, des répétiteurs chefs de travaux, dont le nombre est fixé par un arrêté ministériel.

Le directeur peut être remplacé dans sa chaire par un professeur suppléant.

Art. 17. — Les professeurs et les répétiteurs chefs de travaux sont nommés par le ministre, après un concours public passé devant un jury spécial.

Art. 18. — Dans tous les cas où il est procédé à des concours, la composition du jury, ainsi que la date, le mode et les conditions de ces concours, sont déterminés par le ministre.

Art. 19. — Sont attachés à chaque école : un régisseur agent comptable, tenu de fournir un cautionnement; un économe garde-magasin; un secrétaire de la direction ; un surveillant en chef et des surveillants des élèves ; un ou plusieurs commis d'administration; un chef d'atelier des forges; un palefrenier-brigadier et des palefreniers ; un chef jardinier et des agents subalternes en nombre suffisant pour les besoins du service.

Art. 20. — La nomination de tous les fonctionnaires et employés appartient au ministre de l'agriculture.

Le ministre peut toutefois déléguer au directeur la nomination des agents subalternes non soumis aux retenues prescrites par la loi sur les pensions civiles; mais, dans tous les cas, il fixe leur nombre et leur traitement.

Art. 21. — Sont logés dans l'école : le directeur, le régisseur, l'économe garde-magasin et les surveillants, le palefrenier-brigadier.

Le ministre détermine les catégories de fonctionnaires et agents à qui, dans l'intérêt du service, il convient d'accorder le logement et la nourriture.

Art. 22. — Un médecin est attaché à chaque école; il est nommé par le ministre sur la proposition du directeur. Il est tenu de résider dans le voisinage de l'école.

Art. 23. — Le personnel, dans chaque ordre de fonctions, est divisé en classes.

Les traitements de chaque classe sont réglés conformément au tableau annexé au présent décret.

L'élévation à la classe supérieure ne peut avoir lieu qu'après trois ans d'exercice au moins.

Art. 24. — Un inspecteur général, nommé par le ministre, donne son avis sur les mesures concernant l'enseignement des écoles et le personnel qui y est affecté.

L'inspecteur général visite ces établissements une fois au moins chaque année et adresse au ministre un rapport détaillé sur les résultats de son inspection.

Indépendamment des inspections annuelles, il préside alterna-tivement les examens de sortie dans chaque école.

Art. 25. — Les fonctionnaires et employés de divers ordres se doivent tout entiers à leurs fonctions. Ils ne peuvent accepter aucun mandat politique sans l'autorisation du ministre.

TITRE V. — *Des conseils des écoles vétérinaires.*

Art. 26. — Un conseil est institué dans chaque école.

Il se compose du directeur, président, et des professeurs.

Le conseil désigne chaque année celui de ses membres qui remplira les fonctions de secrétaire.

A l'époque des inspections, l'inspecteur général réunit le conseil, qu'il préside.

Art. 27. — A la fin de chaque année, le conseil de l'école arrête la liste de classement des élèves dans chaque division ; il statue sur les prix à décerner, désigne les élèves qui peuvent être autorisés à recommencer leurs cours dans les conditions spécifiées à l'article 13, et ceux qui, par l'infériorité de leurs notes, lui paraissent devoir être exclus de l'école.

Il dresse la liste, par ordre de mérite, des élèves qui ont con-couru pour le diplôme de vétérinaire, et il désigne ceux auxquels il juge qu'il y a lieu d'accorder ce diplôme.

Il est consulté toutes les fois que des infractions graves ont été commises par des élèves contre la discipline. Il donne son avis sur les propositions de renvoi à soumettre au ministre.

Le conseil donne enfin son avis sur toutes les questions qui lui sont soumises par le directeur en ce qui concerne l'enseignement,

TITRE VI. — *Discipline.*

Art. 28. — Les punitions qui peuvent être infligées aux élèves sont : la demi-consigne ; la consigne ; la salle de police ; la prison, entraînant la comparution devant le conseil de l'école, avec mise à l'ordre du jour ; le renvoi.

Le règlement intérieur détermine les divers degrés et les con-ditions accessoires d'application des trois premières punitions.

Indépendamment des peines disciplinaires ci-dessus, le ministre pourra, sur l'avis du conseil de l'école, supprimer tout ou partie de la bourse ou fraction de bourse accordée à l'élève.

TITRE VII. — *Dispositions générales.*

Art. 29. — Un règlement arrêté par le ministre détermine dans leurs détails la classification, les attributions et les devoirs des divers fonctionnaires et employés des écoles.

Des arrêtés ministériels règlent également toutes les mesures, de détail nécessaires à l'exécution du présent décret, notamment en ce qui concerne la comptabilité de l'école, soit en deniers soit en matières ; les livres et registres à tenir par le régisseur, la reddition des comptes et le mode de justification des paiements et des recettes.

Art. 30. — Est abrogé le décret du 21 octobre 1881, ainsi que tous décrets, ordonnances et règlements relatifs aux écoles vétérinaires antérieurs au présent décret.

Art. 31. — Le ministre de l'agriculture est chargé de l'exécution du présent décret.

ENGAGEMENTS.

1. Acte par un propriétaire de prévenir, dans un délai déterminé, les personnes compétentes pour recevoir sa déclaration, qu'il a résolu de faire courir, et par suite d'engager tel de ses chevaux dans un prix qu'il indique. Si le Comité des courses, auquel il s'adresse, accepte l'engagement, un contrat est, dès cet instant, formé entre les parties. En vertu de ce contrat, le propriétaire, d'une part, se soumet aux règlements alors en vigueur de la Société de courses où il engage son cheval, et notamment s'oblige à payer le prix déterminé pour l'entrée (V. ce mot). La Société, d'autre part, s'oblige à lui fournir le prix, s'il est proclamé gagnant.

L'engagement est fait par le propriétaire du cheval engagé ou par son mandataire (Art. 9 Code des courses, art. 8 Code des steeple-chases. V. *Mandat*).

2. Si le cheval appartient à plusieurs propriétaires ou intéressés, c'est celui qui fait l'engagement qui, aux

yeux de la Société de courses, est considéré comme le
seul propriétaire. Mais pour agir ainsi et engager valablement le cheval, il faut que sa part de propriété ou
d'intérêt ne soit inférieure à aucune des parts de ses
coïntéressés, ou bien qu'il ait été nommé associé dirigeant en vertu d'un acte authentique. Quand le droit
de disposer d'un cheval a été vendu ou cédé temporairement, moyennant une redevance fixée entre les
parties, cette redevance éventuelle n'empêche pas le
cessionnaire d'être considéré par la Société comme le
seul propriétaire, s'il remplit d'ailleurs les conditions
énoncées ci-dessus (Art. 9 Code des courses, art. 8
Code des steeple-chases).

3. Les engagements se font par écrit ou par télégramme, aux lieu et heure indiqués par le programme. Tout engagement, arrivé après l'heure fixée,
est nul de plein droit. Cette disposition s'applique même
au cas où le retard provient d'une force majeure. C'est
là une règle sortant des principes du droit commun,
mais qui s'impose à tous ceux qui, voulant engager des
chevaux, sont présumés connaître le règlement des
Sociétés avec lesquelles ils traitent (Art. 9 Code des
courses, art 8. Code des steeple-chases. V. *Qualification*).

4. Tout engagement fait pour la première fois doit
contenir la désignation exacte du cheval engagé, son
âge et son origine ; par conséquent doivent être indiqués les noms des père, mère, grands-pères, grand'-
mères des chevaux, etc., en s'arrêtant à ceux de leurs
ancêtres qui sont inscrits au Stud-Book anglais ou au
Stud-Book français. Si la mère du cheval a été couverte
par plusieurs étalons, ils doivent tous être nommés
(Art. 10 Code des courses. art. 9 et 10 Code des
steeple-chases). C'est là, en effet, un excellent moyen de
s'assurer du développement et des progrès de l'espèce.

5. Quand un cheval a été une première fois engagé
avec sa désignation, son nom et son origine dans une
course publiée au *Bulletin officiel*, il suffit pour les

engagements subséquents de le désigner par son nom, même s'il n'a pas couru. Si on l'engage en même temps et pour la première fois dans plusieurs courses, il suffit de donner sa désignation exacte et son origine pour l'un de ces engagements et son nom seulement pour les autres (Art. 11 Code des courses. V. *Nom*).

6. Les commissaires ont, dans tous les cas, le droit de ne valider les engagements qu'après avoir obtenu, à l'appui de la désignation des chevaux, toutes les justifications qu'ils jugent nécessaires (Art. 13 Code des courses, art. 12 Code des steeple-chases).

7. Quand un cheval est engagé sans être désigné conformément aux règles précédentes, il est disqualifié pour la course et son propriétaire doit néanmoins payer le forfait ou la totalité de la mise, s'il n'y a pas de forfait ou si l'époque, où il peut être déclaré, est passée (Art. 14 Code des courses art. 13 Code des steeple-chases).

8. Si le cheval a été exactement désigné, mais que de cette désignation même il résulte qu'il n'est pas qualifié pour la course dans laquelle on l'engage (V. *Qualification*), l'engagement est nul et le propriétaire ne doit pas d'entrée (Art. 15 Code des courses, art. 14 Code des steeple-chases).

9. Si, par suite d'une manœuvre frauduleuse, un cheval court ou est engagé sous une fausse désignation, il est disqualifié et devient incapable de courir, par la suite, dans aucune course (Art. 16 Code des courses, art. 15 Code des steeples-chases) (V. *Prix*).

10. Toute personne ayant souscrit un engagement ne peut ni retirer son nom, ni lui substituer celui d'une autre personne et reste toujours responsable de la totalité de l'entrée ou du forfait. Aucun changement d'aucune espèce ne peut être apporté aux engagements après le terme fixé pour les recevoir (Art. 18 Code des courses, art. 17 Code des steeple-chases).

11. Si la personne, sous le nom de laquelle l'engagement d'un cheval est contracté, meurt avant l'époque fixée pour le payement de l'entrée ou du forfait, l'engagement devient nul. Dans les courses où il est stipulé que l'entrée sera représentée par un billet, l'époque du payement est considérée exister au jour de la souscription du billet (Art. 22 Code des courses).

Par conséquent, en cas de mort postérieure à la souscription du billet, l'engagement reste valable et le payement du billet peut être poursuivi contre la succession du défunt.

12. Lorsque par suite de conditions particulières exigées pour la qualification des chevaux dans une course, un cheval qui était qualifié à l'époque de son engagement, cesse de l'être au moment de la course, l'engagement de ce cheval devient nul (Art. 24 Code des courses).

C'est encore là une disposition contraire aux principes du droit qui veut qu'un contrat ne puisse pas être modifié rétroactivement par la volonté d'une seule des parties. Mais cette disposition s'impose à ceux qui l'ont connue et acceptée avant de faire le contrat, dans l'espèce, avant de conclure l'engagement (V. *Entrée, Forfait, Nom, Poule de produits* et *Vente.*

ENTRÉE.

INDEX ALPHABÉTIQUE.

Commissaires, 3, 9.
Définition, 1.
Disqualification, 6, 8 et s.
Fonds de courses, 3.
Opposition au départ, 5 et s.

Prix, 1.
Propriétaire, 4, 9.
Sommes dues, 4, 8.
Vente, 7.
Versements, 2.

1. On appelle ainsi la somme versée par un propriétaire à une Société de courses pour pouvoir faire courir un ou plusieurs de ses chevaux dans une course désignée. Cette somme varie généralement de 25 à 1000 francs. En recevant la somme fixée pour l'entrée, somme d'ailleurs variable selon les courses, la Société

s'engage, de son côté, à donner un prix au gagnant
de la course dans laquelle le cheval est engagé (V. *Prix*).
Il est d'usage d'accorder, en outre, aux chevaux arrivés seconds et même parfois troisièmes, une certaine
somme prélevée sur les entrées. — Du reste, le montant des entrées est réuni au prix, sauf condition contraire (Art. 25 Code des courses, art. 22 Code des
steeple-chases).

2. Le montant de l'entrée doit être versé au moment
de l'engagement. Dans les engagements qui se font un
an ou plus d'un an à l'avance, le montant de l'entrée
peut être représenté par un billet à ordre. Tout engagement qui n'est pas accompagné du montant de l'entrée peut être refusé (Art. 26 Code des courses,
art. 23 Code des steeple-chases).

3. Aucun cheval ne peut courir sans que son entrée
ait été payée. Le fonds de courses est responsable de
l'entrée des chevaux pour les courses où les commissaires les auront laissés partir (Art. 27 Code des courses, art. 24 Code des steeple-chases).

4. Toute personne, ayant plusieurs chevaux engagés
dans la même course, ne peut en faire partir aucun,
tant que les entrées ou forfaits ne sont pas payés pour
tous ceux qui, bien que ne courant pas, lui appartiennent ou sont engagés sous son nom ou sous le même
nom que le cheval qu'elle fait courir. Aucun cheval
ne peut courir tant que toutes les entrées dues par son
propriétaire ou par la personne qui l'a engagé ne sont
pas payées. Aucun cheval ne peut non plus courir
tant que toutes les sommes dues pour ses engagements
ne sont pas payées (Art. 28 Code des courses, art. 25
Code des steeple-chases).

5. Le droit d'empêcher un cheval de partir, en
vertu des dispositions de l'article précédent, appartient :

1° Aux gagnants des prix pour lesquels des entrées
et des forfaits sont dus ;

2° Aux commissaires ou au trésorier des courses de la localité où les entrées et les forfaits sont dus ;

3° Au secrétaire de la Société d'Encouragement, de la Société des steeple-chases ou de la Société d'Encouragement pour le cheval de demi-sang.

Lorsqu'il s'agit d'entrées ou forfaits dus dans un autre endroit que celui où la course a lieu, l'opposition doit, pour être valable, être faite la veille de la course avant quatre heures du soir.

Dans tous les cas, elle doit être faite par écrit et signée (Art. 29 Code des courses, art. 26 Code des steeple-chases).

6. Si malgré l'opposition régulièrement formée contre lui, un cheval prend part à la course, il est disqualifié et ne peut pas être proclamé gagnant (Art. 30 Code des courses, art. 27 Code des steeple-chases).

7. Quand un cheval a été vendu avec tout ou partie de ses engagements et que faute par l'acquéreur de payer le montant de ces engagements, le vendeur est obligé de le payer lui-même ; il peut, jusqu'à ce qu'il soit remboursé, faire opposition au départ du cheval conformément à l'article 29 (Art. 31 Code des courses, art. 28 Code des steeple-chases).

8. Jouit du même droit le propriétaire qui, pour faire partir un cheval, a été obligé de payer les entrées dont il n'était pas lui-même débiteur. Il peut donc réclamer, jusqu'à ce qu'il soit payé, l'application de l'article 29 contre la personne et contre les chevaux dont il a payé les engagements (Art. 32 Code des courses, art. 29 Code des steeple-chases).

Remarquons que cette disposition qui, par elle-même, serait assez platonique est sanctionnée par la disqualification.

9. Les commissaires peuvent toujours exiger de la personne au nom de laquelle un cheval est engagé, la justification de sa part d'intérêt ou de propriété dans ledit cheval et la preuve qu'aucune personne incapable de faire courir n'y est intéressée. Si ces preuves ne sont pas faites à leur satisfaction, ils peuvent déclarer le cheval disqualifié (Art. 33 Code des courses, art. 30 Code des steeple-chases).

ENTRAINEUR.

1. L'entraîneur est celui qui est chargé de dresser et de préparer pour les courses des chevaux qui lui sont confiés. Ses fonctions sont très délicates et exigent une grande expérience. Aussi sont-elles très largement rémunérées.

Outre les sommes fixes qui leur sont payées pour leurs soins, il est d'usage que les entraîneurs touchent 10 0/0 sur le montant de tous les prix gagnés par les chevaux dont l'entraînement leur est confié. Il va sans dire qu'ils ne participent en rien aux pertes que la défaite des mêmes chevaux peut infliger à l'écurie à laquelle ils appartiennent. Certains propriétaires donnent même le 10 0/0 à leurs entraîneurs sur les objets d'art distribués à titre de prix. Mais ce n'est pas là un usage.

2. L'entraîneur est ou bien attaché exclusivement à une écurie, c'est-à-dire à un propriétaire, et en ce cas le contrat qui le lie à son maître est un louage de service. (V. *Jokey*). Ou bien il dirige un établissement public d'entraînement, où sont envoyés les chevaux des propriétaires qui ne sont pas assez considérables pour avoir leur écurie personnelle d'entraînement. En ce dernier cas, l'entraîneur est lié par les règles du contrat de dépôt et de mandat salariés et tenu aux règles de responsabilité, qui en découlent.

L'entraîneur est un personnage de grande importance dans une écurie de course; il y gagne généralement, d'ailleurs, beaucoup d'argent, et a voix prépondérante dans toutes les questions d'entraînement. C'est lui qui décide quand il convient de faire courir tel ou tel cheval et qui fait le plus souvent les engagements auprès des Sociétés, dont beaucoup acceptent sa signature comme celle du propriétaire.

Il y en a, du reste, plusieurs qui ont une part de propriété sur les chevaux dont ils dirigent l'entraînement.

Le tribunal de Versailles a eu tout récemment à se prononcer sur une intéressante question de responsabilité contre un entraîneur copropriétaire d'un cheval de course.

L'entraîneur Harper était copropriétaire pour moitié avec un sieur Jeffery d'un cheval appelé Sachet. Harper devait faire courir le cheval sous son nom et où il lui plairait. Il l'engagea, en conséquence, dans une course à réclamer, le prix de réclamation étant fixé à 3.000 fr. Le cheval à la suite de la course fut acquis par un autre propriétaire, sur une très minime enchère. Dans ces conditions, Jeffery assigna son coassocié pour le faire condamner à lui payer des dommages-intérêts. Et le tribunal lui alloua une somme de 5.000 francs à ce titre, attendu que, si Harper avait le droit d'engager le cheval dans une course à réclamer, il ne devait le faire qu'en prenant ses précautions pour que le cheval ne fût pas vendu au-dessous de sa valeur.

Contre ce jugement, on ne peut élever qu'une critique de détail, relative à l'évaluation des dommages-intérêts, qui paraissent trop élevés. En effet, le tribunal n'avait à apprécier que le préjudice réel résultant de la vente du cheval Sachet à un prix inférieur à sa valeur, et à condamner Harper au payement de la différence entre cette valeur et le prix effectivement touché, à la suite de la réclamation faite par l'acquéreur.

Quant aux prix gagnés postérieurement par le cheval Sachet, ils ne devaient entrer dans l'évaluation de la valeur de celui-ci que comme une indication et non pas pour lui faire attribuer par le tribunal une valeur égale au montant des prix qu'il avait pu gagner.

En effet si Harper avait engagé le cheval dans une course où le prix de réclamation eût été fixé à une somme égale à la valeur du cheval, l'association n'aurait pas éprouvé de préjudice; elle ne pouvait donc prétendre à aucun droit sur les prix ultérieurement gagnés. Ce n'est là qu'une critique de fait; car, en droit et en principe, ce jugement contient une application curieuse et très juridique de l'article 1382 du Code civil (Trib. de Versailles, 11 décembre 1890, *Gaz, Pal.* 90. 2. 692).

ÉPIZOOTIES (Épidémies des animaux).

Tout détenteur de bêtes suspectes ou malades doit avertir immédiatement le maire de la commune, qui les fera examiner par un vétérinaire expert. Si ces bêtes avaient été soignées par un vétérinaire, celui-ci serait tenu aux mêmes déclarations. Le défaut de déclaration expose ceux qui s'en rendent coupables à une peine de six jours à deux mois de prison et de 16 à 400 francs d'amende.

Tout animal atteint ou suspect d'une maladie contagieuse doit être immédiatement séquestré, sous peine des susdits emprisonnement et amende pour ceux qui auraient négligé de l'enfermer.

Le rapport du vétérinaire délégué par le maire est adressé immédiatement au préfet qui prend toutes les mesures qu'il juge bonnes et que la loi autorise, notamment l'abatage immédiat des bêtes contaminées.

Seront punis d'un emprisonnement de deux à six mois et d'une amende de 100 à 1.000 francs : 1º ceux qui, malgré les défenses de l'administration, auront laissé leurs animaux infectés communiquer avec d'autres; 2º ceux qui auraient vendu ou mis en vente des animaux qu'ils savaient ou soupçonnaient atteints de maladies contagieuses; 3º ceux qui, sans permission de l'autorité, auront déterré ou sciemment acheté des cadavres, en tout ou en partie, des animaux morts de maladies contagieuses ou abattus de ce chef; 4° ceux qui auront importé en France des animaux qu'ils savaient atteints de maladies contagieuses ou avoir été exposés à la contagion.

Seront punis d'un emprisonnement de six mois à trois ans et d'une amende de 100 à 2.000 francs : 1° ceux qui auront vendu ou mis en vente de la viande provenant d'animaux qu'ils savaient morts de maladies contagieuses ou abattus de ce chef; 2° ceux qui se seront rendus coupables des délits prévus dans les quatre cas de l'énumération précédente, s'il est résulté de cette infraction une contagion parmi les autres animaux (Loi 21 juillet 1881).

Voici d'ailleurs le texte de la loi du 21 juillet 1881 sur la police sanitaire des animaux (*Journal officiel* du 24 juillet), en ce qui concerne les chevaux :

TITRE PREMIER. — *Maladies contagieuses et mesures sanitaires.*

ARTICLE PREMIER. — Les maladies des animaux qui sont réputées contagieuses, et qui donnent lieu à l'application des dispositions de la présente loi, sont :

5° La morve, le farcin et la dourine dans les espèces chevaline et asine ;

6° La rage et le charbon dans toutes les espèces.

ART. 2. — Un décret du Président de la République, rendu sur le rapport du ministre de l'agriculture et du commerce après avis du Comité consultatif des épizooties, pourra ajouter à la nomenclature des maladies réputées contagieuses, dans chacune des espèces d'animaux énoncées ci-dessus, toutes autres maladies contagieuses dénommées ou non, qui prendraient un caractère dangereux.

Les dispositions de la présente loi pourront être étendues, par un décret rendu dans la même forme, aux animaux d'espèces autres que celles ci-dessus désignées.

ART. 3. — Tout propriétaire, toute personne ayant, à quelque titre que ce soit, la charge des soins ou la garde d'un animal atteint ou soupçonné d'être atteint d'une maladie contagieuse, dans les cas prévus par les articles 1er et 2, est tenu d'en faire sur-le-champ la déclaration au maire de la commune où se trouve cet animal.

Sont également tenus de faire cette déclaration tous les vétérinaires qui seraient appelés à le soigner.

L'animal atteint ou soupçonné d'être atteint de l'une des
maladies spécifiées dans l'article 1er devra être immédiatement,
et avant même que l'autorité administrative ait répondu à
l'avertissement, séquestré, séparé et maintenu isolé autant que
possible des autres animaux susceptibles de contracter cette
maladie.

Il est interdit de le transporter avant que le vétérinaire
délégué par l'administration l'ait examiné. La même interdiction
est applicable à l'enfouissement, à moins que le maire, en cas
d'urgence, n'en ait donné l'autorisation spéciale.

Art. 4. — Le maire devra, dès qu'il aura été prévenu, s'assurer
de l'acomplissement des prescriptions contenues dans l'article
précédent et y pourvoir d'office, s'il y a lieu.

Aussitôt que la déclaration prescrite par le paragraphe 1er de
l'article précédent a été faite, ou, à défaut de déclaration, dès
qu'il a connaissance de la maladie, le maire fait procéder sans
retard à la visite de l'animal malade ou suspect par le vétérinaire chargé de ce service.

Ce vétérinaire constate et, au besoin, prescrit la complète
exécution des dispositions du troisième alinéa de l'article 3 et les
mesures de désinfection immédiatement nécessaires.

Dans le plus bref délai, il adresse son rapport au préfet.

Art. 5. — Après la constatation de la maladie, le préfet statue
sur les mesures à mettre à exécution dans le cas particulier.

Il prend, s'il est nécessaire, un arrêté portant déclaration d'infection.

Cette déclaration peut entraîner dans les localités qu'elle
détermine l'application des mesures suivantes :

1° L'isolement, la séquestration, la visite, le recensement et la
marque des animaux et troupeaux dans les localités infectées;

2° L'interdiction de ces localités ;

3° L'interdiction momentanée ou la réglementation des foires
et marchés, du transport et de la circulation du bétail ;

4° La désinfection des écuries, étables, voitures ou autres
moyens de transport, la désinfection ou même la destruction des
objets à l'usage des animaux malades ou qui ont été souillés par
eux, et généralement des objets quelconques pouvant servir de
véhicules à la contagion.

Un règlement d'administration publique déterminera celles de
ces mesures qui seront applicables suivant la nature des
maladies.

Art. 8. — Dans le cas de morve constatée, et dans le cas de
farcin, de charbon, si la maladie est jugée incurable par le vétérinaire délégué, les animaux doivent être abattus sur ordre du maire.

Quand il y a contestation sur la nature ou le caractère incurable de la maladie entre le vétérinaire délégué et le vétérinaire que le propriétaire aurait fait appeler, le préfet désigne un troisième vétérinaire, conformément au rapport duquel il est statué.

ART. 10. — La rage, lorsqu'elle est constatée chez les animaux de quelque espèce qu'ils soient, entraîne l'abatage, qui ne peut être différé sous aucun prétexte.

ART. 12. — L'exercice de la médecine vétérinaire dans les maladies contagieuses des animaux est interdit à quiconque n'est pas pourvu du diplôme de vétérinaire.

Le gouvernement, sur la demande des conseils généraux, pourra ajourner par décret, dans les départements, l'exécution de cette mesure pendant une période de six années à partir de la promulgation de la présente loi.

ART. 13. — La vente ou la mise en vente des animaux atteints ou soupçonnés d'être atteints de maladie contagieuse est interdite.

Le propriétaire ne peut s'en dessaisir que dans les conditions déterminées par le règlement d'administration publique prévu à l'article 5.

Ce règlement fixera, pour chaque espèce d'animaux et de maladies, le temps pendant lequel l'interdiction de vente s'appliquera aux animaux qui ont été exposés à la contagion.

ART. 14. — La chair des animaux morts de maladies contagieuses, quelles qu'elles soient, ou abattus comme atteints de la morve, du farcin, du charbon et de la rage, ne peut être livrée à la consommation.

Les cadavres ou débris des animaux morts (de la peste bovine et du charbon), ou ayant été abattus comme atteints de ces maladies, devront être enfouis avec la peau tailladée, à moins qu'ils ne soient envoyés à un atelier d'équarrissage régulièrement autorisé.

Les conditions dans lesquelles devront être exécutés le transport, l'enfouissement ou la destruction des cadavres, seront déterminées par le règlement d'administration publique prévu à l'article 5.

ART. 16. — Tout entrepreneur de transport par terre ou par eau qui aura transporté des bestiaux devra, en tout temps, désinfecter, dans les conditions prescrites par le règlement d'administration publique, les véhicules qui auront servi à cet usage.

TITRE II. — *Indemnités.*

ART. 23. — Il n'est alloué aucune indemnité aux propriétaires des animaux abattus par suite de maladies contagieuses autres que la peste bovine, et de la péripneumonie contagieuse dans les conditions spéciales indiquées dans l'article 9.

TITRE III. — *Importation et exportation des animaux.*

ART. 24. — Les animaux des espèces chevaline, etc., sont soumis, en tout temps, aux frais des importateurs, à une visite sanitaire au moment de leur entrée en France soit par terre, soit par mer.

La même mesure peut être appliquée aux animaux des autres espèces, lorsqu'il y a lieu de craindre, par suite de leur introduction, l'invasion d'une maladie contagieuse.

ART. 25. — Les bureaux de douane et ports de mers ouverts à l'importation des animaux soumis à la vente sont déterminés par décret.

ART. 26. — Le gouvernement peut prohiber l'entrée en France ou ordonner la mise en quarantaine des animaux susceptibles de communiquer une maladie contagieuse, ou de tous les objets pouvant présenter le même danger.

Il peut, à la frontière, prescrire l'abatage, sans indemnité, des animaux malades ou ayant été exposés à la contagion, et enfin prendre toutes les mesures que la crainte de l'invasion d'une maladie rendrait nécessaires.

ART. 27. — Les mesures sanitaires à prendre à la frontière sont ordonnées par les maires dans les communes rurales, par les commissaires de police dans les gares frontières et dans les ports de mer, conformément à l'avis du vétérinaire désigné par l'administration pour la visite du bétail.

En attendant l'intervention de ces autorités, les agents des douanes peuvent être requis de prêter main-forte.

ART. 28. — Les municipalités des ports de mer ouverts à l'importation du bétail devront fournir des quais spéciaux de débarquement, munis des agrès nécessaires, ainsi qu'un bâtiment destiné à recevoir, à mesure du débarquement, les animaux mis en quarantaine par mesure sanitaire.

Les locaux devront être préalablement agréés par le ministre de l'agriculture et du commerce.

Pour se rembourser de ces frais, les municipalités pourront établir des taxes spéciales sur les animaux importés.

ART. 29. — Le gouvernement est autorisé à prescrire à la sortie les mesures nécessaires pour empêcher l'exportation des animaux atteints de maladies contagieuses.

TITRE IV. — *Pénalités.*

ART. 30. — Toute infraction aux dispositions des articles 3, 5,

(6), (9), 10 (11, paragraphe 2) et 12 de la présente loi, sera punie d'un emprisonnement de six jours à deux mois et d'une amende de seize à quatre cents francs.

ART. 31. — Seront punis d'un emprisonnement de deux mois à six mois et d'une amende de cent à mille francs :

1° Ceux qui, au mépris des défenses de l'administration, auront laissé leurs animaux infectés communiquer avec d'autres ;

2° Ceux qui auraient vendu ou mis en vente des animaux qu'ils savaient atteints ou soupçonnés d'être atteints de maladies contagieuses ;

3° Ceux qui, sans permission de l'autorité, auront déterré ou sciemment acheté des cadavres ou débris des animaux morts de maladies contagieuses, quelles qu'elles soient, ou abattus comme atteints du charbon, de la morve, du farcin et de la rage ;

4° Ceux qui, même avant l'arrêté d'interdiction, auront importé en France des animaux qu'ils savaient atteints de maladies contagieuses ou avoir été exposés à la contagion.

ART. 32. — Seront punis d'un emprisonnement de six mois à trois ans et d'une amende de cent francs à deux mille francs :

1° Ceux qui auront vendu ou mis en vente de la viande provenant d'animaux qu'ils savaient morts de maladies contagieuses, quelles qu'elles soient, ou abattus comme atteints du charbon, de la morve, du farcin et de la rage ;

2° Ceux qui se seront rendus coupables des délits prévus par les articles précédents, s'il est résulté de ces délits une contagion parmi les autres animaux.

ART. 33. — Tout entrepreneur de transport qui aura contrevenu à l'obligation de désinfecter son matériel sera passible d'une amende de cent francs à mille francs.

Il sera puni d'un emprisonnement de six jours à deux mois s'il est résulté de cette infraction une contagion parmi les autres animaux.

ART. 34. — Toute infraction aux dispositions de la présente loi non spécifiée dans les articles ci-dessus sera punie de seize francs à quatre cents francs d'amende. Les contraventions aux dispositions du règlement d'administration publique rendu pour l'exécution de la présente loi seront, suivant les cas, passibles d'une amende de un franc à deux cents francs, qui sera prononcée par le juge de paix du canton.

ART. 35. — Si la condamnation pour infraction à l'une des dispositions de la présente loi remonte à moins d'une année, ou si cette infraction a été commise par des vétérinaires délégués, des gardes champêtres, des gardes forestiers, des officiers de police, à quelque titre que ce soit, les peines peuvent être portées au double du maximum fixé par les précédents articles.

Art. 36. — L'article 463 du Code pénal est applicable dans tous les cas prévus par les articles du présent titre.

Titre V. — *Dispositions générales.*

Art. 37. — Les frais d'abatage, d'enfouissement, de transport, de quarantaine, de désinfection, ainsi que tous autres frais auxquels peut donner lieu l'exécution des mesures prescrites en vertu de la présente loi, sont à la charge des propriétaires ou conducteurs d'animaux.

En cas de refus des propriétaires ou conducteurs d'animaux de se conformer aux injonctions de l'autorité administrative, il y est pourvu d'office à leur compte.

Les frais de ces opérations seront recouvrés sur un état dressé par le maire et rendus exécutoires par le sous-préfet. Les oppositions seront portées devant le juge de paix.

La désinfection des wagons de chemins de fer, prescrite par l'article 16, a lieu par les soins des compagnies ; les frais de cette désinfection sont fixés par le ministre des travaux publics, les compagnies entendues.

Art. 38. — Un service des épizooties est établi dans chacun des départements, en vue d'assurer l'exécution de la présente loi.

Les frais de ce service seront compris parmi les dépenses obligatoires à la charge des budgets départementaux et assimilés aux dépenses classées sous les paragraphes 1 à 4 de l'article 60 de la loi du 10 août 1871.

Art. 39. — Les communes où il existe des foires et marchés aux chevaux ou aux bestiaux seront tenues de préposer, à leurs frais, et sauf à se rembourser par l'établissement d'une taxe sur les animaux amenés, un vétérinaire pour l'inspection sanitaire des animaux conduits à ces foires et marchés.

Cette dépense sera obligatoire pour la commune.

Le gouvernement pourra, sur l'avis des conseils généraux, ajourner par décret, dans les départements, l'exécution de cette mesure pendant une période de six années à partir du jour de la promulgation de cette loi.

Art. 40. — Le règlement d'administration publique rendu pour l'exécution de la présente loi détermine l'organisation du comité consultatif des épizooties institué auprès du ministre de l'agriculture et du commerce.

Les renseignements recueillis par le ministre au sujet des épizooties sont communiqués au comité, qui donne son avis sur les mesures que peuvent exiger ces maladies.

Art. 41. — Sont et demeurent abrogés les articles 459, 460 et 461 du Code pénal, toutes lois et ordonnances, tous arrêts du conseil, arrêtés, décrets et règlements intervenus, à quelque époque que ce soit, sur la police sanitaire des animaux.

Le décret d'administration publique pris le 22 juin 1882 (*Journal officiel* du 25 juin) réglemente ainsi qu'il suit l'exécution de la loi du 24 juillet 1881, en ce qui concerne la police sanitaire applicable aux chevaux :

TITRE PREMIER. — POLICE SANITAIRE A L'INTÉRIEUR.

CHAPITRE PREMIER. — *Mesures communes à toutes les maladies.*

ART. PREMIER. — Lorsqu'une maladie contagieuse est signalée dans une commune, le maire en informe, dans les vingt-quatre heures, le préfet du département et lui fait connaître les mesures et les arrêtés qu'il a pris, conformément à la loi sur la police sanitaire des animaux et au présent règlement d'administration publique pour empêcher l'extension de la contagion. Le préfet accuse réception au maire dans le même délai et prend un arrêté pour prescrire les mesures à mettre à exécution.

Les arrêtés des maires et des préfets sont transmis sans délai au ministre de l'agriculture, qui peut prendre, par un arrêté spécial, des mesures applicables à plusieurs départements.

ART. 2. — Les arrêtés pris par le maire sont exécutoires même avant l'approbation du préfet.

ART. 3. — Dans le cas où un animal atteint ou soupçonné d'être atteint d'une maladie contagieuse meurt ou est abattu avant la déclaration prescrite par l'article 3 de la loi sur la police sanitaire, le maire commet un vétérinaire à l'effet de constater la nature de la maladie. Le procès-verbal de constatation est remis au maire, qui en transmet sans retard une copie au préfet.

Le vétérinaire délégué, chef du service sanitaire du département, est envoyé sur place, s'il y a lieu, pour vérifier les constatations de son collègue.

ART. 4. — Les cadavres ou parties de cadavres des animaux morts de maladies contagieuses ou abattus comme atteints de ces maladies doivent être conduits à l'atelier d'équarrissage, s'il s'en trouve un dans la commune.

S'il n'y a pas d'atelier d'équarrissage, le maire prescrit l'enfouissement dans le terrain du propriétaire : l'emplacement doit être agréé par le maire.

A défaut de terrain appartenant au propriétaire, l'enfouissement a lieu dans un terrain communal spécialement affecté à cet effet. Ce terrain est entouré d'une clôture et il est interdit d'y faire paître les animaux.

Enfin si la commune elle-même ne possède pas d'emplacement susceptible d'être approprié comme il est dit au paragraphe précédent, les cadavres ou débris de cadavres sont détruits sur place au moyen de procédés approuvés par le comité consultatif des épizooties, ou transportés à l'atelier d'équarrissage le plus voisin. Le transport sera effectué conformément aux indications données par le maire.

Dans les cas d'enfouissement, les fosses ont une profondeur suffisante pour qu'il y ait au-dessus du corps une couche de terre de un mètre cinquante au moins. Les cadavres sont recouverts de toute la terre extraite pour ouvrir les fosses et ne peuvent être déterrés, en tout ou en partie, sans une autorisation du préfet.

Art. 5. — Les locaux, cours, enclos, herbages et pâtures où ont séjourné les animaux atteints de maladies contagieuses doivent être désinfectés.

Les mesures de désinfection sont déterminées, sur l'avis du comité consultatif des épizooties, par des instructions ministérielles.

Art. 6. — Il est interdit, sous aucun prétexte, de conduire, même pendant la nuit, aux abreuvoirs communs les animaux atteints de maladies contagieuses et ceux qui ont été exposés à la contagion. Cette interdiction s'applique même aux animaux dont la circulation a été permise exceptionnellement.

Art. 7. — Dans tous les cas où il est ordonné de marquer les animaux ; la marque est faite sur la joue gauche.

Il est interdit d'apposer sur cette joue aucune autre marque.

SECTION VI. — *Morve et farcin.*

Art. 43. — Après la constatation de la morve ou du farcin, le préfet prend un arrêté portant déclaration d'infection, pour mettre en quarantaine les locaux malades et les placer sous la surveillance d'un vétérinaire délégué à cet effet.

Cette mesure entraîne l'application des dispositions suivantes :

1º Défense d'introduire dans ces locaux d'autres animaux susceptibles de contracter la morve ou le farcin ;

2º Avertissement de l'existence de la morve ou du farcin par un écriteau placé à l'entrée principale de la ferme et sur les locaux infectés.

Art. 44. — Les animaux qui ont été exposés à la contagion restent placés sous la surveillance du vétérinaire délégué pendant un délai de deux mois.

Pendant la durée de cette surveillance, ils peuvent être utilisés, sous la condition qu'ils ne présentent aucun symptôme de maladie.

Il est interdit de les exposer dans des concours publics, de les mettre en vente ou de les vendre; le propriétaire ne peut s'en dessaisir que pour les livrer à l'équarrissage. Dans ce cas, ils sont préalablement marqués et il est délivré un laissez-passer, qui est rapporté au maire dans le délai de cinq jours, avec un certificat attestant que les animaux ont été abattus. Ce certificat est délivré par le vétérinaire qui a la surveillance de l'atelier d'équarrissage.

ART. 45. — Lorsque les chevaux, ânes ou mulets sont abattus conformément à l'article 8 de la loi ou en vertu de l'article précédent, les peaux ne peuvent être livrées au commerce qu'après désinfection.

ART. 46. — Les mesures prescrites en vertu des articles 43 et 44 sont levées par le préfet après la disparition de la maladie et après constatation, par le vétérinaire délégué, de l'accomplissement de toutes les prescriptions relatives à la désinfection.

Ceux des animaux visés par l'article 44 qui ont présenté des symptômes de maladie restent placés, pendant un délai d'un an, sous la surveillance du vétérinaire délégué, et soumis, pendant ce laps de temps, aux interdictions portées par le troisième alinéa dudit article.

SECTION VII. — *Dourine.*

ART. 47. — Lorsque la dourine est constatée sur des animaux des espèces chevaline et asine, le préfet prend un arrêté pour mettre ces animaux sous la surveillance d'un vétérinaire délégué à cet effet.

ART. 48. — Les animaux atteints de la dourine sont marqués.

Il est interdit de les employer à la reproduction pendant tout le temps qu'ils sont tenus en surveillance.

Il est, en outre, défendu de les vendre; toutefois, cette interdiction pourra être levée par le maire pour les mâles que l'acquéreur ou le vendeur s'engagera à faire castrer dans le délai de quinze jours.

Le vendeur ou l'acquéreur devra justifier, sous sa responsabilité, par un certificat remis au maire dans le délai ci-dessus, que l'opération a été exécutée. Ce certificat émanera du vétérinaire opérateur et la signature en sera légalisée.

ART. 49. — Dans les communes où l'existence de la dourine a été constatée et dans les communes limitrophes, les étalons particuliers sont soumis, tous les quinze jours, à la visite du vétérinaire délégué. Ils ne peuvent être employés à la monte que sur l'exhibition d'un certificat de santé.

Il est interdit de faire saillir les juments sans que leur bon état de santé soit attesté par un certificat ne remontant pas à plus de quatre jours.

ART. 50. — Les mesures de surveillance auxquelles donne lieu la constatation de la dourine ne peuvent être levées qu'un an après la guérison, certifiée par le vétérinaire délégué, des animaux qui auront été l'objet de ces mesures.

En cas de castration, la surveillance cesse de plein droit.

Section VII. — *Rage*.

Art. 55. — Lorsque des animaux herbivores ont été mordus par un animal enragé, le maire prend un arrêté pour mettre ces animaux sous la surveillance d'un vétérinaire délégué à cet effet. Cette surveillance sera de six semaines au moins.

Ces animaux sont marqués et il est interdit au propriétaire de s'en dessaisir avant l'expiration de ce délai, si ce n'est pour les faire abattre. Dans ce cas, il est délivré un laissez-passer qui est rapporté au maire dans le délai de cinq jours, avec un certificat attestant que les animaux ont été abattus. Ce certificat est délivré par le vétérinaire délégué à la surveillance de l'atelier d'équarrissage.

L'utilisation des chevaux et des bœufs pour le travail peut être autorisée, à condition, pour les chevaux, d'être muselés.

Art. 56. — L'utilisation de la peau des animaux morts de la rage ou abattus pour cause de cette maladie demeure permise après désinfection dûment constatée.

Section IX. — *Charbon*.

Art. 57. — Lorsque le charbon est constaté, le préfet prend un arrêté portant déclaration d'infection des locaux, cours, enclos, herbages et pâtures où se trouvent les animaux reconnus malades.

Cet arrêté est publié dans la commune, ainsi que dans les communes contiguës. En outre, des écriteaux portant le mot *Charbon* sont apposés sur des poteaux plantés à l'entrée des chemins conduisant à la ferme et sur les portes des locaux où la maladie a été constatée.

Art. 58. — La déclaration d'infection entraîne l'application des dispositions suivantes :

1° Mise en quarantaine des locaux, cours, enclos, herbages et pâtures déclarés infectés, impliquant défense d'y introduire de nouveaux animaux, à quelque espèce qu'ils appartiennent, à l'exception des animaux qui seront immédiatement vaccinés; dénombrement des animaux qui s'y trouvent.

Par exception, s'il est nécessaire de conduire ces animaux au pâturage, la route qu'ils doivent suivre est déterminée par un arrêté du maire; cette route est marquée par des poteaux indicateurs, ainsi que les limites du pâturage dans lequel les animaux doivent être cantonnés. La circulation des bêtes de travail qui ont été exposées à la contagion est permise sous les conditions déterminées par le maire, après avis du vétérinaire délégué. Ces animaux sont marqués ;

2° Défense de faire sortir des locaux infectés les litières et fumiers ;

3° Interdiction de déposer les fumiers sur la voie publique et d'y laisser écouler les parties liquides des déjections ; obligation de traiter ces matières conformément aux prescriptions des arrêtés administratifs ;

4° Interdiction de laisser pénétrer dans les locaux infectés les bouchers, marchands de bestiaux et toute personne non préposée aux soins à donner aux animaux ;

5° Obligation, pour toute personne sortant d'un local infecté, de se soumettre, notamment en ce qui concerne les chaussures, aux mesures de désinfection jugées nécessaires ;

6° Visite et surveillance, par le vétérinaire délégué, des locaux, cours, enclos, herbages et pâtures de la ferme ou de l'établissement où la maladie a été constatée ;

7° Détermination des routes, chemins et sentiers fermés à la circulation des animaux ;

8° Interdiction de vendre les animaux malades ;

9° Interdiction de vendre, si ce n'est pour la boucherie, les animaux de même espèce qui ont été exposés à la contagion.

Dans le cas de vente pour la boucherie, les animaux sont marqués et envoyés directement à l'abattoir ; il est délivré un laissez-passer qui est rapporté au maire dans le délai de cinq jours, avec un certificat attestant que les animaux ont été abattus. Ce certificat est délivré par l'agent préposé à la police de l'abattoir, ou par l'autorité locale dans les communes où il n'existe pas d'abattoir ;

10° Les peaux provenant des animaux charbonneux, morts ou abattus, ne peuvent être livrées au commerce qu'après désinfection régulièrement constatée ;

11° Les peaux des animaux abattus pour cause de suspicion ne peuvent être livrées au commerce qu'après désinfection dûment constatée ;

12° Défense d'utiliser pour la nourriture des animaux l'herbe ou la paille provenant des endroits où ont été enfouis les animaux morts du charbon.

Art. 59. — Les propriétaires qui voudront faire pratiquer l'inoculation préventive du charbon devront en faire préalablement la déclaration à la mairie de leur commune.

Un certificat du vétérinaire opérateur, indiquant la date de la vaccination, sera remis au maire immédiatement après l'opération.

Pendant les quinze jours qui suivront la vaccination, les animaux resteront sous la surveillance du vétérinaire délégué à cet effet.

8

Pendant la durée de cette surveillance, il sera interdit de se dessaisir des animaux inoculés.

ART. 60. — La déclaration d'infection ne peut être levée par le préfet que lorsqu'il s'est écoulé un délai de quatre mois sans qu'il se soit produit un nouveau cas de charbon et après constatation, par le vétérinaire délégué, de l'accomplissement de toutes les prescriptions relatives à la désinfection.

Cette déclaration peut être levée, pour les troupeaux inoculés, quinze jours après la vaccination, si aucun cas de charbon ne s'est déclaré dans lesdits troupeaux depuis l'inoculation.

SECTION X. — *Maladies contagieuses ajoutées par décret à la nomenclature de la loi.*

ART. 61. — Dans les cas d'urgence, un arrêté du ministre de l'agriculture, rendu après avis du comité consultatif des épizooties, déterminera celles des dispositions contenues au présent règlement qu'il y aurait lieu d'appliquer pour combattre les maladies contagieuses qui seraient ajoutées à la nomenclature, conformément à l'article 2 de la loi sur la police sanitaire des animaux.

CHAPITRE III. — *Mesures concernant les chevaux de l'armée, de l'administration des haras, et les animaux amenés ou placés dans les écoles vétérinaires.*

ART. 62. — L'autorité militaire reste chargée de toutes les mesures à prendre, en ce qui concerne les animaux de l'armée, pour éviter l'introduction de la propagation des maladies contagieuses.

ART. 63. — Dans l'intérieur des dépôts d'étalons et jumenteries de l'État, les mesures prescrites par la loi sur la police sanitaire des animaux et par le présent règlement sont appliquées par les soins des directeurs; ceux-ci sont tenus néanmoins de faire à l'autorité locale la déclaration prévue par l'article 3 de la loi sur la police sanitaire des animaux.

ART. 64. — Les écoles vétérinaires donnent avis, à l'autorité du lieu d'origine des animaux amenés à leur consultation, de tous les cas de maladies contagieuses constatés sur ces animaux.

Elles peuvent, avec l'autorisation du ministre, garder en vie, pour servir à des études scientifiques, des animaux atteints de maladies contagieuses.

Dans l'intérieur de ces établissements, les mesures de police sanitaire sont appliquées par les directeurs, qui font à l'autorité locale la déclaration prévue à l'article 3 de la loi sur la police sanitaire des animaux.

CHAPITRE IV. — *Indemnités.*

Aucune indemnité n'est accordée dans les maladies contagieuses des chevaux.

TITRE II. — POLICE SANITAIRE A LA FRONTIÈRE.

CHAPITRE PREMIÉR. — *Importation des animaux.*

ART. 67. — Tous les animaux importés en France et soumis à la visite, en vertu de l'article 24 de la loi sur la police sanitaire des animaux, sont débarqués avant la visite, à moins que le vétérinaire ne puisse circuler librement entre les animaux.

Dans tous les cas, les cadavres sont enfouis avec la peau tailladée.

ART. 70. — Les maladies contagieuses, autres que la peste bovine, importées par terre ou par mer, donnent lieu aux mesures suivantes :

4° En ce qui concerne la morve et le farcin, à la frontière de terre ou de mer, les animaux reconnus malades de la morve sont abattus; ceux qui sont atteints du farcin ou qui présentent des symptômes douteux de morve sont repoussés, après avoir été marqués. Les animaux qui ont été exposés à la contagion de l'une ou de l'autre de ces maladies peuvent être admis en France, à la condition qu'ils seront placés en surveillance pendant un délai de deux mois.

5° Le charbon constaté dans des arrivages par terre ou par mer entraîne l'abatage des animaux malades. Les animaux qui ont été exposés à la contagion sont repoussés, après avoir été marqués, à moins que le propriétaire ne consente à ce qu'ils soient livrés immédiatement à la boucherie ou ne demande leur mise en quarantaine, avec inoculation obligatoire ;

6° Pour la dourine, à l'arrivage par terre ou par mer, en cas de maladie constatée, les animaux sont repoussés, après avoir été marqués; en cas de doute, la mise en observation de l'animal suspect peut être autorisée. L'autorisation immédiate d'entrée peut être accordée pour les chevaux entiers, malades ou suspects, si leurs propriétaires s'engagent à les faire émasculer dans un délai de quinze jours.

ART. 71. — La durée de la quarantaine applicable à chaque maladie est déterminée par arrêté ministériel, après avis du comité consultatif des épizooties.

ART. 72. — Lorsqu'une maladie contagieuse est signalée en pays étranger dans le voisinage immédiat de la frontière, le préfet du département prend un arrêté pour interdire la circulation du bétail entre les localités infectées et les communes françaises limitrophes; le même arrêté peut prescrire le dénombrement et la marque des animaux susceptibles de contracter la maladie qui sévit à l'étranger.

Pendant tout le temps qui sera fixé par l'arrêté, tout bétail nouvellement introduit devra faire l'objet d'une déclaration au maire de la commune; il sera justifié de sa provenance.

ART. 73. — Lorsqu'une maladie contagieuse se déclare en pays étranger dans le voisinage de la frontière, un arrêté du ministre de l'agriculture peut interdire momentanément l'introduction des animaux par les bureaux de douane de la partie de frontière menacée.

ART. 74. — Lorsqu'une commune française qui possède un bureau de douane ouvert à l'importation des animaux sera déclarée infectée en totalité ou en partie, un arrêté ministériel pourra interdire momentanément l'introduction des animaux par ce point de la frontière ou déterminer les routes et chemins que devront suivre les animaux pour éviter de traverser la commune infectée.

CHAPITRE II. — *Exportation des animaux.*

ART. 75. — Un décret du Président de la République détermine les ports de mer ouverts à la sortie des animaux.

ART. 76. — Les animaux exportés par mer ne peuvent être embarqués que sur la présentation d'un certificat de santé délivré par un vétérinaire délégué à cet effet par le ministre de l'agriculture.

Les frais de la visite sont à la charge de l'expéditeur; ils sont perçus par le vétérinaire, d'après un tarif fixé par le ministre. La taxe est due pour chaque tête de bétail visité, que l'embarquement ait été autorisé ou non.

ART. 77. — Avant l'embarquement, le vétérinaire délégué s'assure que la partie du navire dans laquelle le bétail doit être placé est dans un état de propreté et de salubrité convenable. Il peut en requérir le nettoyage et la désinfection.

ART. 78. — Les animaux reconnus malades ou suspects par le vétérinaire délégué sont traités comme il est dit au titre III, chapitre Ier (*Foires et marchés*).

ART. 79. — Immédiatement après chaque départ, tous les emplacements où ont stationné les animaux sont nettoyés et désinfectés, ainsi que tous apparaux, passerelles, etc., qui ont servi à l'embarquement.

TITRE III. — DISPOSITIONS GÉNÉRALES.

CHAPITRE PREMIER. — *Foires et marchés.*

ART. 80. — Les emplacements affectés aux foires et marchés à bestiaux sont divisés en compartiments pour chaque espèce d'animaux, avec des entrées spéciales, autant que faire se peut.

Si l'emplacement le permet, il est réservé un espace libre entre les animaux appartenant à des propriétaires différents.

ART. 81. — Le vétérinaire préposé à l'inspection sanitaire des animaux conduits aux foires et marchés est tenu de porter immédiatement à la connaissance de l'autorité locale tous les cas de maladie contagieuse ou de suspicion constatés par lui. La police fait immédiatement mettre en fourrière les animaux atteints ou suspects de maladies contagieuses.

Le vétérinaire fait son enquête sans délai et propose l'adoption des mesures de précaution nécessaires.

ART. 82. — Dans le cas de constatation de maladie contagieuse, le maire de la commune d'où proviennent les animaux en est immédiatement informé par un avis mentionnant le nom du propriétaire. Sur cet avis, le maire prend les mesures prescrites par la loi et le présent règlement.

ART. 86. — Lorsque la maladie constatée est le charbon, les animaux malades sont mis en fourrière et séquestrés jusqu'à complète guérison. Le propriétaire peut soumettre à l'inoculation propre à chaque maladie les animaux qui sont sous le coup du charbon.

Pendant la durée de la séquestration, le propriétaire peut faire abattre ses animaux malades, qui sont enfouis ou livrés à l'atelier d'équarrissage. Le transfert à l'atelier d'équarrissage ou à l'abattoir a lieu sous la surveillance d'un gardien spécial.

Les animaux qui ont été en contact avec les bêtes reconnues malades sont signalés aux maires des communes où ils sont envoyés.

ART. 87. — Lorsque la maladie constatée est la morve, l'animal est saisi et abattu. Le transfert à un atelier d'équarrissage peut être ordonné par le maire après que l'animal a été marqué; il a lieu sous la surveillance d'un gardien spécial.

Immédiatement après l'abatage, l'animal est injecté à l'acide phénique ou à l'essence de térébenthine. Le vétérinaire s'assure que cette dernière prescription a été remplie.

ART. 88. — Après chaque tenue de marché, le sol des halles, des étables, des parcs de comptage, de tous autres emplacements où les animaux ont stationné, et les parties en élévation qu'ils ont pu souiller, sont nettoyés et désinfectés.

CHAPITRE II. — *Abattoirs.*

ART. 89. — Les locaux qui, dans les abattoirs ou les tueries particulières, ont contenu des animaux atteints de maladies contagieuses, sont nettoyés et désinfectés.

Les hommes employés dans les abattoirs doivent se soumettre aux mesures de désinfection jugées nécessaires.

Art. 90. — Les abattoirs publics et les tueries particulières sont placés d'une manière permanente sous la surveillance d'un vétérinaire délégué à cet effet. Lorsque l'ouverture d'un animal fait reconnaître les lésions propres à une maladie contagieuse, le maire de la commune d'où provient cet animal en est immédiatement avisé, afin qu'il prenne les dispositions nécessaires.

Chapitre III. — Ateliers d'équarrissage.

Art. 91. — Il est tenu, dans les ateliers d'équarrissage, un registre sur lequel tous les animaux sont inscrits dans l'ordre de leur arrivée ; cette inscription contient le nom du propriétaire de l'animal, avec l'indication du domicile, le signalement de l'animal et le motif pour lequel il est abattu. Ce registre est parafé par le vétérinaire délégué à chacune de ses visites.

Art. 92. — Les ateliers d'équarrissage sont placés d'une manière permanente sous la surveillance d'un vétérinaire délégué à cet effet.

Chapitre IV. — Transport des animaux.

Art. 93. — En tout temps, quel que soit l'état sanitaire, les wagons qui ont servi au transport des animaux sont nettoyés et désinfectés après chaque voyage, dans les vingt-quatre heures qui suivent le déchargement.

Immédiatement après la sortie des animaux, il est apposé sur l'une des faces latérales du wagon un écriteau indiquant qu'il doit être désinfecté.

Art. 94. — Les hangars servant à recevoir les animaux dans les gares de chemins de fer, les quais d'embarquement et de débarquement et les ponts mobiles sont nettoyés et désinfectés après chaque expédition ou chaque arrivée d'animaux.

Art. 95. — Les bateaux et navires qui ont servi au transport des animaux doivent être nettoyés, lavés et désinfectés dans le plus court délai après le déchargement. Les pontons, passerelles, etc., sont également nettoyés, lavés et désinfectés.

Chapitre V. — Service vétérinaire.

Art. 96. — Dans chaque département, le préfet nomme autant de vétérinaires sanitaires qu'il juge nécessaire pour assurer l'exécution de la loi et des règlements sur la police sanitaire des animaux.

Le service comprend obligatoirement un vétérinaire, qui a le titre de *Vétérinaire délégué, chef du service sanitaire du département.* Ce vétérinaire doit toujours se rendre sur les lieux en cas de peste bovine ou de péripneumonie.

Les ordres d'abatage ou d'inoculation ne peuvent être donnés sans son avis motivé.

Art. 99. — Les vétérinaires sanitaires et le vétérinaire délégué, chef du service sanitaire, sont tenus, pour chaque invasion de maladie contagieuse, de faire un rapport sur l'origine de la maladie et les mesures prises.

Les vétérinaires sanitaires doivent, en outre, à la fin de chaque année, adresser au vétérinaire délégué, chef du service, un rapport général conforme aux instructions qui leur sont données ; le vétérinaire délégué, chef du service, transmet ces rapports, en les résumant dans un travail d'ensemble, au préfet, qui les envoie au ministre, avec ses observations sur la marche du service.

CHAPITRE VI. — *Comité consultatif des épizooties.*

Art. 100. — Le comité consultatif des épizooties institué près du ministère de l'agriculture est chargé de l'étude et de l'examen de toutes les questions qui lui sont renvoyées par le ministre, spécialement en ce qui concerne :

L'application de la législation relative aux épizooties et les modifications que l'expérience pourra démontrer nécessaires;

L'organisation et le fonctionnement du service vétérinaire;

Les mesures à appliquer pour prévenir et combattre les épizooties, ainsi que les mesures propres à améliorer les conditions hygiéniques des animaux.

Il rédige sur ces objets les instructions qu'il peut y avoir lieu de publier.

Il reçoit en communication les rapports du service sanitaire des départements, ainsi que les informations sur les maladies épizootiques à l'étranger, et indique ceux de ces renseignements qu'il peut être utile de livrer à la publicité.

Le comité présente, chaque année, au ministre un rapport général sur l'état sanitaire des animaux pendant l'année écoulée.

Art. 101. — Le comité consultatif des épizooties est composé de seize membres.

Sont de plein droit membres du comité :

1º Le directeur de l'agriculture;

2º L'inspecteur général des écoles vétérinaires;

3º L'inspecteur général des services sanitaires;

4º Le chef du service vétérinaire, qui fait en même temps fonctions de secrétaire.

Le ministre de l'agriculture nomme les douze autres membres, qui sont renouvelables par tiers chaque année. Les membres sortants peuvent être renommés.

Le président est nommé par le ministre.

Art. 102. — Le ministre de l'agriculture est chargé de l'exécution du présent décret, qui sera inséré au *Bulletin des lois*.

ÉQUARRISSAGE.

1. Acte d'écorcher ou de dépecer des chevaux ou autres animaux non destinés à la nourriture ou bien atteints ou morts d'une maladie contagieuse. Il existe des établissements spéciaux, appelés clos d'équarrissage, et où l'on tue les chevaux dans ces conditions. Ils sont soumis au contrôle et à la surveillance de l'autorité municipale. Ils doivent être munis d'un registre où sont inscrits chaque animal abattu et la cause de son abatage. Ils sont placés sous la surveillance d'un vétérinaire et rangés dans la catégorie des établissements insalubres de 1re classe; d'où il résulte qu'ils ne peuvent être établis que sur l'autorisation du préfet de police à Paris et des préfets dans les départements, sauf recours au conseil d'État contre la décision préfectorale. Ils doivent être éloignés de toute habitation particulière.

2. Si le cheval, objet d'une demande en résolution de vente pour vice rédhibitoire (V. ces mots) meurt au cours de l'instance et que la vente soit résolue, l'acheteur devra rendre au vendeur, en échange du prix que celui-ci pourra être tenu de lui restituer, les produits de l'équarrissage, cuir, etc.

ÉTALONS.

INDEX ALPHABÉTIQUE.

1. On appelle étalons des chevaux consacrés exclusi·

vement à la reproduction, celle-ci se faisant au moyen de deux éléments: l'étalon de pur sang et l'étalon de demi-sang. Les étalons reproducteurs appartiennent soit à l'État (V. *Haras*), soit à des particuliers, qui en disposent alors à leur gré, et fixent au prix de leur saillie le taux qui leur convient. Ce prix varie généralement entre 100 et 5.000 francs.

L'administration des haras, jouissant d'un budget spécial, fixe naturellement à un taux beaucoup plus modique le prix de la saillie de ses étalons. Un étalon peut saillir en moyenne trente juments par année.

2. Nous donnons ici les principales dispositions réglementant cette matière.

Les étalons appartenant à des particuliers sont approuvés ou autorisés, selon que l'administration les considère comme capables de reproduire l'espèce, soit en l'améliorant, soit seulement sans la détériorer.

Les formalités de l'approbation et de l'autorisation sont réglementées par un arrêté ministériel du 5 octobre 1882.

L'approbation est accordée par le ministre de l'agriculture, sur la proposition de l'inspecteur général de l'arrondissement dans lequel se trouve l'étalon.

Aucun étalon ne peut être approuvé, s'il est atteint de tares ou de maladies transmissibles, s'il a moins de quatre ans et s'il n'a pas subi une épreuve sur l'hippodrome, conformément au règlement ministériel du 18 février 1880.

Les étalons de trait peuvent être approuvés à trois ans, s'ils sont d'un mérite supérieur.

Avant de demander l'approbation pour les étalons de pur sang, ceux-ci doivent être inscrits au Stud-Book.

3. Il y a deux classes d'approbation: l'une, avec prime, pour les étalons qui saillissent à 100 francs et au-dessous; l'autre, sans prime, pour ceux dont le prix de saillie est supérieur à 100 francs. Le taux des primes accordées par le gouvernement varie de 800 à 2.000

francs pour les étalons de pur sang ; de 500 à 1.000 francs pour les étalons de demi-sang et enfin de 300 à 500 francs pour ceux de trait.

Des registres à souches sont fournis par l'administration aux propriétaires d'étalons approuvés. Ils doivent y inscrire : le prix du saut, le signalement de la jument, l'année de la monte, etc. Ces imprimés sont de couleur rose.

Les étalons approuvés ne peuvent être employés à la monte que dans le département indiqué par le diplôme d'approbation.

La valeur de la prime est susceptible d'augmentation ou de diminution ; l'approbation peut même être supprimée si l'étalon ne réunit pas les conditions nécessaires.

Chaque dépôt de l'État possède un registre sur lequel sont inscrits tous les étalons approuvés de la circonscription, avec les indications concernant leur service.

A la suite de la monte et avant le 1er août, les souches revêtues des visas nécessaires doivent être adressées au ministre.

La totalité de la prime d'approbation n'est exigible que si l'étalon approuvé a sailli, savoir : l'étalon de pur sang arabe, anglais ou anglo-arabe, 30 juments ; l'étalon de demi-sang, 40 juments. Dans le cas où ces chiffres ne seraient pas atteints, le décompte pour le paiement de la prime se ferait proportionnellement au nombre des juments saillies.

4. Toute usurpation de titre d'approbation, toute qualification frauduleuse, toute indication inexacte concernant le prix de saillie entraîne le non-paiement de la prime accordée et la suppression des primes futures, sans préjudice des poursuites qui pourraient, selon les cas, être exercées devant les tribunaux.

5. L'autorisation est subordonnée aux mêmes conditions que l'approbation et accordée dans la même forme.

Mais les propriétaires d'étalons autorisés ne sont pas tenus de déclarer et de justifier à l'administration des haras le prix du saut et le service de monte. Ils peuvent cependant délivrer des cartes de saillie, sous leur propre responsabilité, et à condition de ne pas imiter la couleur blanche des cartes de l'État, ni la couleur rose des cartes attribuées aux étalons approuvés (V. art. 1ᵉʳ arrêté ministériel du 12 septembre 1886).

6. Nous donnons ici les principaux arrêtés ministériels relatifs aux étalons.

ARRÊTÉ MINISTÉRIEL DU 18 FÉVRIER 1880.

Le ministre de l'agriculture et du commerce,

Vu l'arrêté du 7 février 1863 ;
Sur le rapport du directeur des haras,

ARRÈTE :

ARTICLE PREMIER. — Hors le cas d'acquisitions faites à l'étranger, aucun étalon ne peut être acheté ou approuvé par l'administration des haras, s'il n'a subi une épreuve sur l'hippodrome.

ART. 2. — Pour les chevaux de pur sang les courses générales tiennent lieu d'épreuves.

ART. 3. — Il est institué des épreuves spéciales, dites épreuves d'étalons, pour les chevaux de demi-sang, âgés de 3 et 4 ans montés ou attelés au trot.

ART. 4. — Les poids sont ainsi fixés pour les chevaux montés : 3 ans, 60 kilos ; 4 ans, 68 kilos. L'étalon de demi-sang, ayant gagné, en un ou plusieurs prix de courses ou d'épreuves, de quelque ordre qu'ils soient, une somme de 1.200 francs, portera 3 kilos de surcharge, de 3.000 francs, 6 kilos, de 6,000 francs, 10 kilos.

ART. 5. — Dans les épreuves d'attelage il est accordé vingt secondes de plus pour franchir le parcours aux chevaux de 3 ans courant contre ceux de 4 ans.

ART. 6. — La distance peut varier de 3.200 à 4.000 mètres. Elle est fixée par les programmes.

ART. 7. — Le même étalon pourra courir plusieurs fois dans les épreuves.

ART. 8. — Les chevaux achetés par l'administration des haras, et rendus à leurs propriétaires, ne peuvent plus courir à 4 ans dans les épreuves d'étalons.

Art. 9. — Malgré l'institution des épreuves spéciales d'étalons, les chevaux de demi-sang, âgés de 3 ans, ayant figuré, après le 1er avril, et les chevaux de 4 ans, ayant figuré, à une époque quelconque, dans une course au trot sur un hippodrome, seront considérés comme ayant satisfait à la prescription réglementaire de l'épreuve obligatoire. Dans ce cas, les propriétaires présenteront aux inspecteurs généraux des haras chargés de l'achat ou de l'approbation, un certificat délivré par les commissaires des hippodromes où ces chevaux auront paru, certificat constatant la course ainsi que son époque et sa vitesse.

Art. 10. — L'épreuve imposée aux étalons de trait pourra être subie devant les inspecteurs généraux chargés des achats ou de l'approbation, si cette épreuve n'a pas été courue déjà sur l'hippodrome. Elle aura lieu au trot, à la voiture ou à la selle. La distance sera de 2.000 mètres.

Art. 11. — Une fois approuvés ou autorisés, les chevaux ne peuvent plus courir, ni dans les épreuves d'étalons, ni dans les courses générales.

Art. 12. — Les jockeys français sont seuls admis à monter ou à conduire dans les épreuves réservées aux chevaux nés et élevés en France ou à ceux nés et élevés dans une circonscription moins étendue du territoire français.

Art. 13. — Le cheval dont l'allure cesse d'être celle du trot doit être arrêté, pour repartir régulièrement dans cette allure. La commission pourra distancer tout cheval qui aura fourni au trot désuni ou au galop une partie plus ou moins grande du parcours.

Art. 14. — L'âge des chevaux se compte à partir du 1er janvier de l'année de leur naissance.

Fait à Paris, le 18 février 1880.

Signé : P. Tirard.

7. Arrêté ministériel du 14 mai 1880 :

Le ministre de l'agriculture et du commerce,

Vu la loi sur les haras en date du 29 mai 1874 ;
Vu l'arrêté ministériel du 28 février 1875 ;
Sur le rappprt du directeur des haras,

Arrête :

Article premier. — La somme de cinquante mille francs, destinée par la loi du 29 mai 1874, sur les haras, à encourager par des courses spéciales la production d'étalons arabes ou issus d'arabes à la première ou à la seconde génération, est distribuée en prix classés de la manière suivante :

HIPPODROMES	PRIX DE 1re CLASSE pour CHEVAUX DE 4 ANS nés et élevés en France. Distance : 4.000 mètres.	PRIX DE 2e CLASSE pour CHEVAUX DE 3 ANS nés et élevés en France. Distance : 2.200 mètres.	PRIX DE 3e CLASSE pour CHEVAUX DE 4 ANS nés et élevés dans la division du Midi. Distance : 4.000 mètres.	PRIX DE 4e CLASSE pour CHEVAUX DE 3 ANS nés et élevés dans la division du Midi. Distance : 2.200 mètres.
Auch..................	»	»	»	2.000 f
Aurillac...............	»	»	»	2.000
Bayonne-Biarritz.......	»	»	2.500 f	2.000
Le Dorat..............	»	»	»	2.000
Limoges...............	»	5.000 f	»	2.000
Maubourguet..........	»	»	2.500	»
Montauban	»	»	»	2.000
Mont-de-Marsan	»	»	»	2.000
Pau..................	»	4.000	2.500	»
Périgueux	»	»	2.500	»
Tarbes	5.000 f	»	2.500	»
Toulouse..............	5.000	»	2.500	»
Vic-de-Bigorre	»	»	»	2.000

Art. 2. — La division du Midi comprend les quarante-huit départements suivants :

Ain, Allier, Basses-Alpes, Hautes-Alpes, Alpes-Maritimes, Ardèche, Ariège, Aude, Aveyron, Bouches-du-Rhône, Cantal, Cher, Corrèze, Corse, Côte-d'Or, Creuse, Dordogne, Drôme, Gard, Haute-Garonne, Gers, Gironde, Hérault, Indre, Indre-et-Loire, Isère, Landes, Loire, Haute-Loire, Loir-et-Cher, Loiret, Lot, Lot-et-Garonne, Lozère, Nièvre, Puy-de-Dôme, Basses-Pyrénées, Hautes-Pyrénées, Pyrénées-Orientales, Rhône, Saône-et-Loire, Savoie, Haute-Savoie, Tarn, Tarn-et-Garonne, Var, Vaucluse, Haute-Vienne.

Art. 3. — Sont admis dans les prix classés ci-dessus, courant ensemble : 1º les arabes de pur sang ; 2º tous chevaux comptant au moins un arabe pur parmi leurs père, mère, grands-pères ou grand'mères.

Art. 4. — On entend par chevaux élevés dans la division du Midi ceux qui ne l'ont pas quittée jusqu'à l'âge de trois ans, l'âge se comptant du 1er janvier.

Art. 5. — Les poids sont ainsi réglés :

Pour chevaux de trois ans......... 55 kilogrammes ;
Pour chevaux de quatre ans....... 64 kilogrammes.

Les arabes de pur sang reçoivent une modération de poids : à trois ans, de 6 kilogrammes ; à quatre ans, de 8 kilogrammes.

Les chevaux anglo-arabes ayant pour père ou pour mère un arabe pur, reçoivent une modération de poids : à trois ans, de 3 kilogrammes et demi ; à quatre ans, de 5 kilogrammes.

Les juments et pouliches portent 1 kilogramme et demi de moins.

Le gagnant d'un prix de 4e classe porte 2 kilogrammes de surcharge et 1 kilogramme pour chaque prix gagné en sus dans la même classe.

Le gagnant d'un prix de 3e classe porte 2 kilogrammes de surcharge et 1 kilogramme pour chaque prix gagné en sus dans la même classe.

Le gagnant d'un prix de 2e classe porte 3 kilogrammes de surcharge ; de deux de ces prix, 6 kilogrammes.

Le gagnant d'un prix de 1re classe porte 3 kilogrammes de surcharge ; de deux de ces prix, 6 kilogrammes.

Le cheval ayant gagné un prix de classe inférieure et courant un prix de classe supérieure quitte ses surcharges.

Le cheval ayant gagné un prix de classe supérieure et courant un prix de classe inférieure garde ses surcharges.

En aucun cas, les surcharges cumulées ne doivent dépasser 6 kilogrammes.

Art. 6. — Le second cheval reçoit, sur le montant du prix :

1.000 francs dans les prix de 1re classe et 500 francs dans les prix de 3e classe, ainsi que la moitié des entrées.

Dans les prix des 2e et 4e classes, le second cheval reçoit la moitié des entrées.

Art. 7. — Les engagements se feront trois jours avant la course. Les programmes indiqueront le jour, l'heure et le domicile où les engagements seront faits.

Art. 8. — Les prix de 1re et de 2e classe donnent lieu à une entrée de 100 francs, ceux de 3e et de 4e classe à une entrée de 50 francs.

Art. 9. — A partir du 1er janvier 1881, le présent règlement sera exécutoire en remplacement de l'arrêté ministériel du 28 février 1875, dont l'abrogation est fixée à la même date.

Paris, le 14 mai 1880.

Signé : P. Tirard.

8. Arrêté ministériel du 12 septembre 1886 :

Le ministre de l'agriculture,

Vu la loi du 14 août 1885, dont la teneur suit :

Article premier. — Tout étalon qui n'est ni approuvé ni autorisé par l'administration des haras ne peut être employé à la monte des juments appartenant à d'autres qu'à son propriétaire, sans être muni d'un certificat constatant qu'il n'est atteint ni de cornage ni de fluxion périodique.

Art. 2. — Ce certificat, valable pour un an, sera délivré gratuitement, après examen de l'étalon, par une commission nommée par le ministre de l'agriculture.

Art. 3. — Tout étalon employé à la monte, qu'il soit approuvé, autorisé ou muni du certificat indiqué ci-dessus, sera marqué au feu sous la crinière.

En cas de retrait de l'approbation, de l'autorisation ou du certificat, la lettre R sera inscrite de la même manière au-dessus de la marque primitive.

Art. 4. — En cas d'infraction à la présente loi, le propriétaire et le conducteur de l'étalon seront punis d'une amende de 50 à 500 francs.

En cas de récidive, l'amende sera du double.

Art. 5. — Seront passibles d'une amende de 16 à 50 francs, les propriétaires qui auront fait saillir leurs juments par un étalon qui ne serait ni approuvé, ni autorisé, ni muni de certificat.

Art. 6. — Les maires, les commissaires de police, les gardes champêtres, la gendarmerie et tous les agents et officiers de police judiciaire, les inspecteurs généraux des haras, les directeurs, sous-directeurs et surveillants des dépôts d'étalons, les chefs des stations d'étalons de l'État, dûment assermentés, ont qualité pour dresser procès-verbal des infractions à la présente loi.

Art. 7. — Un arrêté ministériel réglera la composition de la commission, l'époque de ses réunions, le mode et les conditions de l'examen et toutes les mesures d'exécution ;

Vu l'arrêté m̄̄̄̄ del du 25 septembre 1885 ;

Arrête :

Article premier. — Tout propriétaire d'étalon ayant l'intention de le consacrer à la monte des juments appartenant à d'autres qu'à lui-même, doit en faire la déclaration au préfet du département ou au sous-préfet de son arrondissement. Cette déclaration devra être conforme au modèle annexé au présent arrêté.

Des formules imprimées seront mises à la disposition des intéressés par les préfets et sous-préfets.

Les délais accordés pour la production des déclarations seront fixés dans chaque département par un arrêté préfectoral, rendu sur la proposition du directeur du dépôt d'étalons de la circonscription, approuvé par l'inspecteur général de l'arrondissement.

Art. 2. — Les sous-préfets dresseront des états, par commune et par canton, des animaux inscrits et les transmettront immédiatement avec les déclarations des propriétaires au préfet du département qui fera établir le même travail pour l'arrondissement du chef-lieu.

Ces pièces seront mises à la disposition des présidents des commissions visées par le présent arrêté.

Art. 3. — Sur la proposition des préfets, le ministre nommera des commissions d'examen composées de trois membres : l'inspecteur général des haras ou son délégué, président, et deux vétérinaires chargés de constater l'état sanitaire des écoles au point de vue du cornage et de la fluxion périodique.

En cas d'empêchement de l'un des vétérinaires, le président pourvoira d'office à son remplacement.

Art. 4. — Les décisions des commissions d'examen sont sans appel.

Art. 5. — Les commissions se réuniront aux chefs-lieux d'arrondissement.

Toutefois, elles pourront également opérer en dehors des chefs-lieux d'arrondissement, si l'existence de centres importants justifie cette exception à la règle.

Art. 6. — Les itinéraires des commissions d'examen sont établis par les directeurs des dépôts d'étalons et approuvés par l'inspecteur général.

D'après ces itinéraires, les préfets déterminent par arrêtés les lieux, jours et heures des réunions des commissions ; ils portent ces renseignements à la connaissance des intéressés par la voie des journaux et par affiches.

Les opérations devront être terminées avant le 15 décembre.

Les procès-verbaux des opérations seront signés par tous les membres de la commission et adressés immédiatement aux préfets.

Art. 7. — Les étalons qui rempliront les conditions requises par l'article 1er de la loi seront marqués sous la crinière au fer rouge, en présence de la commission par les soins de l'un des vétérinaires qui en font partie, d'une étoile à cinq branches du type qui a été adopté par une commission de vétérinaires nommés à cet effet.

En cas de retrait du certificat, la lettre R sera inscrite au-dessus de la marque première.

Art. 8. — Des certificats conférant le droit de faire faire la monte seront délivrés gratuitement par le préfet aux ayants droit, d'après les états dressés par les commissaires.

Ils ne seront valables que pour une seule année.

Art. 9. — Les préfets adresseront au ministre de l'agriculture, à l'inspecteur général des haras de l'arrondissement et au directeur du dépôt d'étalons de la circonscription une liste générale des étalons munis du certificat, ainsi que la liste des étalons auxquels le certificat aura été refusé.

Le motif du refus (cornage ou fluxion périodique) sera indiqué sur cet état.

Art. 10. — Les préfets feront publier, par la voie des journaux et par affiches, la liste des étalons auxquels ils auront délivré le certificat sur la proposition des commissions d'examen.

Art. 11. — Les commissions n'auront pas à examiner les poulains âgés de moins de trois ans et demi.

Toutefois il sera fait exception à cette règle pour les poulains de trait de trente mois.

Art. 12. — Tout propriétaire ou conducteur d'étalons sera tenu de produire aux propriétaires des juments présentées à la saillie, le certificat délivré par le préfet sur l'avis de la commission d'examen.

Il devra également produire le même certificat à toute réquisition des fonctionnaires et agents désignés par la loi.

Art. 13. — Aucun étalon ne pourra être présenté à l'inspecteur général ni proposé pour l'approbation ou l'autorisation avant d'avoir été examiné par la commission.

Art. 14. — Tout propriétaire d'étalons qui aura refusé de se conformer aux prescriptions de la loi ou qui entretiendra dans son écurie un étalon corneur ou fluxionnaire pourra être privé pendant une ou plusieurs années des primes d'approbation.

Art. 15. — Le directeur des haras est chargé de l'exécution du présent arrêté.

Paris, le 12 septembre 1886.

Le ministre de l'agriculture,

Signé : J. Develle.

9. Arrêté ministériel du 15 septembre 1886 :

Le ministre de l'agriculture,

Vu les arrêtés ministériels des 10 février 1861, 2 mars 1880, 3 octobre 1882 et 15 mai 1885;

Vu l'avis du conseil supérieur des haras concernant la suppression des primes aux étalons qui saillissent à un prix supérieur à 100 francs;

Sur le rapport du directeur des haras,

Arrête :

TITRE PREMIER. — *Étalons approuvés.*

Article premier. — L'approbation est un brevet désignant à l'attention des éleveurs un étalon susceptible d'améliorer l'espèce.

Elle est conférée par le ministre, sur la proposition de l'inspecteur général de l'arrondissement et le rapport du directeur des haras.

Art. 2. — Aucun cheval ne peut être approuvé s'il n'est âgé de quatre ans au moins et s'il n'a subi les épreuves prescrites par le règlement ministériel du 18 février 1880.

Par exception, les chevaux de trait pourront être approuvés à trois ans, s'ils sont d'un mérite supérieur. Les chevaux de pur sang, avant d'avoir reçu l'approbation, devront être inscrits au Stud-Book.

Tout étalon présenté à l'approbation devra, au préalable, avoir obtenu le certificat d'admission délivré sur la proposition de la commission chargée de l'application de la loi du 14 août 1885.

Art. 3. — L'approbation est de deux sortes : sans prime pour les étalons qui saillissent à un prix supérieur à 100 francs; avec prime pour les chevaux dont le prix de saillie est fixé à 100 francs et au-dessous.

Art. 4. — Le taux des primes est ainsi fixé : étalons de pur sang, 800 à 2.000 francs; étalons de demi-sang, 500 à 1.000 francs; étalons de trait, 300 à 500 francs.

Art. 5. — Des registres de monte à souches seront fournis par l'administration des haras aux propriétaires des étalons.

Ceux-ci doivent inscrire, aussi bien sur la souche que sur le feuillet délivré au propriétaire de la jument, le prix du saut, le signalement de la poulinière, l'année de la monte et toutes les indications que comporte l'imprimé officiel. Ces registres sont de couleur rose. Leur couleur et leur apparence ne doivent pas être imitées.

ART. 6. — Les étalons approuvés ne peuvent être employés à la monte que dans le département désigné sur le titre d'approbation.

ART. 7. — Chaque année pendant la saison de monte, l'inspecteur général des haras visitera ou fera visiter les étalons approuvés par les chefs de dépôt placés sous ses ordres. Il examinera ou fera examiner les registres de monte des étalonniers et y apposera son visa.

ART. 8. — La valeur de la prime est susceptible d'augmentation ou de diminution ; l'approbation peut même être supprimée, si le cheval ne réunit pas les conditions nécessaires.

ART. 9. — Dans chaque dépôt d'étalons appartenant à l'État, il sera tenu un registre des étalons approuvés, avec toutes les indications intéressant leur service.

ART. 10. — La totalité de la prime d'approbation ne sera due qu'autant que l'étalon approuvé aura sailli, savoir : l'étalon de pur sang arabe, anglais ou anglo-arabe, 30 juments ;

L'étalon de demi-sang, 40 juments;

L'étalon de trait, 50 juments.

Dans les cas où ces nombres ne seraient pas atteints, le décompte pour le payement de la prime sera fait proportionnellement au chiffre des juments saillies.

Aucune prime ne sera payée si l'étalon n'a pas sailli la moitié du nombre des juments qui lui est dévolu suivant sa catégorie.

Les pouliches âgées de moins de trois ans qui figureraient sur les états de monte d'un étalon approuvé, ne seront point comptées pour la liquidation de la prime.

ART. 11. — Lorsqu'un cheval de pur sang saillit à deux prix différents, les saillies faites à 100 francs et au-dessous comptent seules pour la liquidation de la prime, dont le mode, dans ce cas, reste réglé conformément à l'article précédent.

ART. 12. — A la suite de la monte et avant le 1er octobre, les souches seront envoyées au directeur du dépôt d'étalons de la circonscription, avec les états récapitulatifs complets des saillies et les états de production de l'année précédente. Ces pièces devront être établies en double expédition et revêtues des visas des maires des communes où la monte aura eu lieu, ainsi que de ceux des préfets ou sous-préfets. Après rapprochement et vérification, le directeur adressera ces pièces au ministre.

La production de ces pièces est obligatoire pour tous les étalons approuvés avec ou sans prime.

Art. 13. — Sera déchu de tout droit à la prime le propriétaire d'un cheval approuvé avec prime qui n'aura pas fourni les pièces justificatives indiquées à l'article 12 dans le délai prescrit.

Ne sera plus approuvé l'année suivante le cheval approuvé sans prime pour lequel les mêmes obligations n'auraient pas été remplies.

Art. 14. — Toute usurpation de titre d'approbation, toute qualification frauduleuse, toute indication inexacte concernant le prix de saillie entraînera le non-payement de la prime ou de l'approbation à venir, sans parler des poursuites qui, suivant les cas, pourront être exercées devant les tribunaux.

TITRE II. — *Étalons autorisés.*

Art. 15. — L'autorisation est un brevet délivré au cheval entier susceptible de reproduire sans détériorer l'espèce.

Elle est subordonnée à toutes les conditions prévues à l'article 2.

Elle est conférée en la même forme que l'approbation.

Les étalons autorisés sont astreints vis-à-vis de l'administration du haras aux formalités exigées par les étalons approuvés quant à la déclaration du prix du saut, aux papiers d'origine des poulains et aux justifications du service de la monte. Des registres de monte de couleur verte seront fournis par l'administration des haras aux propriétaires d'étalons autorisés.

TITRE III. — *Dispositions générales.*

Art. 16. — Toutes dispositions contraires au présent règlement sont rapportées.

Signé : J. Develle.

F

FORFAIT.

On appelle ainsi le droit, pour le propriétaire qui a engagé un de ses chevaux dans une épreuve, de reprendre son engagement. Le propriétaire, en ce cas, déclare forfait et rentre dans une partie de la somme qu'il a versée pour l'engagement. La déclaration de forfait doit être faite dans un délai déterminé d'avance. La somme fixée pour le forfait, la date et l'heure, passé lesquelles on ne peut plus le déclarer, sont établies par le programme.

Si le forfait a été déclaré par une personne qui n'avait pas qualité, la déclaration est nulle et le cheval doit être admis à courir (V. *L'entrée*; art. 18 et s., Code des courses; art. 17 et s., Code des steeple-chases; art. 35 et s., Règl. Société du demi-sang).

FORFEIT-LIST.

Liste publiée à la fin de chaque saison de courses dans le *Bulletin officiel* des steeple-chases et portant la nomenclature des entrées et forfaits non payés (V. art. 25 Code des steeple-chases).

FOURRIÈRES.

INDEX ALPHABÉTIQUE.

Animaux abandonnés, 1, 4.
Frais, 6 et s.
Litige, 5.
Loi, 2.
Maire, 3.
Propriétaire, 4.
Responsabilité, 5.
Tiers dépositaire, 8.

1. On appelle ainsi les locaux réservés ou désignés par l'autorité municipale pour recevoir provisoirement les animaux et voitures saisis en délit ou trouvés abandonnés sur la voie publique.

2. Les fourrières ont été consacrées par la loi des 28 septembre-6 octobre 1791, mais elles existaient auparavant.

3. Ont droit de saisir les animaux en délit ou abandonnés : les maires, commissaires de police, les agents et gardes forestiers et les gardes champêtres.

9.

4. Quand un animal laissé à l'abandon cause des dégâts sur une propriété privée, le propriétaire a le droit de le saisir sous condition de le conduire dans les vingt-quatre heures au lieu désigné pour la fourrière.

5. Dans les procès, la mise en fourrière du cheval litigieux peut être ordonnée par justice. Le tiers chez lequel l'animal est mis en fourrière devient, en ce qui le concerne, responsable de ses fautes ou de sa négligence. La mise en fourrière, dans ce dernier cas, présente de graves inconvénients pratiques, en vouant le cheval à une inaction qui peut lui être souvent nuisible; elle est en même temps généralement très coûteuse.

6. Les frais de fourrière sont à la charge de celui qui perd le procès. Le déposant est néanmoins obligé d'en faire l'avance, s'il a volontairement effectué la mise en fourrière.

Si le dépositaire n'était pas payé à l'issue du procès, il aurait le droit de retenir le cheval en gage et même de le faire vendre, en obtenant l'autorisation de justice (Art. 2078, C. C.).

7. Le prix des dépôts en fourrière varie selon les localités. Si la partie qui perd le procès le trouve exagéré, elle peut demander au tribunal d'en fixer la quotité.

FRAUDE ou DOL.

INDEX ALPHABÉTIQUE.

Annulation, 1.	Nullité, 1.
Conditions et définition, 1.	Ordre public, 3.
Courses, 2.	Revue, 1.
Faux, 3.	Règlements, 2.

1. La fraude vicie tous les contrats. On appelle ainsi toute manœuvre dolosive, ayant eu pour but d'amener une personne à faire une chose, qu'elle n'aurait pas faite sans cela, ou ayant produit un résultat qui n'aurait pas été acquis sans son emploi. La fraude ou dol vicie les contrats, à condition qu'elle ait entraîné une erreur et causé un préjudice. Il faut, pour que le dol puisse être invoqué comme cause d'annulation, qu'il ait été employé par une des parties en cause ; s'il était mis en œuvre par une personne étrangère au contrat, il ne le vicierait pas. Le dol ne se présume jamais : il doit être prouvé, mais il peut l'être par tous les moyens de preuve, même par de simples présomptions, pourvu qu'elles soient graves, précises et concordantes. Il donne lieu à une nullité relative, invocable seulement pendant dix ans, et par la personne qui en a souffert. Ce délai de dix ans commence à courir du jour où la fraude a été découverte ; ce délai passé, la personne lésée n'a plus d'action.

Telles sont les règles posées par les articles 1109, 1116, 1304, 1353 du Code civil.

2. Doivent-elles s'appliquer en matière de courses ?

En principe, on ne saurait demander aux tribunaux d'annuler un engagement ou le résultat d'une course, parce qu'une fraude se serait produite. Nous avons vu, en effet, que les règlements des Sociétés de courses se suffisent à eux-mêmes, dans ce cas, et contiennent des pénalités très sévères contre les fraudes qui peuvent être découvertes et prouvées, l'appréciation de ces fraudes et de leur preuve appartenant exclusivement et sans appel à la juridiction des commissaires de courses.

3. Il semble cependant que les tribunaux auraient qualité pour frapper des fraudes qui ne seraient obtenues qu'à l'aide de faux en écriture, ou bien pour reviser les décisions des commissaires pour le cas plus qu'incertain où l'on pourrait relever et prouver une fraude de leur part dans une de leurs décisions. Dans ces deux cas, en effet, l'ordre public serait engagé.

FRUITS.

1. On appelle ainsi les produits et revenus d'une chose. Aux termes de l'article 583 du Code civil, tous les fruits, que peut rapporter un animal, appartiennent à son propriétaire. Par application de ce principe, il a été jugé que le prix remporté par un cheval de course appartient à son propriétaire et non au tiers qui le monte; et, qu'en conséquence, il n'y a pas lieu d'examiner si le jockey a couru pour son compte ou pour le compte du propriétaire du cheval (Paris, 11 février 1808, *Journal du Palais*, 1808, p. 501, tome 6).

2. Tel est le principe en ce qui concerne la remise immédiate du prix ; mais il est évident que si la Société de courses, débitrice du montant du prix, est valablement libérée entre les mains du propriétaire du cheval, il peut y avoir lieu ultérieurement à règlement entre le propriétaire du cheval et le jockey qui l'a monté, selon les conventions particulières intervenues entre eux. Les commissaires des courses auraient compétence pour trancher les contestations relatives à ces conventions.

G

GAGNANT.

C'est le cheval qui arrive le premier au poteau. Tel est du moins le principe, car le premier arrivé peut n'avoir pas rempli toutes les conditions de la course, auquel cas il ne peut être considéré comme gagnant. On dit souvent alors qu'il est distancé. La première place est, dans ces conditions, attribuée au cheval arrivé second (V. art. 43 et suiv., Code des courses; 39 et suiv., Code des steeple-chases; 66 et suiv., Règl. Société du demi-sang).

H

HANDICAP.

Le handicap est une course dans laquelle les chances de tous les chevaux doivent être égalisées par des différences de poids, appelées surcharge ou décharge. Le handicapeur est un fonctionnaire rétribué par les Sociétés et chargé d'équilibrer par les poids les chances de chevaux de mérite différent. « Le handicap est un mot qui n'a jamais été clairement défini. Sa traduction littérale est : « la main dans la casquette ». Il est probable qu'à l'origine le handicapeur sortait d'un chapeau, au hasard, les chevaux dont il avait à fixer les poids. » (De Saint-Albin, *Courses de chevaux*, p. 277.) (V. art. 67 et s., Code des courses; 51 et s., Code des steeple-chases; 78 et s., Règl. Société du demi-sang.)

HARAS.

INDEX ALPHABÉTIQUE.

Administration, 8.
Carte de saillie, 16.
Circonscription, 13.
Comité consultatif, 12.
Conseil des haras, 10.
Croisement, 5.
Définition, 1.
Direction et personnel, 9, 11.
École des haras, 12.

Fondation, 2.
Marchés, 20.
Organisation, 2 et s.
Paiement, 17.
Produit, 18.
Remonte, 19.
Saillie, 15.
Stud-Book, 6.

1. On appelle haras des établissements appartenant soit à l'État, soit à des particuliers, et où sont entretenus des étalons et des juments destinés à la reproduction et à l'amélioration de la race chevaline.

2. La fondation des haras remonte à 1667 et est due à Colbert. Mais dans l'origine son organisation était incertaine. Elle ne fut guère consacrée que par un règlement du 22 février 1717 et une ordonnance du 26 juin 1718.

Le régime établi par ces deux ordonnances fut assez rapidement aboli par un décret de la Constituante en date du 29 janvier 1790 sanctionné par une proclamation du Roi du 31 avril de la même année, à la suite desquels les dépenses des haras furent supprimées et la plus grande partie des étalons vendus.

3. Cependant, la question de l'amélioration de la race chevaline devait bientôt préoccuper l'opinion publique. La loi du 2 germinal an III (22 mars 1795) prescrivit la création de dépôts nationaux d'étalons, qui furent établis dans les départements au nombre de sept. Les principes de cette loi étaient sans doute excellents, mais l'application en restait défectueuse. Aussi un décret du 4 juillet 1806 réorganisa le service des haras. Il établissait six haras et trente dépôts d'étalons et créait six inspecteurs généraux des haras et dépôts d'étalons. Un crédit de 2 millions était affecté annuellement aux haras, une partie de cette somme devant être employée en prix de courses et en primes de dressage.

4. Sous la restauration, diverses ordonnances furent rendues (28 mai, 9 juin 1822, 16 janvier, 22 mars 1825, 13 mai 1829) qui apportèrent quelques modifications au régime établi, et consacrèrent notamment la création d'un conseil des haras.

5. Sous Louis-Philippe les haras furent rattachés au ministère du commerce et des travaux publics.

Les ordonnances du 21 décembre 1833 et du 13 novembre 1840 introduisirent de précieuses innovations. On avait compris déjà combien il était utile d'encourager le croisement des races françaises et des races étrangères, imitant ainsi l'exemple de l'Angleterre. Le croisement fut donc établi entre les chevaux de races françaises et ceux de race pure arabe, turque, barbe ou anglaise, des primes étant accordées aux meilleurs échantillons.

6. La généalogie de tous les produits de pur sang ainsi obtenus fut inscrite sur un registre spécial appelé Stud-Book. Un registre semblable existait en Angleterre depuis 1791.

L'empire apporta peu de modifications à cet état de choses.

7. Cependant la réorganisation des haras s'imposait dans un but de stabilité et d'unité, qui lui avaient peut-être fait défaut jusqu'alors. C'est de ce besoin qu'est sortie la loi du 29 mai 1874, organisatrice de la constitution actuelle des haras.

8. L'administration des haras entraîne l'intervention directe et indirecte de l'État dans la production de l'espèce chevaline. La première a pour objet l'achat, l'entretien des étalons, puis ensuite leur répartition et leur surveillance dans les stations où ils sont placés, à l'époque de la monte, à la disposition des éleveurs propriétaires de juments. La seconde consiste dans l'examen, l'approbation ou l'autorisation des étalons possédés par des particuliers, les visites et le choix des poulinières, pouliches et poulains à primer, la répartition des primes, la participation aux courses et concours, enfin l'inspection des écoles de dressage.

9. La direction des haras dépend du ministère de l'agriculture.

10. Le conseil des haras est composé de 24 membres nommés par le Président de la République et renouvelables par tiers tous les trois ans, les membres sortants étant rééligibles. Il se réunit au moins deux fois par an, et doit adresser le procès-verbal de chacune de ses sessions au Parlement.

Il donne son avis sur toutes les questions qui lui sont soumises par le ministre ou le directeur des haras et notamment sur le budget, les règlements généraux des concours et des courses, et les primes de dressage et d'élevage.

11. Le personnel des haras comprend : un inspecteur général, directeur ; six inspecteurs généraux, vingt-deux directeurs de dépôt ; vingt-deux sous-directeurs ; vingt-deux vétérinaires ; deux régisseurs des domaines (l'un au haras de Pompadour, l'autre au dépôt d'étalons du Pin) et un nombre de surveillants, adjudants, brigadiers et palefreniers suffisant pour assurer le service.

12. Un comité consultatif, formé par les inspecteurs généraux, existe auprès du directeur des haras pour délibérer, à titre consultatif, sur toutes les affaires à soumettre au conseil supérieur. Une commission spéciale, définitivement constituée le 10 mars 1866, a pour mission de statuer sur l'inscription au Stud-Book ou registre matricule des chevaux de race pure existant en France.

L'École des haras a pour but de former les officiers destinés au service des haras.

Des arrêtés ministériels des 14 août 1874 et 30 novembre 1887 l'ont définitivement organisée.

Cette école a son siège au Pin, sous l'autorité du directeur du dépôt d'étalons. Les candidats y sont admis au concours : ils doivent auparavant être munis du titre de bachelier ès lettres ou ès sciences.

L'enseignement est divisé en neuf chaires et la durée des études est de deux ans. Chaque semestre, les élèves subissent un examen qui doit être satisfaisant, sous peine d'élimination ; le dernier de ces examens précède la délivrance du diplôme.

Nul ne peut être nommé officier des haras s'il n'est titulaire de ce diplôme.

Le dernier arrêté de 1887, organisant les concours d'admission, a été purement et simplement rapporté le 13 mai 1889, dans les termes suivants :

Le ministre de l'agriculture,

Vu l'article 3 de la loi du 29 mai 1874 ainsi conçu :

« L'École des haras du Pin est rétablie.

« Nul ne pourra être nommé officier des haras s'il n'a reçu un diplôme attestant qu'il a satisfait aux examens de sortie de cette École ; »

Vu les arrêtés des 14 août 1874, 3 mars 1876, 9 juillet 1879, 12 octobre 1880, 24 juin, 11 et 15 juillet 1884 et du 2 septembre 1885, relatifs à l'organisation de l'École des haras;

Vu l'arrêté du 30 novembre 1887, relatif au même objet ;

Considérant que le nombre actuel des élèves diplômés de l'École des haras est suffisant pour assurer, jusqu'à nouvel ordre, le recrutement du personnel du service des haras ;

Sur le rapport du directeur des haras et du chef du cabinet et du service central,

ARRÊTE :

ARTICLE PREMIER. — L'arrêté du 30 novembre 1887 susvisé est rapporté.

De sorte que les concours d'admission à l'École des haras sont aujourd'hui sans réglementation. Un nouvel arrêté est cependant en préparation au ministère de l'agriculture.

13. Il y a un haras à Pompadour et vingt-un dépôts d'étalons répartis en six arrondissements d'inspection générale : circonscriptions de Blois, Angers, Hennebont, Libourne, Aurillac et Annecy.

14. Les étalons sont divisés d'après leur origine, leur conformation et leurs aptitudes en trois classes : 1° de pur sang; 2° de demi-sang; 3° de trait.

15. Nous avons vu plus haut que, tous les ans, les étalons sont répartis dans diverses stations et mis à la disposition des propriétaires de juments. Des affiches, indiquant la composition des stations et le prix fixé pour la saillie de chaque étalon, doivent être apposées par les soins du maire dans chaque commune intéressée.

Les saillies sont inscrites jour par jour sur le registre à souche préparé pour chaque étalon et les revues y sont exactement mentionnées. Les chefs de station doivent indiquer aussi complètement que possible, au verso de chaque talon de carte, la conformation et les antécédents des juments présentées à la saillie.

Une jument saillie par un étalon de pur sang ne peut être revue par un étalon de demi-sang et réciproquement.

16. Les cartes de saillie détachées du talon servent de quittances aux propriétaires de juments et ne peuvent être délivrées qu'après l'acquittement du prix de saillie, lequel est exigible au premier saut. Elles sont assujetties au timbre de 25 centimes, quand le prix du saut est supérieur à 10 francs (loi du 23 août 1871).

17. Quand un propriétaire refuse d'acquitter le prix de la saillie, l'affaire doit être portée par le directeur devant le tribunal civil compétent; s'il devient nécessaire d'exécuter des poursuites, le jugement rendu constitue un titre qui est remis aux agents des domaines.

18. Quand un produit naît à la suite de la saillie, la déclaration de la naissance est constatée au moyen d'un certificat sur timbre de 0 fr. 60 délivré par le directeur, dans l'année, c'est-à-dire jusqu'au 31 décembre de l'année de la naissance.

19. Quant à la remonte des dépôts, elle s'effectue au moyen d'acquisitions faites par des commissions d'inspecteurs généraux, sous la présidence du directeur des haras, dans les diverses parties de la France. Des acquisitions peuvent également avoir lieu à l'étranger, en vertu de décisions spéciales.

20. Tout étalon, sauf les chevaux de gros trait, ne peut être acheté qu'après avoir fourni une épreuve publique au trot ou au galop (arrêté du ministre de l'agriculture du 18 février 1880).

21. En ce qui concerne les travaux ou fournitures nécessaires dans les établissements dépendant de l'administration des haras, ils ne peuvent avoir lieu que par marchés passés avec concurrence et publicité, à la diligence des préfets des départements dans lesquels sont situés les dépôts (décret du 18 décembre 1882. V. *Étalons*).

I

INSCRIPTION.

Tout cheval qu'un propriétaire veut engager dans une course doit être l'objet d'une inscription faite au lieu et à l'heure fixés par le programme (V. *Engagement*).

Tout cheval inscrit n'est pas forcément un cheval partant au moment de la course, car il peut être retiré ou son engagement peut être annulé (V. *Forfait*).

INTERDICTION.

On appelle ainsi la peine, temporaire ou définitive, qui frappe les propriétaires, entraîneurs ou jockeys, pour des fautes commises contre les règlements des Sociétés et le Code des courses. Quand l'interdiction est temporaire, la décision qui la prononce en fixe la durée. Elle a pour effet d'empêcher de faire courir, d'entraîner ou de monter pendant toute la durée de la peine. Un accord passé entre le Jockey-Club anglais et le Jockey-Club français rend cette pénalité plus efficace en déclarant inaccessibles les hippodromes régis par les décisions des deux Sociétés, à tous ceux qui ont été frappés de l'interdiction par l'une d'elles.

L'interdiction de monter pour la vie sera toujours infligée au jockey convaincu d'avoir empêché son cheval de gagner (Art. 38 Code des steeple-chases. V. *Disqualification* et *Fraude*).

J

JEUX DE HASARD. V. *Paris.*

JOCKEY.

Le jockey est loué par le propriétaire d'une écurie de courses, dont il a pour mission de monter les chevaux. C'est aujourd'hui un personnage de grande importance, car souvent le succès d'une écurie dépend de lui.

Le contrat qui le lie vis-à-vis du propriétaire est un contrat de louage de services, dont nous donnons ici les principales dispositions.

Ce contrat peut être constaté par écrit; en ce cas, les conditions de l'engagement seront scrupuleusement soumises à l'acte qui constate la volonté des parties et devient leur loi (Art. 1134 C. C.). En dehors du cas où le contrat est passé par écrit il y aura lieu d'appliquer les règles imposées par le Code au louage de services, sauf les modifications spéciales établies par les règlements des courses, auxquels ont adhéré les propriétaires et les jockeys, et qui, dans certains cas déterminés, peuvent attribuer une compétence exclusive aux commissaires de courses.

La matière du louage de services est réglementée par les articles 1779 à 1781 du Code civil. On ne peut engager ses services qu'à temps ou pour une entreprise déterminée (Art. 1780 C. C.). Ainsi une personne ne peut s'engager pour toute sa vie au service d'une autre. Tout engagement de cette nature est nul comme contraire à l'ordre public et chacune des parties peut se refuser à l'exécuter, sans encourir de dommages-intérêts

(D. Rép., *Louage d'ouvrage* n⁰ˢ 23 et 24). Il va sans dire que le maître devrait payer les services accomplis jusqu'au jour du départ, dans le cas où le jockey réclamerait l'application de cet article 1780.

Si la durée des services est déterminée par la convention, la nature de l'engagement ou l'usage des lieux, le propriétaire ne peut renvoyer son jockey, ni celui-ci quitter son maître, avant l'expiration du terme fixé, sous peine de dommages-intérêts.

Cependant il ne serait pas dû de dommages-intérêts, si le renvoi ou le départ avait une cause légitime; par exemple, si le propriétaire prouvait contre le jockey renvoyé un manquement grave à ses devoirs, une infidélité, ou une incapacité notoire à continuer ses services; réciproquement si le jockey pouvait prouver que son maître l'avait outragé, maltraité ou ne lui payait pas ses gages.

Si l'engagement n'est pas fait pour un délai déterminé, il y aura lieu d'observer pour le renvoi ou le départ l'usage des lieux (Cass. 10 mai 1876, S. 76. 1. 256).

L'article 1781 du Code civil disposait que :

Le maître est cru, sur son affirmation, pour la quotité des gages, pour le payement du salaire de l'année échue, et pour les acomptes donnés pour l'année courante.

Cet article, qui dérogeait aux règles ordinaires de la preuve et créait une inégalité injustifiable, a été abrogé par une loi du 2 août 1868, de sorte que la preuve, en cette matière, doit être faite aujourd'hui par écrit si la somme en litige dépasse 150 francs; par témoins, si elle est inférieure, s'il y a un commencement de preuve par écrit émané de la partie adverse, ou si le titre établissant la créance a été perdu par cas fortuit ou force majeure, dans un incendie par exemple (Art. 1347 et 1348 C. C.). L'aveu du débiteur est aussi un moyen de preuve.

Le propriétaire est responsable des dommages causés par son jockey dans l'exercice de son emploi.

Il répond également vis-à-vis du jockey du préjudice que celui-ci pourrait subir, sans qu'une faute puisse lui être reprochée dans l'exercice de son emploi (V. *Accident*).

Les jockeys, devant être considérés comme des domestiques, ont, aux termes de l'article 2101 du Code civil, un privilège sur les immeubles et meubles de leur maître, pour le paiement de leurs gages de l'année échue et ce qui est dû sur l'année courante.

Leurs gages se prescrivent par un an (Art. 2272 C. C.).

En ce qui concerne les obligations des jockeys, sanctionnées par les règlements des Sociétés de courses, V. Code des courses, art. 34 et s.; Code des steeple-chases, art. 31 et s., 69 et s. ; Règ. Société d'Encouragement, 34 et s. ; Règ. Société du demi-sang, art. 54 et s.

La question des ordres donnés aux jockeys sur la manière de courir, par les propriétaires des chevaux qu'ils montent, est brûlante et nous entraînerait hors de notre sujet. Nous n'avons qu'à constater son existence en rappelant cette anecdote, souvent contée d'ailleurs.

Un propriétaire avait dit à son jockey de rester derrière jusqu'à la fin. Cette tactique eut pour effet, en ménageant les forces du cheval, de l'amener premier au poteau d'arrivée. Grande colère du propriétaire qui perdait ainsi des paris importants et démission du jockey qui depuis est devenu un très honnête entraîneur.

Empressons-nous d'ajouter que si la fraude se glisse parfois dans les courses comme partout ailleurs, les exemples de la plus scrupuleuse probité s'y rencontrent encore souvent (V. *Licence*).

JOCKEY-CLUB.

1. Le nom de Jockey-Club est celui sous lequel est
connue dans le public la Société d'Encouragement pour
l'amélioration des races de chevaux en France. Ce nom
lui vient de celui du Jockey-Club anglais de Newmarket.

2. Il fut fondé en 1833 par une réunion d'hommes
du monde qui s'occupaient de l'amélioration et de
l'élevage des races chevalines, et qui voulurent entre-
prendre, pour mener cette œuvre à bien, ce que l'administration des haras n'avait pu réussir à faire jusque-
là. Sous la protection des ducs d'Orléans et de Nemours,
cette Société comprenait douze membres fondateurs :
MM. le comte Caccia, le comte de Cambis, Casimir Dela-
marre, le comte Anatole Demidoff, Fasquel, Charles
Laffitte, Ernest Le Roy, le chevalier de Machado, le
prince de la Moskowa, de Normandie, Rieussec et lord
Henry Seymour.

La nouvelle Société avoua immédiatement son but,
qui était de relever la race chevaline par la sélection et
de créer en France, comme elle existait déjà en Angleterre, une race pure. Cette entreprise n'alla pas sans
soulever d'assez amères protestations, particulièrement
de la part de l'administration des haras, qui recom-
mandait surtout l'amélioration par le cheval de demi-
sang, et qui craignait fort de voir son autorité combattue
et anéantie par les essais de la jeune Société. Mais
celle-ci avait eu l'esprit de se placer sous le patronage
de deux des princes de la maison royale ; l'opposition
ne lui était donc pas bien redoutable.

3. La Société d'Encouragement (Jockey-Club) institua

des courses, pensant, avec raison, que seules elles pouvaient favoriser le développement de cette race pure dont elle rêvait de doter la France ; elle créa des prix. Puis, elle publia des règlements, un code des courses et nomma un comité, chargé de juger les questions délicates ou douteuses ; enfin elle désigna trois commissaires investis du pouvoir de résoudre, sans appel, les difficultés qui pouvaient survenir dans les courses de la Société.

4. La Société d'Encouragement avait donc publié un code des courses. L'administration des haras, prétendant que les courses étaient mal comprises de la Société, fit de son côté un règlement des courses. Il s'ensuivit une obscurité et des tiraillements qui ne cessèrent qu'en 1866 quand le règlement administratif eut été abrogé et quand le code des courses du Jockey-Club eut été adopté pour toute la France.

5. Depuis cette époque la suprématie de la Société d'Encouragement alla toujours croissant et il est permis de dire aujourd'hui qu'elle tient véritablement dans ses mains la haute direction des courses en France.

6. Le nombre des membres du Jockey-Club est illimité ; mais l'admission ne se fait que sur un scrutin de ballottage assez sévère et dans lequel une boule noire sur six suffit à déterminer le refus. Les membres du corps diplomatique étranger y ont leur entrée sans passer par le scrutin.

7. Nous n'avons pas à nous occuper du Jockey-Club en tant que cercle. Aussi nous contenterons-nous de transcrire ici son règlement relatif aux courses.

Du Comité des courses.

ARTICLE PREMIER. — Le Comité est composé de quinze membres fondateurs et de quinze membres adjoints ; il ne peut délibérer qu'autant que cinq membres, au moins, sont présents.

ART. 2. — En cas de mort, de démission ou d'incapacité légale d'un des membres fondateurs, il est remplacé par un des membres du Cercle. L'élection est faite au scrutin secret et à la majorité absolue des suffrages par les membres fondateurs délibérant au nombre de huit au moins. En cas de partage, il est procédé à un nouveau scrutin à bulletins ouverts, et la voix du président est prépondérante.

Art. 3. — Les fonctions des membres adjoints sont annuelles ; ils sont nommés au commencement de chaque année par les membres fondateurs, au scrutin secret et à la majorité absolue des suffrages. Leurs fonctions sont les mêmes que celles des membres fondateurs.

Art. 4. — Le Comité et l'Assemblée des fondateurs sont présidés par le plus âgé des membres présents au moment de leur constitution.

Art. 5. — Le Comité représente la Société.

Il vote le budget de chaque exercice, en recettes et en dépenses, et règle l'emploi des fonds en excédent s'il y en a. Aucune dépense ne peut être faite et aucune valeur appartenant à la Société ne peut être aliénée sans son autorisation.

Il vote le programme des courses de la Société et les conditions de tous les prix donnés par elle.

Tout ce qui concerne les finances de la Société, l'administration de ses propriétés et concessions, et l'organisation des courses, est réglé par les décisions du Comité.

Art. 6. — Le Comité fait le Code des courses et prend les décisions qui peuvent devenir nécessaires pour l'interpréter, le compléter ou le modifier.

Toute disposition impliquant un changement ou une addition au Code des courses ou au Règlement particulier de la Société, n'est définitivement votée qu'après deux délibérations du Comité prises à huit jours au moins d'intervalle.

En cas d'urgence, une seule délibération suffit, pourvu qu'elle soit prise à la majorité des deux tiers des voix, quinze membres au moins étant présents.

Aucune modification au Code des courses ou au Règlement de la Société ne peut avoir d'effet qu'à dater du jour de sa publication au *Bulletin officiel*.

Art. 7. — Le Comité décide les questions dont le jugement lui est déféré par les Commissaires des courses de toutes les localités où le Code des courses est en vigueur.

Dans le cas où le Comité a à délibérer sur l'exclusion absolue ou temporaire d'un propriétaire, d'un jockey, ou d'un cheval, cette exclusion ne peut être prononcée qu'à la majorité des deux tiers des voix, et quinze membres au moins étant présents.

Art. 8. — Le Comité se réunit lorsqu'il est convoqué par les Commissaires ou que deux membres en font la demande.

La convocation doit être faite trois jours à l'avance, sauf pour les cas d'urgence.

Des Commissaires des courses.

ART. 9. — Au commencement de chaque année, aussitôt après la reddition des comptes de l'année précédente et le renouvellement des membres adjoints, le Comité nomme parmi les membres qui le composent, trois Commissaires des courses. Cette nomination se fait au scrutin secret et à la simple majorité.

ART. 10. — Les Commissaires des courses préparent le travail du Comité et exécutent ses décisions.

Ils présentent le budget chaque année et le programme des courses, étudient toutes les questions soumises au Comité et en donnent leur avis.

Ils administrent les propriétés et concessions de la Société, nomment et révoquent les gardes et employés; ordonnancent les dépenses votées par le Comité; surveillent la perception des recettes, et présentent chaque année au Comité le compte détaillé de leur gestion.

Ils dirigent et contrôlent le travail du Secrétaire, le service financier, la correspondance, l'organisation des courses, et la publication du *Bulletin officiel* et du *Calendrier des courses*.

ART. 11. — Les Commissaires décident les contestations qui leur sont soumises, lors même qu'elles n'ont pas eu lieu dans les courses de la Société; mais ils ne le font qu'autant que la question a rapport aux courses de chevaux, et que les parties s'engagent à se soumettre à leurs décisions.

Le Règlement de la Société doit seul servir de base aux jugements des Commissaires, quand même un autre Règlement serait adopté dans le lieu où la contestation s'est élevée.

Dispositions spéciales pour les courses de la Société.

ART. 12. — Tous les prix donnés sur les fonds de la Société sont exclusivement réservés aux *chevaux français de pur sang.*

ART. 13. — Lorsque certains prix provenant de donations spéciales sont ouverts aux chevaux anglais, et que les engagements sont reçus à Londres aussi bien qu'à Paris, il est dérogé, pour ces prix seulement, à l'article 26 du Code des courses, et les Commissaires sont autorisés à n'exiger, au moment de l'engagment, ni le payement du forfait, ni la souscription d'un billet.

ART. 14. — Lorsque l'époque fixée pour la clôture d'engagements à faire au Secrétariat de la Société, tombe un jour de courses à Paris ou à Chantilly, ces engagements seront valablement reçus sur le terrain de courses, bien que cette faculté ne soit pas mentionnée dans le programme.

ART. 15. — Tout propriétaire engageant un cheval pour la première fois doit déclarer ses couleurs, qui ne peuvent plus être changées sans un nouvel avis. Les jockeys qui se présenteraient avec des couleurs différentes payeraient une amende de *vingt francs*.

Art. 16. — Aucun propriétaire ne peut faire courir sous des couleurs adoptées antérieurement par un autre propriétaire, à moins que ce dernier n'ait cessé de faire courir en France, depuis plus de cinq ans. Toute infraction à cette règle donnera lieu à une amende de *cent francs*.

Art. 17. — Lorsque plusieurs chevaux appartenant au même propriétaire ou à la même association de propriétaires courent dans la même course, ils doivent être inscrits au programme sous le même nom et porter les mêmes couleurs. Toute infraction à cette règle donnera lieu à une amende n'excédant pas *deux cents francs*.

Les propriétaires sont invités à distinguer leurs jockeys par des écharpes de couleurs différentes.

Art. 18 [1]. — Dans les dix minutes qui suivent le signal indiquant le commencement du pesage pour chaque course, les propriétaires ou leurs représentants doivent déclarer à la personne chargée du pesage les noms des chevaux qu'ils vont faire courir. Les numéros de ces chevaux sont affichés, et un second signal indique l'expiration du délai de dix minutes. Si un cheval part, bien que n'ayant pas été déclaré dans ce délai, ou est retiré après avoir été affiché, les Commissaires ont le droit d'en demander l'explication au propriétaire ou à son représentant, et si l'explication n'est pas satisfaisante, ils peuvent le mettre à une amende n'excédant pas *cinq cents francs*.

Art. 19. — Si l'on fait inscrire pour les courses de la Société, ou pour une de celles dont les engagements se font au Secrétariat, un cheval portant le même nom qu'un autre cheval ayant été engagé dans les mêmes courses depuis moins de dix ans, ce nom sera suivi, au *Bulletin officiel* et au programme, d'un numéro 1, 2, 3, etc., suivant le nombre de fois que le cas se sera présenté.

Art. 20. — Les chevaux ayant couru des prix à vendre ou à réclamer, devront rester dans l'enceinte du pesage jusqu'à la fin du quart d'heure pendant lequel les réclamations sont reçues.

Toute infraction à cette règle donnera lieu à une amende n'excédant pas *cent francs*.

Art. 21. — Le produit de toutes les amendes perçues aux courses de la Société, est versé à un fonds spécial destiné à secourir les jockeys et garçons d'écurie blessés ou malheureux, et dont les Commissaires des courses ont la faculté de disposer.

---

1. Cet article a été supprimé par le Comité de la Société dans ses séances des 19 et 27 janvier 1891, en suite de l'addition au Code des Courses de l'article 35 *bis*.

Des courses de gentlemen.

ART. 22. — Ne sont admis à monter dans les courses de gentlemen, que les membres du Jockey-Club, de l'ancien Cercle, du Cercle Agricole, du Cercle des Chemins de fer, du Cercle des Champs-Élysées, du Nouveau Cercle, du Cercle de l'Union, du Sporting-Club, du Cercle de l'Union artistique; les officiers de l'armée française, ou les personnes admises sur leur demande, et après ballottage, par le Comité des courses.

La demande devra être adressée par écrit aux Commissaires de la Société.

En suite de cette admission par ballottage, on pourra monter dans toutes les courses de gentlemen de la Société d'Encouragement, à moins que le Comité n'en décide autrement.

Des essais.

ART. 23. — (L'article 23, qui imposait l'obligation de déclarer les essais faits entre chevaux d'écuries différentes, a été supprimé par délibération du Comité des Courses des 14 et 21 mai 1869.)

Dispositions relatives aux terrains de courses et d'entrainement de la Société.

ART. 24. — Aucune course publique ne peut avoir lieu sur les terrains de la Société qu'avec l'autorisation du Comité, ou, en cas d'urgence, celle des Commissaires.

Cette autorisation n'est accordée qu'à la condition que la recette sera perçue par la Société, la police faite par ses agents, et les courses placées sous l'autorité de ses Commissaires.

Du terrain d'entrainement de Chantilly.

ART. 25. — Ce terrain est exclusivement affecté à la préparation des chevaux aptes à courir dans les réunions régies par le Code des courses.

ART. 26. — Ne sont admis à se servir des terrains de la Société, que les entraineurs munis d'une autorisation qui leur est délivrée, sur leur demande, par les Commissaires. A l'appui de leur demande, ils doivent fournir un état des chevaux composant leur écurie, avec les noms de leurs propriétaires.

L'autorisation n'est valable que jusqu'au 31 décembre de l'année où elle a été délivrée. Le titulaire est tenu de fournir, le 1er de chaque mois, un état des chevaux entrés dans son écurie pendant le mois précédent. S'il y a de nouveaux propriétaires, une nouvelle autorisation est nécessaire.

Art. 27. — L'antorisation peut être retirée à toute époque par une décision du Comité.

L'entraîneur auquel l'autorisation est retirée ne peut pas se prévaloir du paiement des cotisations établies ci-après pour se soustraire aux conséquences de ce retrait. Il perd immédiatement le droit de se servir du terrain sans pouvoir réclamer aucune indemnité pour les cotisations qu'il peut avoir payées.

Il en est de même dans le cas où l'autorisation, arrivée à son terme, n'est pas renouvelée.

Art. 28. — La cotisation doit être payée, dans le mois de l'arrivée de chaque cheval, entre les mains du garde du terrain, et sans qu'il soit besoin que ce dernier la réclame. Passé ce délai, la cotisation sera augmentée de 50 %.

Art. 29. — Il peut être défendu de galoper sur la pelouse, lorsque la conservation du terrain rend cette mesure nécessaire. La défense sera affichée, et toute infraction sera punie d'une amende de *vingt francs* par cheval; cette amende est portée à *cent francs* en cas de récidive dans l'année.

Art. 30. — Les personnes voulant essayer des chevaux sur la piste doivent en prévenir le garde du terrain, qui autorise l'essai si l'état de la pelouse le permet, ouvre les chaînes et perçoit une somme de *vingt francs* pour chaque essai de quatre chevaux au plus, et de *quarante francs* s'il y a plus de quatre chevaux.

Le déplacement des poteaux, l'ouverture ou la rupture des chaînes, outre les poursuites que ces délits peuvent motiver, sont punis, s'ils ont lieu dans le but de faire galoper des chevaux sur la piste, d'une amende de *cent francs* par cheval.

Art. 31. — Si un propriétaire ou entraîneur refuse de payer les cotisations ou amendes fixées ci-dessus, tous les chevaux lui appartenant ou faisant partie de son écurie, même ceux pour lesquels il ne serait rien dû, sont exclus du terrain; et de plus, tout cheval pour lequel il est dû une amende ou une cotisation ne peut, jusqu'à ce qu'elle ait été payée, courir dans les courses de la Société.

Art. 32. — Le produit des amendes ci-dessus est affecté aux dépenses d'entretien du terrain d'entraînement.

Des jockeys et garçons d'écurie.

Art. 33. — Sont seuls admis à monter dans les courses de la Société :

1º Les jockeys munis d'une licence délivrée par les Commissaires du Jockey-Club de Newmarket ;

2º Ceux qui ont été agréés par les Commissaires de la Société d'Encouragement;

3º Ceux qui n'ont pas encore gagné de course publique. L'auto-

10.

risation exigée par le paragraphe précédent ne devenant obligatoire pour chaque jockey qu'un mois après le gain de sa première course publique.

Au commencement de chaque année, les Commissaires dressent sur la demande des intéressés, et publient au *Bulletin officiel*, la liste des jockeys admis à monter dans les courses de la Société.

Pendant le cours de l'année, ils ont la faculté d'agréer et de mettre à la suite de la liste, les jockeys dont l'inscription leur serait demandée. Ils peuvent également retirer à un jockey l'autorisation de monter et rayer son nom de la liste. Ces additions et ces radiations sont publiées au fur et à mesure au plus prochain *Bulletin officiel*.

L'inscription sur la liste n'a d'effet que pour l'année où elle a lieu, elle ne préjudicie en rien à l'application des dispositions du Code des courses, relatives aux jockeys, notamment des articles 43, 47 et 77.

Tout jockey ayant monté en France dans une course publique non publiée au *Bulletin officiel* sera rayé de la liste et ne pourra y être rétabli que par une décision des Commissaires.

Les Commissaires délivrent aux jockeys qui le désirent un certificat constatant leur inscription.

Les propriétaires, entraîneurs et jockeys qui contreviendraient sciemment aux dispositions qui précèdent seront passibles d'une amende n'excédant pas *cinq cents francs*.

ART. 33 *bis*. — Si un jockey engagé pour un certain temps, ou pour une certaine course, refuse d'exécuter son engagement, les Commissaires des courses peuvent lui imposer une amende de *cent francs à cinq cents francs*, et lui interdire de monter pendant le temps qu'ils jugent convenable.

ART. 34. — Si un jockey monte pour une autre personne sans la permission de son maître, les Commissaires des courses peuvent lui appliquer l'amende et l'interdiction ci-dessus, et le propriétaire qui l'a employé ainsi, est en outre passible d'une amende de *cent francs à mille francs*.

ART. 35. — Aucun garçon d'écurie ne peut entrer dans une écurie de course, s'il n'est muni d'une autorisation écrite de se placer, délivrée par son dernier maître, en France ou à l'étranger.

S'il se croit fondé à prétendre que cette autorisation lui est injustement refusée, ou si, par une cause quelconque, il est dans l'impossibilité de se la procurer, il s'adresse aux syndics, qui peuvent, s'ils le jugent convenable, lui délivrer l'autorisation nécessaire pour se placer.

Tout propriétaire ou entraîneur qui prend à son service un garçon non muni de l'autorisation ci-dessus, est obligé par les Syndics à le renvoyer immédiatement, à peine de *dix francs* par chaque jour de retard, à partir de celui où la décision lui a été notifiée ; il est en outre passible d'une amende de *cent cinquante francs* et de *trois cents francs* en cas de récidive.

Art. 36. — Les Syndics sont au nombre de cinq, nommés par le Comité des courses de la Société, sur la proposition des Commissaires ; leurs fonctions sont annuelles; ils peuvent être réélus et le Comité désigne leur président, qui est chargé de convoquer ses collègues quand il en est requis. La présence de trois Syndics au moins est nécessaire pour qu'une délibération soit valable; les décisions doivent être consignées sur un registre spécial et signées par les membres présents.

Art. 37. — Si un propriétaire ou entraîneur refuse d'exécuter une décision des Commissaires des courses ou des Syndics, ses chevaux ne peuvent pas courir, jusqu'à ce que la décision ait été exécutée et l'amende payée.

Art. 38. — Le produit des amendes ci-dessus est destiné à secourir les jockeys ou garçons d'écurie blessés ou malheureux; il reste entre les mains des Commissaires des courses, qui en ont la disposition.

Des galops et essais sur le terrain de Chantilly.

Art. 39. — Le Comité exprime un blâme sévère contre les personnes qui font métier d'épier les essais.

Art. 40. — Aucun entraîneur, jockey ou garçon d'écurie ne peut suivre les galops des chevaux appartenant à d'autres écuries, et s'il est reconnu qu'une infraction à cet article a été commise avec mauvaise intention, les Syndics peuvent la punir d'une amende de *dix francs* à *cent francs*.

Art. 41. — Les personnes qui veulent essayer des chevaux peuvent requérir le garde du terrain, qui fait éloigner les personnes étrangères de l'endroit fixé pour la fin de l'essai. Tout entraîneur, jockey ou garçon d'écurie qui refuse de s'éloigner peut être puni par les Syndics d'une amende de *dix francs* à *deux cents francs*. Les propriétaires sont responsables des actes des gens à leur service, et paient les amendes encourues par eux, à moins qu'ils ne préfèrent les renvoyer ; dans ce cas, le nouveau maître chez lequel entrent ces gens devient responsable de l'amende.

Art. 42. — Le produit des amendes ci-dessus fait retour au fonds destiné à secourir les jockeys et garçons d'écurie blessés ou malheureux.

Quant au Code des courses, on en trouvera le texte intégral au mot *Code*.

JUGE D'ARRIVÉE.

1. Personne chargée de juger l'arrivée et par suite de désigner le vainqueur. Pour permettre cette opération une barre verticale est élevée en face du poteau d'arrivée et à une petite distance de lui, de manière que le regard du juge distingue nettement quel est le cheval dont le nez franchit le premier la ligne formée par le prolongement de son rayon visuel passant par l'intersection des deux planches qui forment le poteau d'arrivée, c'est-à-dire le but.

2. Le juge ne désigne généralement que les trois premiers chevaux dans leur ordre d'arrivée.

Les paris suivent la décision du juge ; si donc on a parié pour un cheval placé et que le juge d'arrivée, pour une raison quelconque, n'ait désigné ni le second ni le troisième cheval, les paris sont perdus.

3. La tâche du juge d'arrivée peut quelquefois être très délicate et la rapidité avec laquelle deux ou plusieurs têtes de chevaux peuvent se succéder dans l'axe de son regard rend ses décisions difficiles. Aussi fallait-il lui accorder une grande autorité. En conséquence, son jugement est sans appel d'aucune sorte.

4. Longtemps les juges d'arrivée étaient des membres des Sociétés de courses remplissant ces fonctions à titre gratuit. Aujourd'hui les Sociétés, imitant l'exemple de l'Angleterre, ont presque toutes pour juge d'arrivée un sportsman rétribué.

5. L'arrivée doit être constatée régulièrement. Il en résulte que si le juge était absent, au moment de l'arrivée, de la place qui lui est assignée à cet effet, la course devrait être annulée.

L

LICENCE.

1. Pour pouvoir monter dans presque toutes les courses qui se courent en France, les jockeys doivent :

1° Ou bien être munis d'une licence délivrée par les commissaires du Jockey-Club de Newmarket ou du Grand National Hunt Committee ;

2° Ou bien être agréés par les commissaires des Sociétés de courses.

Sont aussi admis à monter ceux qui n'ont pas encore gagné de course publique, l'autorisation sus-indiquée ne devenant obligatoire pour chaque jockey qu'un mois après le gain de sa première course publique.

2. Au commencement de chaque année, les commissaires dressent sur la demande des intéressés et publient au *Bulletin officiel* des Sociétés la liste des jockeys admis à monter dans les courses. Pendant le cours de l'année ils ont la faculté d'agréer et de mettre à la suite de la liste les jockeys dont l'inscription leur serait demandée. Ils peuvent également retirer à un jockey l'autorisation de monter et rayer son nom de la liste. Ces additions et ces radiations sont publiées, au fur et à mesure, au plus prochain *Bulletin officiel*.

3. L'inscription sur la liste n'a d'effet que pour l'année où elle a lieu ; elle ne préjudicie en rien à l'application des dispositions du Code des courses et de celui des steeple-chases relatives aux jockeys (Art. 33 Règ. Société d'Encouragement, art. 68 Code des steeple-chases).

4. L'on s'est demandé si une Société de courses ne porte pas atteinte à la liberté du travail en retirant à un jockey sa licence, c'est-à-dire en l'empêchant d'exercer le seul métier qu'il connaisse.

5. Il semble qu'il faut sans hésitation répondre à cette question par la négative, quelque rigoureuse que paraisse cette solution.

En effet le principe de la liberté du travail, posé dans la Constitution de 1791 et reproduit dans celle de 1848, a exclusivement visé la suppression des maîtrises et des jurandes, c'est-à-dire des privilèges et des monopoles : toute personne devenait libre de choisir la profession qui lui convenait.

Or, il ne semble pas qu'une Société de courses porte atteinte à ce principe, en retirant à un jockey la licence qu'elle lui avait accordée l'année précédente. Elle n'empêche pas, en effet, le jockey de prendre la profession qui lui convient; elle se refuse seulement à le laisser entrer dans son sein, comme toute personne peut en empêcher une autre de pénétrer chez elle.

6. Il est évident, d'ailleurs, que tout patron peut renvoyer son employé.

Si le renvoi n'est pas justifié et se produit, dans ces conditions, avant l'expiration du temps fixé pour la durée de l'engagement de l'employé, celui-ci pourra exiger de son patron une indemnité équivalente au préjudice que lui cause un brusque renvoi. Si, au contraire, le renvoi est justifié par un acte d'indélicatesse ou une faute grave de l'employé, celui-ci n'aura droit à aucune indemnité.

Cette situation est assez analogue à celle du jockey, encore bien qu'il ne soit pas aux gages de la Société de courses, puisqu'en prenant part aux courses organisées par elles, il se soumet à leurs règlements.

On opposerait d'ailleurs encore avec raison les dispositions du Code des courses et des règlements connus et acceptés par les jockeys, et en vertu desquels un pouvoir absolu et sans appel est attribué aux commissaires et comités des courses pour tout ce qui concerne la police intérieure des Sociétés.

Les tribunaux se sont toujours, en effet, déclarés incompétents pour statuer sur ces questions qu'ils laissent à l'appréciation souveraine des commissaires des courses.

7. Aussi bien cette question du retrait des licences n'a-t-elle jamais été portée devant des magistrats et l'on ne peut, quelque excessive que puisse paraître cette puissance des commissaires de courses, que s'incliner devant la disposition des règlements connus et acceptés par les jockeys (Trib. Lille 15 décembre 1887, *Gaz. Pal.* 1887, suppl. 12; Trib. Avignon 8 mai 1884, *Gaz. Pal.* 1884, 2. 233).

8. Les licences sont détachées d'un livre à souche et remises aux jockeys admis. Nous donnons la formule de l'une d'elles.

N°   SOCIÉTÉ DES STEEPLE-CHASES DE FRANCE
              Licence valable pour 1891.

Le secrétaire de la Société des Steeple-Chases certifie que   est admis à monter dans les courses dont le programme est inséré au *Bulletin officiel.*

                              Paris, le   1891.

LOTERIE.

1. Est réputée loterie toute opération offerte au public pour faire naître l'espérance d'un gain dépendant de la chance et du hasard.

2. Les loteries sont interdites (loi du 21 mai 1886, art. 410 C. P.) sous peine d'un emprisonnement de deux à six mois et d'une amende de 100 à 6.000 francs.

Les coupables peuvent être, en outre, interdits pendant cinq ans au moins et dix ans au plus, à partir du jour où ils ont subi leur peine, des droits mentionnés dans l'article 42 du Code pénal, lequel est ainsi conçu :

Art. 42. — Les tribunaux jugeant correctionnellement pourront, dans certains cas, interdire, en tout ou en partie, l'exercice des droits civiques, civils et de famille suivants :

1º De vote et d'élection ;

2º D'éligibilité ;

3º D'être appelé ou nommé aux fonctions de juré ou autres fonctions publiques, ou aux emplois de l'administration, ou d'exercer ces fonctions ou emplois ;

4º Du port d'armes ;

5º De vote et de suffrage dans les délibérations de famille ;

6º D'être tuteur, curateur, si ce n'est de ses enfants et sur l'avis seulement de la famille ;

7º D'être expert ou employé comme témoin dans les actes ;

8º De témoignage en justice, autrement que pour y faire de simples déclarations.

3. Les loteries peuvent être exceptionnellement autorisées.

Tel est aujourd'hui le sort du pari mutuel, qui, après avoir été considéré, en 1875, comme une loterie non autorisée (Cass. 18 juin 1875), est actuellement permis et réglementé par l'administration (Voir *Agences* et *Pari mutuel*).

M

MAISONS DE JEU.

INDEX ALPHABÉTIQUE.

1. « Ceux qui auront tenu une maison de jeu de

hasard, et y auront admis le public, soit librement,
soit sur la présentation des intéressés ou affiliés, les
banquiers de cette maison, tous ceux qui auront établi
ou tenu des loteries non autorisées par la loi, tous
administrateurs, préposés ou agents de ces établissements, seront punis d'un emprisonnement de deux
mois au moins et de six mois au plus, et d'une amende
de 100 à 6.000 francs. Les coupables pourront être de
plus, à compter du jour où ils auront subi leur peine,
interdits, pendant cinq ans au moins et dix ans au
plus, des droits mentionnés en l'article 24 du présent
Code. Dans tous les cas, seront confisqués tous les
fonds ou effets qui seront trouvés exposés au jeu ou
mis à la loterie, les meubles, instruments, ustensiles,
appareils employés ou destinés au service des jeux ou
des loteries, les meubles et les effets mobiliers dont les
lieux seront garnis ou décorés » (Art. 410 C. P.;
V. *Jeux de hasard* et *Loterie*).

2. La question s'est posée, à différentes reprises, de
savoir si les agences de courses, où se font des paris,
doivent être considérées comme des maisons de jeu
de hasard.

La jurisprudence, hésitante d'abord, a été fixée par
un arrêt de la cour de cassation du 3 mai 1889 (*Gaz.
Pal.* 89. 1. 759) et par l'arrêt rendu par la cour de
Rouen comme cour de renvoi le 3 août 1889 (*Gaz.
Pal.* 89. 2. 474).

3. Conformément à cette doctrine, quelque peu
critiquable cependant, il faut faire actuellement les
distinctions suivantes :

Ou bien l'agence de courses fait uniquement la
commission au pari mutuel, et en ce cas son fonctionnement est parfaitement licite (Cours de Cass. et de
Rouen, V. *suprà*).

Ou bien l'agence fait le pari à la cote, et en ce cas, il
y a lieu de faire une sous-distinction : 1° elle fait le
pari à la cote avec des gens qu'elle connaît et qui sont

experts en matière de courses et en ce cas leurs opérations sont licites (Trib. corr. Lyon, 10 mai 1887, le *Droit* du 21 août; Cass. 10 décembre 1887, S. 88. 1. 42; Trib. corr. Melun, 16 mai 1888, *Gaz. Trib.* du 23 mai). 2° Elle fait le pari avec les premiers venus et en ce cas ses opérations sont illicites (Cass. 7 mai 1885, *Gaz. Pal.* 85. 2. 495 ; Trib. corr. Seine, 3 août 1888, *Gaz. Pal.* 88. 2. 245).

La preuve de l'illégalité des opérations doit toujours rester à la charge du ministère public, partie demanderesse à toutes les instances correctionnelles (V. *Loterie*).

4. Il a été jugé qu'une voiture dételée, stationnant à demeure sur le champ de courses et munie du personnel et du matériel nécessaires pour la formation et la constatation des paris, présente tous les caractères de la maison de jeu, dont la tenue est réprimée par l'article 410 du Code pénal (Cass. 5 janvier 1877, *J. Pal.* 1877, 1. 252).

5. Cette décision, qui est conforme aux théories adoptées par la jurisprudence, n'a pas rallié toutes les opinions.

Elle est notamment critiquée, et avec raison, par un savant professeur à la Faculté de Droit de Caen, M. Villey. Celui-ci remarque, en effet, que la loi édicte deux genres de peines distinctes, les unes très sévères, celles de l'article 410 du Code pénal contre les maisons de jeu, les autres très douces, celles de l'article 475 du Code pénal contre ceux qui établissent ou tiennent un jeu dans les rues ou endroits publics. Toute la raison de cette différence consiste en ce que le législateur a voulu une répression énergique contre les maisons de jeu clandestines, les seules qui soient véritablement dangereuses (V. Chauveau et Hélie, C. P. t. 5, n° 2320).

Voilà l'esprit de la loi; quant à son texte, il est non moins formel, car il précise le sens du mot « maison de jeu » en ajoutant : « ceux qui y auront admis le

public soit librement, soit sur la présentation des
intéressés ou affiliés » ; car il ordonne de « confisquer
les meubles et effets mobiliers, dont les lieux seront
garnis ou décorés ».

Or il est impossible d'appliquer cette définition à la
voiture d'une agence, où personne ne pénètre ; qu'elle
soit ou non dételée, peu importe, car le pari y est
accidentel et passager, puisqu'il n'y a lieu que pendant
les courses. Peu importe encore qu'elle ait des
employés ou le matériel nécessaire : ce sont là en
effet les conditions mêmes de l'application de l'article 475 du Code pénal.

L'arrêt de cassation cité plus haut ne doit donc pas
être admis sans discussion.

6. L'habitude est, selon nous, une des conditions
nécessaires pour caractériser la tenue d'une maison de
jeu de hasard.

Par suite, un fait isolé et unique ne saurait exposer
son auteur qu'aux peines de simple police de l'article 475 réprimant la tenue d'un jeu de hasard sur
la voie publique (V. *Jeux de hasard*) (Blanche, t. 6,
n° 287).

M. Dalloz partage cette opinion (V. Rép. *Jeux de
hasard*, n°s 68 et 69, ainsi que la jurisprudence la
plus récente : Paris, 3 août 1887, le *Droit* du 2 septembre et du 30 octobre. Cf Dalloz, C. P. annoté, art. 410,
n° 41).

Il nous faut ajouter cependant que cette théorie est
contestée, et que nombre de documents existent en
sens contraire pour décider que l'habitude n'est pas un
élément constitutif du délit de tenue d'une maison de
jeu de hasard (Chauveau et Hélie, t. 5, n° 2321,
in fine; Nîmes, 8 février 1872 ; *J. Pal.* 1874, p. 102 ;
D. 73. 2. 174).

7. Un café peut être considéré comme une maison
de jeu, si l'on y joue habituellement (Blanche, t. 6,
n° 287).

MANDAT.

1. Un propriétaire peut faire inscrire son cheval dans une course déterminée, par l'intermédiaire d'un mandataire, généralement un entraîneur, lequel, l'inscription une fois faite, n'est susceptible d'aucune responsabilité, ni à l'égard du propriétaire ni à l'égard de la Société de courses (V. *Engagement*).

2. C'est par application de ce principe qu'il a été décidé que : si le montant d'un prix a été remis au mandataire, comme représentant du propriétaire mandant, et que, postérieurement, la décision qui déclarait vainqueur le cheval de ce dernier a été annulée pour un motif quelconque, la Société de courses ne peut pas poursuivre personnellement le mandataire en restitution du montant du prix (Bruxelles 30 juin 1834, *Pandectes belges*, t. 27, *Courses* n° 24). Elle doit adresser sa réclamation directement au propriétaire. Il n'y a là, d'ailleurs, que l'application pure et simple des règles du mandat.

En ce qui concerne le mandat donné aux commissionnaires de paris, voyez *Agences, Jeux, Loterie* et *Pari*.

MARÉCHAL FERRANT.

1. Le maréchal ferrant est un artisan dont la profession est de ferrer les chevaux.

L'étymologie de ce mot, sur laquelle on a longuement discuté, paraît devoir être composée de débris des idiomes du Nord signifiant cheval; ce qu'il y a de certain c'est que le mot maréchal désignait, dès l'origine, un homme employé près des chevaux à un titre quelconque.

2. L'art de la maréchalerie présente, d'ailleurs, de grandes difficultés, et les maréchaux ferrants étaient fort considérés au moyen âge. Aujourd'hui, ils doivent être rangés dans la classe des artisans et non dans celle des ouvriers ou des commerçants (Chambéry 14 août 1886. V. *infrà*).

3. Le maréchal ferrant est responsable des opérations qu'il pratique, quand il a commis une faute, une négligence ou une imprudence grave. Ainsi, il a été jugé avec raison qu'il devait être déclaré responsable de la boiterie survenue à un cheval et provenant de brûlures occasionnées au sabot du cheval par l'application maladroite des fers chauds (Chambéry 14 août 1886, *Gaz. Pal.* 86. 2. 530. Cf. 25 juin 1859, Rey, p. 541).

Et le maréchal ferrant n'étant pas un commerçant au sens légal du mot, mais bien un artisan, doit être actionné devant le tribunal civil et non devant le tribunal de commerce (même décision).

4. Nous venons de voir que le maréchal ferrant était responsable des accidents survenus aux chevaux pendant qu'ils sont dans ses ateliers. Ajoutons que le maréchal ferrant pourrait repousser cette responsabilité en prouvant que, malgré toutes les précautions par lui prises, l'accident n'a pu être évité parce qu'il provient de causes qu'il n'a pu prévoir et par conséquent éviter (Paris 25 mai 1886, *Presse vétérinaire* 1886, p. 520).

5. Le maréchal ferrant est responsable des accidents survenus à un animal qui lui est confié, pendant qu'il est conduit à son écurie, ou qu'il en est ramené, par un de ses ouvriers, sauf la décharge de responsabilité, s'il fait la preuve que nous venons d'indiquer.

6. Il faut même décider que le maréchal ferrant seul est responsable des accidents causés à des tiers par un cheval qu'on a mis sous sa garde et pendant tout le temps qu'il y reste (Art. 1385 C. C. — Cassation 3 décembre 1872, S. 72. 1. 402).

Il n'y aurait pas lieu à responsabilité, si l'accident provenait de la faute de celui qui l'a éprouvé (V. *Vétérinaire*).

MONORCHIDE.

1. On appelle ainsi un cheval qui n'a qu'un testicule apparent. Quelques personnes considèrent le cheval monorchide comme plus méchant que le cheval entier, mais l'expérience n'a pas toujours confirmé cette manière de voir.

2. Il a été jugé, par application des principes juridiques qui régissent la vente, que l'acquéreur d'un cheval ne peut demander la rescision de la vente par le motif que le cheval est monorchide. Ce vice de conformation est apparent, et l'acquéreur devait s'en rendre compte avant la vente. Si l'acte dit que le cheval doit être livré sain et net, vivant et en bonne santé, cette énonciation signifie que le cheval doit être livré en bonne santé et exempt de vices rédhibitoires et que les risques, dans l'intervalle qui sépare la vente de la livraison, restent à la charge du vendeur. Mais ces expressions ne sauraient être interprétées comme une garantie des vices apparents (Caen 22 février 1888, Rec. Rouen 88. 61. 2).

MONTE.

On appelle ainsi l'époque de l'année pendant laquelle les étalons consacrés à la reproduction saillissent les juments qui leur sont amenées à cet effet. Cette époque court du 1er février au 1er juin (V. *Étalons*).

MORT.

1. L'engagement d'un cheval dans une course est annulé, si la personne sous le nom de laquelle il est engagé meurt avant l'époque fixée pour le paiement de l'entrée ou du forfait (V. *Vente*).

2. Dans les courses où il est stipulé que l'entrée sera représentée par un billet, l'époque du paiement sera considérée comme fixée au jour de la souscription de ce billet (Art. 22 Code des courses).

Par conséquent, le décès survenu postérieurement à la souscription de ce billet n'aura pas pour effet d'annuler l'engagement.

N

NOM.

1. Les chevaux de courses, comme les personnes, ont un nom qui constitue, pour ainsi dire, une partie de leur état civil.

2. Le nom du cheval est naturellement choisi par son propriétaire, comme bon lui semble. Mais une fois donné, le nom du cheval ne peut être changé sans l'accomplissement de certaines formalités (V. Code des courses, art. 10, 11, 12 et Code des steeple-chases, art. 9, 10 et 11).

3. On doit, pour tous les engagements faits pendant les trois mois qui suivent le premier engagement contracté avec le nouveau nom, faire suivre ce dernier du nom ou des noms sous lesquels le cheval a déjà couru. Ce délai est d'un an pour les courses de la Société des steeple-chases. S'il s'agit d'un cheval n'ayant pas couru, mais ayant reçu un nom soit au Stud-Book, soit dans un engagement antérieur, il suffit de mentionner le changement et de donner le nouveau nom avec l'ancien dans le premier engagement inséré au *Bulletin officiel* (Art. 12 Code des courses, art. 11 Code des steeple-chases).

4. Tout engagement d'un cheval dans une course doit, outre son nom, indiquer ceux de ses père, mère, grand-père, grand'mère, en s'arrêtant à ceux de leurs ancêtres qui sont inscrits au Stud-Book anglais ou français. Si la mère du cheval a été couverte par plusieurs étalons, ils doivent tous être nommés (Art. 10 Code des courses, art. 9 Code des steeple-chases).

5. Quand un cheval a été engagé une seule fois avec sa désignation, son nom et son origine, dans une course publiée au *Bulletin officiel,* il suffit, ·pour les engagements subséquents, de le désigner par son nom seul, même s'il n'a pas couru ; et si on l'engage en même temps et pour la première fois dans plusieurs courses, il suffit de donner sa désignation et son origine pour l'un de ces engagements, et son nom seulement pour les autres (Art. 11 Code des courses, art. 10 Code des steeple-chases).

O

OPPOSITION AU DÉPART.

Une personne peut, pour des motifs dont l'énoncé se trouve dans le Code des courses et les règlements des Sociétés, avoir un droit légitime de s'opposer au départ d'un cheval dans une course, et d'empêcher, par suite, qu'il n'y prenne part. Son opposition doit être faite par écrit, signée et remise aux personnes qui ont compétence pour la recevoir (V. art. 27 et s., 64 et s., Code des courses ; art. 24 et s., et 56 et s., Code des steeple-chases ; art. 41 et s. Règl. Société du demi-sang).

P

PARI.

1. Le pari est une convention par laquelle deux ou plusieurs personnes prétendant, l'une que tel cheval arrivera premier ou placé, l'autre qu'il n'arrivera pas, stipulent que celle qui aura tort, paiera à l'autre une somme fixée d'avance. Nous avons vu (V. *Action en justice*) que la loi n'accorde aucune action pour le paiement d'un pari (art. 1965 C. C.), sauf toutefois des paris faits à propos des courses à pied ou à cheval (Art. 1966 C. C.).

Les paris sont tellement entrés dans les habitudes modernes, que sans eux les courses tomberaient, et en même temps s'évanouirait ce profit incontestable qu'en tirent l'élevage et le progrès national de la race chevaline.

Il faut donc constater, avec l'amiral Rous, ce célèbre sportsman anglais, l'impossibilité de les supprimer, dans l'intérêt même du pays. Il faut seulement les considérer avec quelque philosophie; se rappeler qu'en matière de courses, ils sont souvent trompeurs; enfin se répéter quelquefois l'histoire de ces deux parieurs, qui, ayant fait un pari important, l'un pour et l'autre contre un cheval, s'aperçurent, quand il fut conclu, que l'un avait pris le cheval pour le compte du propriétaire et l'autre pour celui du jockey. Mais en constatant que les résultats des paris de courses peuvent quelquefois être faussés il faut se dire qu'ils sont très

souvent honnêtement conclus et les admettre parce
qu'ils sont une des conditions mères de l'existence des
courses.

2. L'origine des paris est aussi ancienne que le jeu
lui-même. Nous avons vu au mot *Courses* qu'on les
rencontrait aussi ardents que de nos jours en Grèce et
à Rome.

Depuis longtemps les paris sur les courses existent
en Angleterre où ils constituent, pour ceux qui s'en
occupent, une véritable profession. Cette industrie a
gagné la France où les paris faits sur les courses sont
devenus aussi florissants que chez nos voisins d'outre-
Manche.

3. A l'origine, cependant, ils n'avaient pas pris cette
extension ni surtout ce caractère aléatoire qu'on est
obligé de leur reconnaître aujourd'hui. C'était surtout
des gageures faites entre gentilshommes, et qui avaient
pour véritables bases la valeur réelle et respective de
leurs chevaux.

On cite comme exemple de ces paris celui de M. de
Saillant, qui, sous le règne de Louis XV, paria
10.000 livres qu'il ferait en six heures deux fois le trajet
de la porte Saint-Denis au château de Chantilly, et
qui gagna son pari de 27 minutes en montant 27 chevaux.

4. Beaucoup plus tard et lors de la création de la
Société d'Encouragement, les paris se faisaient presque
uniquement entre les membres de cette Société et les
propriétaires de chevaux, et, si considérables qu'ils
fussent alors, ils n'avaient pas acquis l'extension qu'ils
ont prise depuis que la spéculation en est devenue une
des premières raisons.

Aujourd'hui, en effet, tout le monde parie. Il existe
même un établissement particulier portant le nom de
Salon des courses (V. *Salon*) auquel le Comité des
courses a, le 4 mars 1867, délégué toutes les attributions concernant les paris, et qui, facilement ouvert à

ceux qui désirent y entrer, a singulièrement favorisé le développement des paris de courses, tout en en rendant plus régulières les conditions d'exécution.

5. Quant à l'histoire judiciaire des paris de courses, elle a tant rencontré de hasards différents, qu'il est impossible de tirer de tous les documents qu'elle nous offre une théorie uniforme.

6. En 1869 (jugement du 8 avril, arrêt du 4 juin), le tribunal correctionnel de la Seine et la cour de Paris condamnaient les poules organisées par l'agence Oller et fonctionnant par tirage au sort, comme violant les dispositions de la loi de 1836, prohibitive des loteries. Mais en même temps ces deux juridictions ne considéraient pas les paris mutuels comme loteries ou jeux de hasard.

7. En 1874 le tribunal et la cour de Paris condamnaient de nouveau les poules, mais en même temps les paris mutuels, même simples. Cette doctrine était d'ailleurs consacrée par la cour de cassation par arrêt du 18 juin 1875 (S. 75, 1. 386).

8. Dans cette espèce la cour suprême n'avait pas eu à se préoccuper des paris à la cote, mais elle semblait, à en juger par les observations mêmes du conseiller rapporteur, leur reconnaître un caractère licite.

9. Cependant en 1876 la cour de Paris les condamnait, mais seulement dans le cas où ils se produisaient avec des gens ignorants des habitudes des courses et qui ne pouvaient pas apprécier personnellement et sainement les chances des chevaux prenant part à la course.

Il suivait de là que tous les paris à la cote intervenus entre personnes compétentes étaient licites.

La cour de cassation a consacré cette distinction (5 janvier 1877, S. 77. 1. 481) qui est devenue en cette matière la base des décisions de jurisprudence postérieures. Nous apprécierons cette doctrine au mot *Pari à la cote*.

10. Quant au pari mutuel, réglementé et reconnu aujourd'hui par l'administration elle-même, qui perçoit le droit des pauvres sur le produit des paris mutuels, la cour de cassation a dû en reconnaître tout naturellement la légalité (3 mai 1889, *Gaz. Pal.* 89. 1. 759 ; Rouen 3 août 1889, *Gaz. Pal.* 89. 2. 474). Cette reconnaissance toutefois ne semble devoir être appliquée par la jurisprudence qu'au pari mutuel simple, tel qu'il a été réglementé par l'administration, et non à toutes les autres combinaisons que l'on pourrait ranger sous le nom de pari mutuel.

11. Tous les paris étaient faits autrefois « courir ou payer », c'est-à-dire que si le cheval, pour lequel on avait parié, était, pour une raison quelconque, retiré par son propriétaire, il était considéré comme ayant été battu, et tous ceux qui avaient parié pour lui devaient, par suite, payer le montant de leurs paris, comme si le cheval avait réellement couru et été battu.

Cette règle avait le grave inconvénient de faciliter les fraudes, en permettant aux parieurs, qui pouvaient savoir qu'un cheval ne courait pas, de faire sur lui de nombreux paris qu'ils gagnaient sans difficultés.

On substitua donc, mais en principe seulement, à cette règle celle de « courir ou ne pas payer », sauf exception pour les courses dont les engagements se font au moins six mois à l'avance et les handicaps dont le prix atteint un certain chiffre (Règle des paris art. 23).

12. Nous donnons le texte des principes qui régissent les paris des courses.

RÈGLES DES PARIS ÉTABLIES PAR LA SOCIÉTÉ D'ENCOURAGEMENT

Art. 1. — Pour qu'un pari soit valable, il faut qu'il y ait possibilité de gagner au moment où il est conclu. Celui qui ne peut pas gagner, ne peut pas perdre.

Art. 2. — Si un cheval engagé sous une désignation inexacte ou insuffisante est, pour ce motif, disqualifié avant la course et empêché de courir, les paris faits sur ce cheval sont nuls.

Art. 3.— Si le cheval placé premier par le juge est ensuite disqualifié, soit pour une irrégularité commise pendant la course, soit par suite d'une réclamation faite avant la course, contre la validité de son engagement, le sort des paris est inséparable de celui du prix. Mais si cette réclamation est faite après la course, les paris restent acquis au cheval arrivé premier, malgré la disqualification dont il serait ensuite l'objet, pourvu :

1º Que la réclamation porte uniquement sur la validité de l'engagement ;

2º Que le cheval soit de l'âge voulu ;

3º Que son engagement dans une course, pour laquelle il n'est pas qualifié, ait eu lieu de bonne foi, et ne soit pas le résultat d'une manœuvre frauduleuse ou de déclaration mensongère, tombant sous le coup de l'article 16 du Code des courses.

Si une seule de ces conditions n'est pas remplie, il n'y a pas d'exceptions à la règle générale, et les paris suivent le prix, que l'objection ait été faite avant ou après la course.

Art. 4. — Si une irrégularité est commise dans l'engagement d'un cheval, dans le but de parier contre ce cheval, et s'il arrive premier, de le faire disqualifier au moyen d'une réclamation faite après la course, les paris faits sur ce cheval sont frauduleux et nuls.

Art. 5. — Un pari est nul de plein droit, si une des parties meurt avant que la course soit décidée.

Art. 6. — Un pari ne peut être annulé que d'un consentement mutuel ou dans les cas suivants :

1º Toute personne ayant un pari avec un defaulter, régulièrement déclaré tel, peut déclarer ce pari nul ;

2º Toute personne créancière d'une autre, pour un pari dont elle n'aurait pas été payée, a le droit de déclarer nul tout pari qu'elle aurait avec cette personne pour des courses à venir. Mais ce droit n'existe que pour une dette personnelle, et on ne peut l'exercer contre celui qu'on saurait n'avoir pas rempli ses engagements vis-à-vis d'un tiers ;

3º Toute personne ayant des motifs légitimes de croire qu'un pari ne lui sera pas payé, si elle le gagne, peut huit jours au moins avant la course, demander au Comité d'ordonner le dépôt des enjeux, ou la production d'une garantie suffisante; si la demande est admise et que l'ordre du Comité ne soit pas exécuté la veille de la course, elle peut déclarer le pari nul. Les déclarations de nullité de paris doivent être adressées par écrit au Comité et une fois faites ne peuvent plus être retirées.

Art. 7. — Toute personne qui ne paye pas les paris qu'elle perd sur une course n'a pas le droit de recevoir le montant de ceux qu'elle gagne. Ses débiteurs doivent payer entre les mains du Comité, qui règle l'emploi de la somme reçue.

Art. 8. — Les paris faits sur deux chevaux sont annulés si, après qu'ils ont été conclus, ces chevaux passent entre les mains d'un seul propriétaire ou de propriétaires associés.

Art. 9. — Tout pari entre des chevaux désignés est nul, si aucun d'eux ne gagne, sauf convention contraire.

Art. 10. — Si un pari est fait sur un signal ou une indication après que la course est terminée, il est considéré comme frauduleux et nul.

Art. 11. — Les paris faits après que les chevaux ont passé le poteau gagnant, et avant que la décision du juge soit connue, sont considérés comme n'ayant rapport qu'à cette décision et sont définitivement régis par elle.

Art. 12. — La personne qui met une proportion a le droit de choisir un cheval ou le champ ; si elle choisit un cheval, le champ est ce qui part contre lui.

Art. 13. — Lorsqu'un pari est fait pour un certain nombre de chevaux contre le champ et que parmi ces chevaux il s'en trouve de retirés, de disqualifiés, ou même qui n'ont jamais été engagés, le pari est néanmoins bon et valable, pourvu qu'il reste un seul cheval qui soit qualifié pour courir au moment où le pari a été conclu. Mais s'ils sont tous disqualifiés ou retirés, le pari est nul.

Art. 14. — Si une course est avancée ou retardée de plus de quatre jours, ou s'il est fait le moindre changement à ses conditions, les paris sont nuls.

Art. 15. — Quand on parie que des chevaux gagneront un certain nombre de courses dans l'année, cette condition s'applique au temps compris entre le 1er janvier et le 31 décembre.

Art. 16. — Si un pari est fait entre deux chevaux, avec la condition d'un forfait déterminé, et que les deux chevaux partent, chacune des parties a le droit de déclarer forfait ; celle qui fait cette déclaration paie le montant du forfait, si l'autre cheval gagne, mais ne reçoit rien si c'est le sien.

Art. 17. — Un pari « courir ou payer » est celui qui reste bon et valable, même si le cheval qui en est l'objet ne court pas.

Art. 18. — L'argent donné pour avoir un pari n'est pas rendu même si la course n'a pas lieu.

Art. 19. — Quand la personne, nommée pour donner le départ, a appelé les jockeys pour prendre leurs places, les paris sur ces chevaux sont considérés comme des paris « courir ou payer ».

Art. 20. — Si dans une course pour un pari particulier, deux chevaux courent une épreuve nulle, les paris sont nuls, et si la course est recommencée sur-le-champ, elle n'en est pas moins considérée comme la conséquence d'un nouvel engagement.

Art. 21. — Si dans un prix ou une poule les chevaux courent une épreuve nulle et que les propriétaires conviennent de partager, les paris entre ces deux chevaux ou entre l'un d'eux et le champ se règlent en réunissant les enjeux et en les partageant ensuite entre les parties dans la même proportion que le prix l'aura été. Celui qui aura parié pour un des chevaux ayant couru l'épreuve nulle contre un des chevaux battus, gagne la moitié de son pari si ce cheval reçoit la moitié du prix.

ART. 22. — Si un pari dépend de plusieurs événements ou de plusieurs courses et que la première se termine par une épreuve nulle suivie d'un partage égal du prix, le pari est nul.

Mais si, après que la première course est décidée, l'une et l'autre donnent lieu à une épreuve nulle, suivie du partage égal du prix, les enjeux sont mis ensemble et partagés également. S'il y a deux épreuves nulles, l'argent est partagé une seconde fois.

Si un des chevaux ayant couru l'épreuve nulle reçoit plus de la moitié du prix, il est considéré comme gagnant, dans le cas d'un pari sur plusieurs courses.

ART. 23. — Sont considérés « courir ou payer » sauf condition contraire : 1° les paris faits sur toutes les courses dont les engagements sont clos six mois à l'avance, et sur tous les handicaps dont le prix, sans les entrées, s'élève à 4.000 francs au moins ;

2° Les paris qui dépendent de plusieurs événements.

Sur toutes les autres courses les paris sont ou ne sont pas « courir ou payer », suivant la convention faite entre les parties, et en l'absence de toute convention ils sont considérés comme n'étant pas « courir ou payer ».

ART. 24. — Le Comité ne connaîtra d'aucune difficulté relative à des paris faits sur un handicap, avant la publication des poids.

ART. 25. — Les commissaires des courses n'ont, en cette qualité, aucune autorité pour connaître des réclamations ou difficultés relatives aux paris.

ART 26. — Les paris, faits sur une course en partie liée sont toujours sur le résultat définitif de la course, même quand ils ont été faits pendant que les chevaux courent, à moins de condition contraire.

ART. 27. — Un pari fait sur une course en partie liée, après qu'une épreuve est terminée, est nul, si le cheval pour lequel on a parié ne recourt pas, à moins que ce pari n'ait été spécifié « courir ou payer ».

V. *Salon des courses.*

13. La Chambre des députés est actuellement saisie d'un projet de loi, émané du gouvernement, et tendant à réglementer l'emploi des fonds provenant du prélèvement, fait au profit de l'Assistance publique, sur les recettes du pari mutuel.

Voici le texte de ce projet :

Article premier. — Le ministre de l'intérieur peut autoriser les Sociétés de courses à faire fonctionner sur leurs hippodromes le mode de pari dit « pari mutuel », sous la condition d'un prélèvement de 2 0/0 sur les recettes brutes au profit d'œuvres de bienfaisance.

L'autorisation donnée est toujours révocable.

Art. 2. — Les fonds provenant du prélèvement établi comme il est indiqué à l'article ci-dessus sont versés à la caisse des trésoriers-payeurs généraux et centralisés par l'administration des finances, pour être inscrits en recettes au budget sur ressources spéciales.

Le ministre de l'intérieur dispose de ces fonds au profit des œuvres de bienfaisance, par voie d'ordonnance de payement, sur la proposition d'une commission spéciale.

Art. 3. — La composition de la commission instituée par l'article précédent est fixée comme suit: un sénateur élu par le Sénat, un député élu par la Chambre des députés, un conseiller d'État élu par le conseil d'État, le vice-président du conseil supérieur de l'Assistance publique, les quatre présidents de section du conseil supérieur de l'Assistance publique, le directeur de l'Assistance et de l'Hygiène publiques, le directeur général de la comptabilité publique, le directeur des haras, un secrétaire désigné par le ministre de l'intérieur avec voix consultative.

Art. 4. — Les frais généraux d'administration et de contrôle seront portés en dépense au budget sur ressources spéciales.

Un décret du président de la République, rendu sur la proposition des ministres de l'intérieur, de l'agriculture et des finances, déterminera, s'il y a lieu, le mode de constatation des sommes dues par les Sociétés de courses.

Dispositions transitoires.

Les voies et moyens, affectés aux dépenses du budget sur ressources spéciales de l'exercice 1891 (ministère de l'intérieur), seront augmentés d'une somme égale au montant, en principal et intérêts, des fonds provenant des paris mutuels et existant au Crédit foncier au jour de la promulgation de la présente loi. Ladite somme sera inscrite au paragraphe 5 « Produits divers » sous le titre « *Produits du prélèvement sur les paris mutuels* ».

Les crédits affectés aux dépenses du même budget, qui se règlent d'après le montant des recettes réalisées, sont augmentés de la même somme, qui sera inscrite à un chapitre classé à une section spéciale du ministère de l'intérieur sous ce titre : « Emploi des ressources provenant des prélèvements sur les paris mutuels ».

Sur ce projet de loi deux amendements ont été déposés.

Le premier, qui a pour auteurs MM. de Soubeyran et Demarçay, propose de prélever, outre les 2 %/₀ affectés aux œuvres de bienfaisance, un droit supplémentaire de 1 %/₀, applicable à l'amélioration de la race chevaline, sous forme de subventions aux haras ou d'encouragements. Cet amendement est soutenu par un grand nombre de députés. Il aurait pour effet de porter le montant du prélèvement fait sur le pari mutuel, qui est aujourd'hui de 6 %/₀, à 7 %/₀, dont 2 %/₀ au profit de l'Assistance publique, 4 %/₀ aux Sociétés, pour leur permettre d'augmenter le montant des prix qu'elles distribuent, et 1 %/₀ à l'administration des haras pour encouragements directs donnés à l'élevage.

Notons, en passant, que le ministre de l'agriculture a déposé un projet de loi tendant à porter de 2.500 à 3.000 le nombre des étalons entretenus dans les haras nationaux (*Journ. officiel* du 21 janvier 1891, débats de la Chambre, p. 51).

Le second amendement, émané de M. Dreyfus, tend à réglementer le pari à la cote, sous la surveillance des Sociétés de courses. Aux termes de cette proposition, ne pourraient être admises à faire la cote sur les hippodromes que les personnes munies d'une autorisation délivrée, après enquête, par le préfet de police, à Paris, et par les préfets, dans les départements. Ces bookmakers seraient tenus de payer, par chaque journée de courses, un droit fixe de 100 francs, 40 francs ou 20 francs, selon qu'ils seraient installés au pesage, aux tribunes ou sur la pelouse.

Le produit de ce droit serait divisé en trois parts égales, destinées l'une aux Sociétés pour leurs frais d'installation, de perception et de surveillance; l'autre, au ministère de l'intérieur, pour des œuvres de bienfaisance, et le dernier tiers, au ministère de l'agriculture, pour les besoins de l'élevage.

Ce projet de loi et ces deux amendements viendront prochainement en discussion.

PARI A LA COTE

1. Nous avons vu au mot *Cote* ce qu'il fallait entendre par ce terme.

Le pari à la cote est donc celui qui roule sur les chances respectives de chaque cheval, calculées sur sa valeur personnelle et sur celle de ses concurrents. Ainsi, si l'on estime que le cheval a 10 chances de perdre et 1 de gagner, sa cote sera à 10 contre 1, de telle sorte que le parieur paiera 1 si le cheval perd la course et recevra 10 s'il la gagne.

Quand, au contraire, un cheval a toutes les chances de gagner, la cote en sa faveur est en sens inverse; elle sera par exemple à 1 contre 2, c'est-à-dire que le parieur paiera 2 si le cheval perd la course et ne recevra que 1 s'il la gagne.

2. Les paris se divisent donc en deux grandes catégories : paris pour et paris contre.

3. Le pari isolé est celui dans lequel chacune des deux parties contractantes prend un cheval et parie qu'il gagnera la course. Il faut donc, dans ce pari, non seulement qu'il arrive premier des deux chevaux choisis, mais de tous ceux qui ont pris part à la course.

Le taux auquel le pari est conclu entre le parieur pour et le parieur contre ne saurait être le même. En effet, le parieur pour risque plus que le parieur contre, car pour gagner il faut que le cheval qu'il a choisi soit vainqueur; tandis qu'il suffit au parieur contre que le cheval choisi par le parieur pour n'arrive pas premier. Quel que soit, parmi les autres, le cheval qui arrive premier, le parieur contre gagne si celui contre lequel il a parié n'est pas vainqueur. Cette inégalité de situation est couverte par la cote, c'est-à-dire la proportion établie entre le pari pour et le pari contre, selon les chances présumées de chaque concurrent.

4. Le pari couplé est celui dans lequel le parieur pour désigne deux ou trois chevaux. Le parieur contre n'accepte, en ce cas, le pari que dans la proportion de 2 ou 3 contre 1, puisque les chances du parieur pour sont doubles ou triples.

5. Aux yeux de la jurisprudence actuelle, le pari à la cote constitue en principe un jeu de hasard (Cass. 7 mai 1885, *Gaz. Pal.* 85. 2. 495; Paris 3 août 1887, *Gaz. Pal.* 87. 2. 484; Lyon 10 mai 1887, *Gaz. Pal.* 87. 1. 692; Cass. 10 décembre 1887. S.88. 1. 43).

Mais le pari à la cote devient licite quand il intervient entre personnes capables d'en apprécier les chances, ou qui se connaissent entre elles et s'intéressent à l'amélioration de la race chevaline. Ce cas est par conséquent l'exception; d'où il suit que, si l'on doit considérer les paris à la cote comme étant, en général, des jeux de hasard, ce sera au bookmaker, convaincu d'avoir fait la cote, à prouver qu'il a parié avec des personnes capables d'appréciation, la première condition pour arriver à cette preuve étant donc de désigner les personnes avec qui il a parié (Cass. 10 décembre 1887).

6. Cette distinction faite par la jurisprudence française nous paraît inexacte, et tout à fait contraire aux principes juridiques. Ce n'est pas, en effet, d'après les personnalités qui peuvent être en cause, mais bien d'après la nature même d'un fait, que l'on doit apprécier si oui ou non ce fait constitue un jeu de hasard.

Le pari à la cote doit donc, en principe, être pris intrinsèquement et examiné, indépendamment de toutes circonstances particulières. Peut-on, dans ces conditions, dire qu'en lui-même il est un jeu de hasard, affirmation qui serait indispensable pour pouvoir le faire tomber sous l'application de l'article 410 du Code pénal? Nous ne le pensons pas. Il suffit de lire d'ailleurs la définition du mot « jeu de hasard », telle qu'elle résulte de la doctrine et de la jurisprudence elle-même, pour se convaincre qu'elle est inapplicable au pari à la cote.

La loi n'a pas défini cette espèce de jeu et il est difficile d'en donner une définition précise et exacte, dit M. Blanche dans ses études sur le Code pénal. Si l'on consulte les arrêts rendus sur cette matière, on est autorisé à considérer comme jeux de hasard ceux où la chance prédomine sur l'adresse ou les combinaisons de l'intelligence (Blanche t. 6 n° 290).

MM. Chauveau et Hélie sont du même avis :

Le deuxième élément constitutif de la contravention, disent-ils, résulte de la nature du jeu : il faut que ce jeu soit rangé parmi les jeux de hasard.

La loi romaine ne reconnaissait que deux sortes de jeux : elle n'autorisait que ceux qui consistaient dans des exercices du corps; tous les autres étaient prohibés. Notre ancienne législation, moins absolue, ne prohibait que les jeux de hasard; elle tolérait, par conséquent, et les jeux d'adresse et les jeux dits de commerce. La loi nouvelle a conservé cette distinction; l'article 1966 du Code civil autorise formellement les jeux propres à exercer au fait des armes, les courses à pied et à cheval, les courses de chariot, le jeu de paume et autres jeux de même nature qui tiennent à l'adresse et à l'exercice du corps. L'article 410 du Code pénal ne prohibe que les jeux de hasard; et ces jeux *sont évidemment ceux où le hasard seul préside....* Mais à côté de ces jeux sont ceux qui exigent une certaine opération de l'esprit indépendamment des chances du sort et dans lesquels les combinaisons peuvent, jusqu'à un certain point, maîtriser le succès.... ceux-là ne sauraient être compris dans la disposition de la loi, car leur résultat dépend du calcul plus que du hasard (Chauveau et Hélie, t. 5 n° 2322).

Enfin nous trouvons dans l'ouvrage de M. Faustin
Hélie la même appréciation :

Le deuxième élément du délit résulte de la nature du jeu :
il faut que ce jeu soit rangé parmi les jeux de hasard. On distingue *les jeux d'adresse* qui tiennent aux exercices du corps,
les jeux de commerce qui exigent une certaine opération de
l'esprit, indépendamment des chances du sort, et dans lesquels
les combinaisons peuvent jusqu'à un certain point, maîtriser
la fortune, et *les jeux de hasard* qui sont ceux auxquels le
hasard seul préside. L'article 410 ne s'applique qu'à ces derniers
(Faustin Hélie, t. 2. n° 841).

La plus grande partie des arrêts admet également
que le jeu de hasard est celui où le hasard prédomine
sur les combinaisons de l'intelligence.

7. Or, il est impossible d'affirmer que la victoire
d'un cheval, dans une course, dépende plus du hasard
que de sa valeur et de l'habileté de son jockey. Les
paris, qui s'engageront sur tel ou tel cheval, auront
donc pour base d'une part la valeur du cheval, ses
qualités extérieures, l'étude de sa carrière passée, la
connaissance des facultés de ses père et mère, d'autre
part l'habileté et la science du jockey ainsi que sa ré-
putation. Le hasard viendra donc en dernier, et pour
une bien faible part, appuyer ou combattre ces prévisions. Le parieur pourra se tromper ou s'exagérer ses
propres connaissances ; il n'en reste pas moins vrai que
le pari aura pour point de départ un calcul et un raisonnement de la part des parieurs, c'est-à-dire qu'il
sera, pour la plus grande partie, exclusif des chances
aléatoires et du hasard.

Pour appuyer les raisons de droit que nous avons
indiquées précédemment et qui, à notre sens, sont déci-
sives, il convient d'énoncer d'autres motifs tirés des
faits eux-mêmes. C'est, en effet, une erreur de prétendre que le public est inconscient des choses du turf.
Le goût des courses a pris de nos jours un développement considérable ; il a, tout naturellement, provoqué

les études spéciales qu'elles nécessitent. Le public connaît donc les détails du turf, il se renseigne, il consulte les programmes de courses, y voit le nom des jockeys, des entraîneurs et des propriétaires et peut apprécier, par suite, les chances de chacun des chevaux engagés; la cote elle-même lui fournit un critérium très sérieux. Le public n'est donc pas ignorant en matière de courses : il peut être plus ou moins habile, plus ou moins bien renseigné; mais toujours il sait ce qu'il veut; il se détermine librement.

La distinction admise par la jurisprudence française a un autre inconvénient, c'est d'être arbitraire et contraire aux principes élémentaires du droit pénal.

C'est, en effet, nous l'avons vu, au ministère public, demandeur à tout procès criminel ou correctionnel, à faire la preuve du bien fondé de sa prétention.

Dans la matière qui nous occupe, et pour soutenir la distinction de la jurisprudence, il faudrait donc que le ministère public fît la preuve que le parieur avec lequel le bookmaker a parié à la cote est ignorant en matière de courses. Comment faire cette preuve? Cela est presque impossible. Le parieur amené comme témoin à la barre, en admettant qu'il y vienne, reconnaîtra toujours qu'il a agi avec réflexion et en connaissance de cause. La preuve échappera donc, en fait, au ministère public, qui ne peut produire qu'une affirmation, à savoir : que les joueurs aux courses sont tous ignorants, affirmation dont on a fait un axiome pour ne pas avoir la peine de la démontrer.

La cour de cassation a bien compris la valeur de ces objections puisqu'elle a dû recourir à une fiction qui, en définitive, est le renversement absolu de toutes les règles juridiques.

Dans son arrêt du 10 décembre 1887, elle a posé en principe que la généralité des paris sont ceux qui sont pratiqués avec des ignorants, et que le pari fait avec un parieur éclairé constitue l'exception.

D'où elle déduit cet axiome que lorsque le book-maker parie avec le premier venu, il parie nécessairement avec un ignorant.

Ce qui l'amène à dispenser le ministère public de faire la preuve qui lui incombe. Ce sera donc, d'après cette jurisprudence, au prévenu à établir qu'il a parié avec une personne au courant des choses du turf, c'est-à-dire qu'il se trouvait dans le cas exceptionnel.

Ce système est tout à fait antijuridique, il consacre une interversion de rôles illégale entre l'accusation et la défense, et renverse les principes élémentaires de la preuve en droit pénal; il est contraire au texte du Code et à la définition même des jeux de hasard, telle qu'elle est présentée par la loi; enfin il aboutit à une interprétation extensive d'un texte pénal, ce qui est contraire à tous les principes criminels.

Il y a donc là plus de raisons qu'il n'en faut pour penser que, le cas échéant, la cour de cassation ne persisterait pas dans une doctrine aussi peu juridique.

8. La jurisprudence belge avait d'abord adopté la même théorie que la jurisprudence française et admis, par conséquent, la distinction des paris à la cote, licites ou non, selon les personnes par lesquelles ils étaient proposés ou acceptés (Trib. corr. Bruxelles 9 avril 1885, *Journ. des Trib.* 85. 527; 1er mai 1885, Pasicrisie. II. 221; Cour de Bruxelles 27 mai 1885. Pasicrisie 221. Cass. belge 13 juillet 1885, 14 décembre 1885 B. J. 85. 1529 et B. J. 86, 270).

Mais elle est récemment revenue sur sa première doctrine et elle a admis, avec raison, selon nous, qu'un jeu doit être qualifié non d'après la manière dont il peut se pratiquer, mais d'après sa nature même (Cass. Bruxelles 14 octobre 1889).

Nous pensons, encore une fois, que cette interprétation est la seule qui soit juridique et que la cour de cassation française y reviendra tôt ou tard.

PARI MUTUEL.

1. Le pari mutuel est d'importation anglaise. Il permet, en offrant les mêmes avantages que la poule, de combattre les chances laissées par la poule au hasard, grâce à la faculté qu'il donne au parieur de choisir le cheval sur lequel il veut placer sa mise. Les guichets, où s'effectuent les paris mutuels, centralisent en une masse tous les paris engagés sur une course et en divisent le produit au prorata des mises effectuées sur le cheval gagnant, déduction faite d'un courtage à tant pour cent.

2. Le mode de procéder est très simple et rend très facile le contrôle des intéressés. En effet, un tableau porte inscrits tous les noms des chevaux et le nombre des mises sur chacun d'eux. Un autre tableau dit « totalisateur » indique le nombre total des mises, au moment où les paris sont arrêtés, nombre qui peut être facilement contrôlé par la lecture de chaque total des compteurs partiels. Si, par exemple, l'ensemble des mises effectuées sur tous les chevaux partant dans une course donne un total de 1.000 francs, le guichet prélèvera d'abord son courtage à 6 0/0, par exemple, ce qui laissera un chiffre net de 940 francs à partager entre tous ceux qui auront mis sur le cheval gagnant. S'il y a dix personnes qui ont pris le cheval gagnant, ladite somme sera partagée entre elles, ce qui donnera à chacune 94 francs. De sorte que si nous supposons l'unité de mise à 20 francs, on dira que chaque unité a rapporté 94 francs.

Les paris mutuels se font, en effet, par unités d'égale valeur : 5, 10, 20, 100, etc.

Nous donnons le tableau suivant pour mieux faire comprendre le mécanisme du pari mutuel :

Dans ce tableau, la totalité des mises est de 50 à 20 francs chacune. Nous supposons que le cheval gagnant est celui indiqué sous le n° 5.

La totalité des mises, 50 à 20 francs, soit 1.000 francs, est à partager, déduction faite du courtage, entre les 10 personnes qui ont parié pour le cheval porté au programme sous le numéro 5.

Ce système s'applique également aux paris placés.

Supposons, en effet, l'ordre d'arrivée des chevaux ainsi établi :

1er le cheval n° 5 ;

2e le cheval n° 2 ;

3e le cheval n° 4.

Nous divisons la masse totale de 1.000 francs, déduction faite du courtage, soit 940 francs, en trois parts égales de 313 fr. 33 chacune.

Le cheval, arrivé premier, a été pris placé par 10 personnes, il rapportera donc à chacune d'elles le 10° de 313 fr. 33, soit 31 fr. 33.

Le cheval, arrivé deuxième, et pris placé par 3 personnes, rapportera à chacune le tiers de 313 fr. 33, soit 104 fr. 44.

Enfin, le cheval, arrivé troisième et pris placé par 5 personnes, donnera à chacune le cinquième de 313 fr. 33, soit 62 fr. 66.

3. Le remarquable rapport, présenté en 1875 à la cour de cassation par M. le conseiller Saint-Luc-Courborieu, indique les différents modes de paris mutuels usités dès cette époque. Ce sont, outre le pari mutuel simple, dont nous venons de parler :

4. 1° Le pari mutuel par groupe, consistant à classer un certain nombre de chevaux, chacun sous un numéro différent, et un autre groupe de chevaux sous un seul et même numéro. De la sorte, sur 20 chevaux, par exemple, les 15 premiers sont classés sous un numéro différent de 1 à 15 et les 5 derniers sous un seul numéro, 16, qui pourra ainsi donner à son preneur cinq chances de gain;

5. 2° Le pari par chevaux accouplés, consistant à classer sous un même numéro tous les chevaux de la même écurie, le propriétaire choisissant au dernier moment celui d'entre eux avec lequel il veut gagner. Le parieur, en ce cas, parie pour un cheval de l'écurie, désigné sous le nom de son propriétaire;

6. 3° Le pari de combinaison, consistant en ce que le parieur, au lieu d'opérer sur une seule course, parie sur plusieurs courses, choisissant dans chacune d'elles un cheval qui, pour lui faire gagner un pari, doit arriver. On parie ainsi pour plusieurs chevaux à la fois.

7. La jurisprudence considérerait encore sans aucun

doute ces différentes opérations comme des jeux de hasard, conformément à l'arrêt de cassation du 18 juin 1875, car le seul pari autorisé et réglementé par l'administration est aujourd'hui le pari mutuel simple.

Nous ne saurions nous rallier complètement à cette théorie qui ne peut exister qu'en vertu d'une extension du texte de la loi pénale, qui doit rester d'interprétation stricte. Il est possible, en effet, que dans ces hypothèses la réflexion du parieur joue un rôle, quel qu'il soit, et dès lors les dispositions de l'article 410 sur les jeux de hasard doivent leur rester étrangères; car il est de principe en matière pénale que le doute profite toujours au prévenu (V. *Pari*, 5 et s.).

8. Le pari mutuel donne lieu, en vertu même des arrêtés ministériels qui l'ont autorisé, à la perception d'un droit de 2 0/0 sur ses recettes brutes, au profit de l'Assistance publique de l'État.

Les sommes en provenant sont affectées à des œuvres d'assistance que désigne le ministre. Les six hippodromes suburbains ont produit au pari mutuel, pendant l'année 1889, 80 millions, soit pour l'Assistance 1.600.000 francs.

Il faut bien se garder de confondre ce droit de 2 0/0 avec le droit des pauvres, perçu en vertu de la loi du 8 thermidor an V (V. *Droit des pauvres*).

L'objet et l'origine de ces deux droits sont tout à fait différents, le premier portant exclusivement sur les produits du pari mutuel et n'existant qu'en vertu d'arrêtés ministériels, l'autre s'appliquant aux entrées et dérivant d'une loi.

Aussi une Société de courses ne saurait-elle se refuser à acquitter le droit des pauvres, que lui réclamerait le bureau de bienfaisance de la commune sur le territoire de laquelle ont lieu les courses, en invoquant comme unique motif qu'elle paie déjà un droit sur le produit des paris mutuels (Cons. préf. Seine-et-Oise, 17 février 1888, *Pandectes françaises* 88, 4, 10).

La direction générale de l'Assistance publique, chargée de régler la répartition de ce droit, jouit de la plus grande liberté en ce qui touche le choix des institutions de bienfaisance auxquelles elle veut en affecter le produit.

Le versement des sommes désignées par le ministre est fait par les Sociétés conformément à une circulaire du ministre de l'intérieur, en date du 18 mai 1888, et ainsi conçue :

Le produit des ces prélèvements qui pouvait, d'après les premières dispositions intervenues, être versé dans n'importe quel établissement de crédit, doit, en vertu de dispositions nouvelles, être versé dans les trésoreries générales des départements au compte spécial ouvert à cet effet au nom du Crédit Foncier de France, ou à Paris, dans les caisses de cet établissement.

9. Nous transcrivons ici le règlement admis par le ministère de l'intérieur, pour le fonctionnement du totalisateur des Sociétés de courses.

RÈGLEMENT DU TOTALISATEUR.

ARTICLE PREMIER. — Toute personne qui fait un pari au totalisateur s'engage à se soumettre aux dispositions du présent règlement.

ART. 2. — Les paris peuvent être faits à des tableaux distincts : 1° pour le cheval gagnant; 2° pour des chevaux placés, 1 et 2 lorsqu'il y a cinq chevaux partants, et 1, 2 et 3, lorsqu'il y en a neuf.

ART. 3. — Les opérations faites sur les différents tableaux sont réunies par genre de paris et par enceinte et totalisées de façon à obtenir une cote uniforme pour chaque genre et chaque enceinte.

ART. 4. — Le taux des mises sera établi par multiples de cinq francs, il ne pourra pas être inférieur à cinq francs.

ART. 5. — Il n'est pas rendu de monnaie aux guichets.

ART. 6. — La délivrance des tickets pour chaque course dure jusqu'au signal officiel communiqué au totalisateur, signal auquel les employés doivent se conformer rigoureusement.

ART. 7. — Avant le calcul de la répartition des gains, il est prélevé sur le total de toutes les mises 6 0/0 dont 2 0/0 destinés à des œuvres de bienfaisance et 4 0/0 au paiement des frais. Les appoints de 25 centimes et au-dessous ne seront pas payés; au-dessus de 25 centimes, ils seront payés 50 centimes.

ART. 8. — Le paiement des tickets gagnants commence dès que, les calculs de totalisation terminés, le juge du pesage a donné le signal autorisant le paiement. A partir de ce signal, le paiement est définitif, même dans le cas où une décision ultérieure viendrait à modifier l'ordre d'arrivée des chevaux.

ART. 9. — On ne peut percevoir une somme inférieure à la mise.

ART. 10. — Les mises sont remboursées intégralement lorsque : A. Un cheval pour lequel on a parié n'a pas été affiché comme partant; B. Aucun des chevaux n'a rempli les conditions de la course; C. Aucun pari n'a été fait, suivant le cas, sur le cheval gagnant ou sur aucun des chevaux placés; D. Tous les chevaux partants appartiennent au même propriétaire.

ART. 11. — Dans le cas de paris pour les chevaux placés, la répartition se fait comme suit : Toutes les mises sur les chevaux placés sont d'abord remboursées, le reste de la masse à répartir est ensuite divisé en autant de parties égales qu'il y a de gagnants, chacune de ces parties partagées au prorata des mises faites sur chaque gagnant.

ART. 12. — Dans le cas d'une épreuve nulle entre deux ou plusieurs chevaux : *si le prix est partagé*, la répartition s'opère comme il est dit à l'article précédent.

Si le prix n'est pas partagé, toutes les mises vont au gagnant de l'épreuve définitive.

Chaque nouvelle épreuve peut faire l'objet de nouveaux paris distincts.

ART. 13. — Les gains ne sont payés que sur la présentation des tickets gagnants. Si un ticket est perdu, les témoignages ou autres modes de justification ne sauraient y suppléer. Tout ticket coupé, déchiré ou maculé de façon à rendre méconnaissable un seul des signes dont il est marqué, ne sera pas payé; s'il a été altéré ou falsifié dans un but frauduleux, il pourra donner lieu à des poursuites contre la personne qui le présentera au paiement.

ART. 14. — Le paiement des tickets gagnants qui n'auraient pas été présentés le jour même aux bureaux, qui resteront ouverts à cet effet, une demi-heure après la dernière course, pourra avoir lieu le lendemain de 10 heures à midi et de 2 heures à 5 heures et le surlendemain jusqu'à midi.

(Le montant de ces tickets gagnants non présentés au paiement dans les délais établis, sera ajouté à la somme des prélèvements opérés au profit de la bienfaisance pour être affecté au même objet.)

PARTAGE.

Quand deux chevaux gagnent la même course ou qu'il est impossible de déterminer exactement quel est le vainqueur, les propriétaires peuvent se partager le montant du prix. Ils y sont obligés dans les courses d'obstacles (V. art. 50 et s. Code des courses, art. 45 et s. Code des steeple-chases, art. 77 Règ. Société du demi-sang).

PARTIE LIÉE.

On appelle course en partie liée celle dans laquelle un cheval, pour gagner, doit accomplir au moins deux fois la distance fixée, en deux reprises différentes que l'on nomme épreuves et qui doivent être espacées d'une demi-heure au moins (V. art. 52 et s. Code des courses, art. 92 et s. Règl. Société du demi-sang).

PATENTE.

INDEX ALPHABÉTIQUE.

Bookmaker, 3.
Définition, 1.
Jeux de hasard, 3 et s.
Professions, 2.
Rôles, 1.
Tableaux, 2.

1. On appelle patente l'impôt direct perçu sur toute personne, française ou étrangère, exerçant en France un commerce, une industrie ou une profession non compris dans les exceptions de la loi. Les rôles de patente sont arrêtés et rendus exécutoires par le préfet.

2. Des tableaux, dans lesquels sont rangées les différentes professions, établissent la taxe à percevoir sur chacune d'elles, selon sa nature. Quant à celles non prévues par ces tableaux, elles sont frappées du droit, par assimilation avec d'autres professions. Tous les cinq ans, les tableaux contenant la nomenclature des professions imposées par assimilation sont soumis à la sanction législative.

3. L'on s'est demandé si, en vertu de ce principe, les bookmakers ne devaient pas être considérés comme commerçants et frappés d'une patente.

Le conseil d'État, saisi de cette question, a décidé que les opérations des bookmakers, faisant exclusivement le pari à la cote, étant des jeux de hasard, et, par suite, des opérations illicites, ne sauraient constituer une profession imposable à la patente (Conseil d'État 13 mai 1887, *Recueil du conseil d'État* 1887, p. 383).

Mais cette décision s'applique exclusivement aux bookmakers qui ne font que le pari à la cote. Pour ceux qui font la commission au pari mutuel, il résulte des termes mêmes de cet arrêt qu'ils sont imposables à la contribution des patentes. De même pour ceux qui tiennent des agences de renseignements sportifs.

4. La décision du conseil d'État est conforme à la distinction faite par les tribunaux correctionnels, et que nous avons appréciée au mot *Pari à la cote.*

Mais notre opinion est, nous le rappelons, que le pari à la cote ne constitue pas un jeu de hasard (V. *Vétérinaire*).

PÉDIGRÉE.

1. On appelle ainsi le certificat légalisé constatant l'origine d'un cheval par le nom de son père et de sa mère, son nom personnel, s'il a été nommé, enfin par la date de sa naissance. Si la mère a été saillie par plusieurs étalons, mention doit en être faite.

2. Aucun cheval ne peut être engagé dans une course sans la production de ce certificat, qui doit être rédigé très exactement, sous peine de disqualification.

Quand l'engagement d'un cheval a été fait ainsi régulièrement, on n'a plus besoin de produire ce certificat pour les courses subséquentes.

La production d'un faux pédigrée entraîne la disqualification, et, si elle a été frauduleuse, elle pourrait donner lieu à des poursuites judiciaires.

3. Voici un exemple de pédigrée.

KASCHMIR 1887	Saumur...	Dollar.............. The Flying Dutchman Paiement par Slane
		Finlande, ex-Faustine {Ion Fraudulent par Venison
	Kate II....	Joskin...............
		OEtna .... {Orlando Vesuvienne par Gladiator

PLACÉ.

On dit d'un cheval qu'il est placé quand il arrive, dans une course, un des trois premiers. Mais le fait ne suffit pas et il faut que le juge d'arrivée le consacre, en assignant une place à ce cheval. Dès ce moment seulement.le cheval, officiellement placé, a droit aux avantages attachés à sa place, tels que primes ou montant des paris, de même qu'il en supporte les consé-quences, telles que surcharges ou exclusions. Le juge d'arrivée place ordinairement les trois chevaux qui, les premiers, dépassent le poteau.

Ce n'est pas une règle absolue, cependant, et le juge peut ne placer, par exemple, s'il le juge utile, que les deux premiers. En ce cas les paris faits sur le troisième cheval placé, même s'il arrive troisième en réalité, sont perdus.

POIDS.

1. On appelle ainsi l'ensemble de la charge que doit porter un cheval pendant une course. Le poids comprend donc : le jockey, la selle, les brides, en résumé tout ce qui n'est pas le cheval lui-même.

On pèse tout ce que porte le cheval, les fers exceptés, ainsi que la cravache dans certaines courses (Art. 37 Code des courses, art. 34 Code des steeple-chases).

2. Tout jockey qui ne se présente pas au pesage après la course est mis à l'amende de 50 francs. Tout jockey dont le poids après la course est inférieur de plus de 1 kilogramme au poids constaté avant la course peut être mis à une amende n'excédant pas 500 francs (Art. 36 Code des courses, art. 33 Code des steeple-chases).

Il y aurait exception à cette règle si par suite de fraude ou de violence un tiers enlevait à un cheval une partie de son poids avant que le jockey ait pu se présenter à la balance.

3. Le poids imposé à un cheval est une des conditions d'égalisation entre les chevaux différents d'âge ou de valeur.

4. Nous avons vu que le pesage était obligatoire avant la course. Mais une fois fait, il ne signifie pas absolument que le jockey ait son poids réglementaire. La responsabilité du pesage lui est laissée à lui ou au propriétaire du cheval. Il ne pourrait donc pas, après la course, et s'il lui manquait une partie de son poids, invoquer le pesage et le témoignage de la personne qui est chargée de le surveiller.

Cela se comprend, en ce sens que si la personne chargée de surveiller le pesage et de constater le poids en était responsable, un jockey pourrait très aisément, pendant la durée d'une course, se débarrasser d'une partie de son poids, augmenter ainsi, dans une forte proportion, ses chances de succès, et soutenir ensuite, en invoquant le témoignage du commissaire chargé du pesage, qu'il avait bien le poids réglementaire.

C'est encore la même crainte de toute fraude qui a fait décréter la règle que les jockeys seraient tenus de venir après la course à cheval jusqu'aux balances. S'il en était autrement, en effet, un jockey pourrait pendant la course se débarrasser d'une partie de son poids, et rétablir l'équilibre après l'arrivée, en dessellant son cheval par exemple.

POLICE SANITAIRE DES ANIMAUX.
— V. *Épizooties*.

POULAIN.

On donne ce nom au produit mâle qui n'a pas encore atteint l'âge de 4 ans accomplis. A cet âge, le travail de formation étant entièrement terminé et la forme du poulain aussi parfaite que possible, on lui donne le nom de cheval.

POULE.

Genre de pari dans lequel il n'entre ni prévision ni calcul et qui dépend uniquement du hasard. En effet, des parieurs, en nombre égal à celui des chevaux prenant part à la course, réunissent des mises égales, tirent au sort le nom d'un cheval, et celui qui tire le nom du cheval vainqueur a gagné la poule.

Comme on le voit, c'est là une véritable loterie. La cour de cassation l'a formellement déclaré, et il n'y a, semble-t-il, aucune raison pour qu'elle revienne sur une jurisprudence établie conformément aux principes du droit (Cass. 18 juin 1875, S. 75. 1. 389. Voir *Pari*).

POULE DES PRODUITS.

1. Il existe un certain nombre de courses pour lesquelles l'engagement des chevaux est fait avant leur naissance et sans que l'on sache même de quel sexe ils seront; c'est ce qu'on appelle des poules de produits, parce que chaque propriétaire ajoute à la valeur des prix une poule, c'est-à-dire une somme égale, qui doit être attribuée au vainqueur.

2. L'engagement fait pour une poule de produits est

nul, si la jument engagée est vide ; si elle a un produit mort-né ; si elle met bas avant le 1ᵉʳ janvier ou si elle a plus d'un produit (Art. 23 Code des courses). L'on sait que l'âge des chevaux se compte uniformément du 1ᵉʳ janvier de l'année de leur naissance.

POULICHES ET POULINIÈRES.

1. La pouliche est le produit femelle d'un cheval et d'une jument. La poulinière est une jument exclusivement consacrée à la reproduction.

2. Comme pour les étalons, il existe également des concours de juments poulinières et de pouliches, organisés par un arrêté du 20 septembre 1882, dont les dispositions principales sont les suivantes :

3. Pour les concours de pouliches, les prix d'épreuves sont affectés non seulement aux pouliches primées, mais encore à celles qui ont obtenu des mentions honorables.

Les propriétaires doivent représenter, pour prouver que les pouliches ont été primées ou mentionnées, l'extrait du procès-verbal de distribution délivré par le président du jury.

Quand les épreuves font partie d'une réunion de courses, elles sont soumises à la direction et à la juridiction des commissaires de courses. Sinon, c'est le jury chargé de distribuer les primes dans les concours qui décerne aussi les prix d'épreuves.

Le droit à la prime n'est définitivement acquis qu'après l'épreuve. Aucune excuse pour maladie ou autre cause n'est admise.

Des concours de pouliches, sans épreuve obligatoire, peuvent encore avoir lieu, au printemps ou plus tard, en même temps que les concours de poulinières. Dans l'un et l'autre concours, les pouliches doivent, pour être admises :

1° Être âgées de 3 ans ;

2° Appartenir depuis 3 mois au moins à un propriétaire de la circonscription dans laquelle a lieu le concours ;

3° Être exemptes de tares et de vices rédhibitoires et propres à l'amélioration de la race chevaline ;

4° Avoir été saillies, dans l'année, par un étalon de l'État, ou approuvé, ou autorisé. Les pouliches non saillies au moment du concours peuvent néanmoins y prendre part, à la condition d'être saillies avant la fin de la monte ;

5° Appartenir à l'espèce de demi-sang ou de trait léger.

Chaque propriétaire concurrent doit produire pour l'inscription :

1° Une pièce, constatant l'origine de la pouliche, soit un certificat de naissance, délivré par le directeur du dépôt d'étalons, soit la carte de saillie de la mère, soit une attestation du propriétaire de l'étalon autorisé qui a sailli la mère, ladite attestation visée par le maire de la commune ;

2° Une déclaration établissant que la pouliche présentée a été saillie à l'âge de 3 ans et qu'elle ne l'a pas été à l'âge de 2 ans ; ou bien contenant l'obligation de la faire saillir dans l'année ;

3° L'engagement de lui faire prendre part dans l'année à une course publique au trot dans un concours avec épreuve obligatoire, si la pouliche obtient une prime ou une mention honorable.

4. Quant aux concours de juments poulinières, ils ont lieu du 1er juillet au 15 novembre.

Les conditions d'admission sont les mêmes que celles énoncées plus haut pour les pouliches, à ces différences près qu'elles doivent être âgées de 4 ans au plus et suitées de leur produit de l'année issu d'un étalon de l'État, ou approuvé ou autorisé.

PRIX.

1. Les prix donnés aux vainqueurs à l'origine des courses de chevaux consistaient surtout en objets d'art ou d'utilité. Mais on prit vite l'habitude de décerner des prix en argent, et ceux-ci atteignent quelquefois aujourd'hui un chiffre considérable.

2. On appelle prix la somme remise au vainqueur de la course, c'est-à-dire au cheval arrivé premier. Ce nom ne doit pas être appliqué aux sommes remises au second ou au troisième, lorsque les conditions de la course leur en attribuent, même si le programme de la course les appelait prix (Art. 6 Code des courses, art. 4 Code des steeple-chases).

3. Le montant des gains se calcule sur la totalité de la somme annoncée comme offerte en prix, sans aucune déduction pour les retenues que le gagnant peut avoir à subir, à quelque titre que ce soit. Mais on ajoute aux prix le montant de toutes les entrées revenant au gagnant, la sienne exceptée. Si un objet d'art ou autre forme le prix ou une partie du prix, il n'entre pas en compte; la somme payable en espèces est seule comptée (Art. 6 Code des courses).

4. Les chevaux ayant couru ou gagné des courses d'obstacles ne sont pas considérés comme ayant couru ou gagné (Art. 7 Code des courses). La réciproque existe en ce qui concerne la Société des steeple-chases Art. 5 Code des steeple-chases).

5. La Société des steeple-chases, à laquelle appartient la direction des courses d'obstacles, a promulgué un code régissant ses courses et que l'on trouvera dans

13

son ensemble au mot *Code*. La plus grande partie de ses décisions est transcrite à chacun des mots de cet ouvrage (V. aussi *Sociétés*).

6. Les prix affectés par le gouvernement aux courses sont régis par un arrêté ministériel en date du 14 février 1889 et dont la teneur suit :

Le ministre de l'agriculture,

Vu les arrêtés ministériels des 9 janvier 1865, 1er mars 1875, 6 janvier 1877, 18 janvier 1883, 1er avril 1887 et 10 avril 1888, relatifs aux courses de chevaux;

Vu le budget voté par le Parlement pour l'exercice 1889;

Sur le rapport du directeur des haras.

ARRÈTE :

ARTICLE PREMIER. — Les prix des courses sont divisés en deux catégories : *prix classés* au règlement, *prix non classés*.

Chaque année, le ministre détermine la répartition et les conditions relatives aux prix non classés.

ART. 2. — Les prix classés sont répartis et réglés comme il suit :

Prix nationaux. { Pour chevaux de 4 ans et au-dessus. — Le gagnant d'un prix national portera 2 kilogrammes de surcharge; de plusieurs de ces prix, 4 kilogrammes. Distance, 4.000 mètres.

Prix principaux. { Pour chevaux de 3 ans et au-dessus, n'ayant jamais, jusqu'au moment de la course, gagné de prix national. — Le gagnant d'un prix principal portera 3 kilogammes de surcharge; de plusieurs de ces prix, 4 kilogrammes. Distance, 3.000 mètres.

Prix spéciaux. { Pour chevaux de 3 ans n'ayant jamais, jusqu'au moment de la course, gagné de prix principal. — Le gagnant d'un prix spécial portera 3 kilogrammes de surcharge; de plusieurs de ces prix, 4 kilogrammes. Distance, 2.500 mètres.

ART. 3. — Les prix classés sont ouverts aux chevaux nés et élevés en France, sans distinction de circonscription.

ART. 4. — Une somme de 98.000 francs est affectée à la dotation de ces prix: elle sera répartie de la manière suivante entre les hippodromes ci-après :

LIEUX DES COURSES	DÉPARTEMENTS	PRIX			TOTAUX des ALLOCATIONS
		NATIO-NAUX	PRINCI-PAUX	SPÉCIAUX	
		FR.	FR.	FR.	FR.
Amiens........	Somme........	»	2.000	»	2.000
Angers........	Maine-et-Loire.	»	2.000	1.000	3.000
Angoulême.....	Charente.......	»	2.000	1.000	3.000
Beauvais.......	Oise	»	2.000	1.000	3.000
Bordeaux	Gironde........	3.500	2.000	1.000	6.500
Caen..........	Calvados.......	3.500	2.000	1.000	6.500
Craon..........	Mayenne.......	»	2.000	1.000	3.000
Deauville.......	Calvados.......	3.500	»	»	3.500
Dieppe	Seine-Inférieure	3.500	»	»	3.500
Le Mans.... ...	Sarthe.........	»	2.000	1.000	3.000
Le Pin........	Orne..........	»	2.000	1.000	3.000
Lille	Nord..........	»	2.000	1.000	3.000
Limoges........	Haute-Vienne...	3.500	2.000	»	5.500
Lyon..........	Rhône	3.500	»	»	3.500
Marseille.......	Bouches-d-Rhône	3.500	»	»	3.500
Montauban.....	Tarn-et-Garonne	»	2.000	»	2.000
Mont-de-Marsan	Landes....... .	3.500	2.000	1.000	6.500
Nantes	Loire-Inférieure	3.500	2.000	1.000	6.500
Niort..........	Deux-Sèvres ...	»	»	1.000	1.000
Pau...........	Basses-Pyrénées	»	2.000	1.000	3.000
Périgueux......	Dordogne......	3.500	»	»	3.500
Poitiers	Vienne.........	»	2.000	»	2.000
Pompadour.....	Corrèze	»	2.000	»	2.000
Saint-Brieuc....	Côtes-du-Nord..	»	2.000	1.000	3.000
Tarbes....	Hautes-Pyrénées	3.500	2.000	1.000	6.500
Toulouse.......	Haute-Garonne.	»	2.000	1.000	3.000
Vincennes......	Seine	3.500	»	»	3.500
TOTAUX...		42.000	40.000	16.000	98.000

ART. 5. — Dans les prix nationaux, sur la somme de 3.500 francs ci-dessus indiquée, 2.500 francs sont donnés au premier et 1.000 francs au second cheval.

ART. 6. — Les poids sont ainsi réglés, suivant le mois où la course a lieu :

1° *Courses pour chevaux :*

De 3 ans, courant seuls entre eux........ } 56 *kilogrammes.*
De 4 ans, courant seuls entre eux........

2° *Courses pour chevaux de 3 ans et au-dessus :*

MOIS	DISTANCES DE 2.000 à 2.500 MÈTRES				DISTANCES DE 3.000 à 3.500 MÈTRES				DISTANCES DE 4.000 à 4.500 MÈTRES			
	3 ans	4 ans	5 ans	6 ans et au-dessus	3 ans	4 ans	5 ans	6 ans et au-dessus	3 ans	4 ans	5 ans	6 ans et au-dessus
Mars, avril et mai...	51	62	65	66 1/2	50 1/2	62	66	67 1/2	49	62	66 1/2	68
Juin	52	62	64 1/2	66	51 1/2	62	65 1/2	67	50 1/2	62	66	67 1/2
Juillet	53	62	64	65 1/2	52 1/2	62	65 1/2	66 1/2	51 1/2	62	65 1/2	67
Août	54	62	64	65 1/2	53 1/2	62	65	66	52 1/2	62	65 1/2	67
Septembre	55	62	63 1/2	64	54 1/2	62	64	65	53 1/2	62	65	66
Octobre et novembre	55 1/2	62	63 1/2	64	55	62	64	65	54	62	63	66

3° *Courses pour chevaux de 4 ans et au-dessus :*

MOIS	DISTANCES DE 2.000 à 2.500 MÈTRES			DISTANCES DE 3.000 à 3.500 MÈTRES			DISTANCES DE 4.000 à 4.500 MÈTRES		
	4 ans	5 ans	6 ans et au-dessus	4 ans	5 ans	6 ans et au-dessus	4 ans	5 ans	6 ans et au-dessus
Mars, avril et mai.....	57	60	61 1/2	57	61	62 1/2	57	61 1/2	63
Juin	57	59 1/2	61	57	60 1/2	62	57	61	62 1/2
Juillet	57	59	60 1/2	57	60	61 1/2	57	60 1/2	62
Août	57	59	60	57	59 1/2	61	57	60 1/2	62
Septembre	57	58 1/2	59	57	59	60	57	60	61
Octobre et novembre...	57	58 1/2	59	57	59	60	57	60	61

Art. 7. — Les engagements se feront :

Pour les prix nationaux principaux et spéciaux, dans un délai de cinq à dix jours avant la course.

Les programmes indiqueront le jour, l'heure et le domicile auxquels les engagements seront faits.

Art. 8. — Les prix classés donnent lieu à une entrée :

De 50 francs pour les prix spéciaux ;

De 100 francs pour les prix principaux ;

De 200 trancs pour les prix nationaux.

Le forfait sera égal à la moitié de l'entrée ; dans chaque course, la moitié des entrées appartiendra au second.

Art. 9. — L'arrêté ministériel du 10 avril 1888 est rapporté.

Art. 10. — Le directeur des haras est chargé de l'exécution du présent arrêté.

Paris, le 14 février 1889.

PRIX A RÉCLAMER.

1. « Les prix à réclamer forment une nature de courses toute particulière, fondée sur ce principe : offrir au propriétaire d'un cheval de mérite très secondaire la facilité, en gagnant un prix de médiocre valeur, de trouver, en même temps, l'occasion de se défaire de son cheval. L'exclusion des chevaux d'une certaine qualité se trouve établie, sans mention spéciale, par la condition même de réclamation. Le montant de la course et le prix de réclamation indiqué étant toujours au-dessous de la valeur réelle d'un bon cheval, il est évident qu'un propriétaire n'ira pas risquer de perdre un cheval valant beaucoup d'argent, pour un aussi piètre dédommagement. »

Les prix à réclamer sont donc ceux pour lesquels les conditions de la course stipulent que le cheval gagnant ou tous les chevaux présents à la course sera ou seront à vendre pour un prix déterminé.

2. Lorsque les conditions d'une course portent que

le gagnant ou que tous les chevaux seront à vendre au plus offrant, tout cheval engagé dans cette course et n'ayant pas été retiré, peut être réclamé avant la course moyennant la somme pour laquelle il a été mis à vendre, augmentée de la valeur du prix, non compris les entrées.

3. Les propriétaires de chevaux engagés dans la même course et n'ayant pas été retirés ont seuls le droit de réclamation. Un propriétaire ne peut pas réclamer lui-même son propre cheval.

S'il y a plusieurs réclamations pour le même cheval, les commissaires ou leur délégué procèdent à un tirage au sort qui décide de la préférence.

Tout cheval réclamé avant la course ne peut pas courir.

4. Le délai pendant lequel le droit de réclamation peut s'exercer commence quinze minutes avant l'heure fixée pour la course, et finit au moment du signal indiquant l'ouverture du pesage. Pendant ce délai, le droit des propriétaires de retirer leurs chevaux est suspendu.

Les chevaux doivent être rendus sur le terrain quinze minutes avant l'heure fixée pour la course. Tout cheval dont l'absence est constatée par les commissaires, sans qu'ils l'aient autorisée, est considéré comme retiré et ne peut plus partir (Art. 61, Code des courses ; art. 47, Code des steeple-chases).

5. Tout cheval réclamé est considéré, sauf condition contraire, comme réclamé sans ses engagements (Art. 65, Code des courses ; art. 49, Code des steeple-chases).

(V. Règ. *Société du demi-sang*, art. 97 et s.)

6. Quand une ville organise des courses dans lesquelles se trouvent des prix à réclamer et que les commissaires n'ont qualité que pour recevoir l'excédent des mises de réclamation, la ville ne saurait être déclarée responsable du défaut de remboursement au propriétaire du prix du cheval réclamé, pour le cas où ce prix aurait été versé aux commissaires et que ceux-ci ne l'auraient pas remis au propriétaire (Rouen, 7 avril 1884, *Gaz. Pal.*, 84. 2, supp. 194).

(V. *Entraîneur*.)

PRIX A VENDRE.

Lorsque les conditions d'une course portent que le gagnant sera à vendre pour un prix déterminé, toute personne ayant l'intention de l'acheter peut, dans le quart d'heure qui suit la course, remettre aux commissaires, au juge ou à la personne chargée du pesage, une lettre cachetée contenant l'offre d'un prix qui ne peut être inférieur à celui fixé par les conditions de la course. Le quart d'heure expiré, les lettres sont ouvertes et le gagnant appartient à la personne qui a fait l'offre la plus élevée. Son propriétaire n'a droit qu'à la somme pour laquelle il avait mis son cheval à vendre et l'excédent, s'il y en a, revient au fonds de course (V. art. 62 et s., Code des courses; art. 47 et s., Code des steeple-chases ; art. 87 et s. Règ. Société du demi-sang).

PROGRAMME.

INDEX ALPHABÉTIQUE.

1. On appelle programme une feuille contenant les renseignements spéciaux à chaque journée de course et vendue sur les hippodromes. Le programme indique les prix dans l'ordre où les épreuves sont courues, leur nature et les détails de la course, le nom des chevaux, jockeys et propriétaires, leurs couleurs, le poids que portent les chevaux, en un mot tous les renseignements utiles.

2. En principe, la publication et la vente des programmes sur les hippodromes appartiennent à l'exploitant du champ de courses, c'est-à-dire à la Société de
courses. En conséquence, personne ne peut les impri-
mer, les publier ou les vendre, sans l'assentiment de
l'exploitant, sous peine de dommages-intérêts. Jugé en
ce sens par le tribunal de commerce de Bruxelles le
9 juillet 1888 (Jugement non publié.) V. *Pandectes
belges*: course).

3. Mais là doit se borner le droit de celui qui a qualité pour vendre le programme, et l'on ne saurait
poursuivre en contrefaçon celui qui aurait, sans l'autorisation de l'exploitant du champ de courses, imprimé
et vendu des programmes. Ainsi l'a décidé avec raison
la cour de cassation, saisie de cette question (Cass.
14 janvier 1885, *Gaz. Pal.* 85. 2. 345).

Ces observations s'appliquent au programme spécial
de chaque course.

4. Il en existe un autre, publié au début de chaque
année par les commissaires du Comité de la Société
d'Encouragement et contenant l'indication des jours
de courses avec le nom des prix et leur chiffre. Ce dernier est inséré au *Bulletin officiel des Courses*. C'est
sur les indications qui y sont contenues que peuvent
être faits les engagements des chevaux pour les courses
à venir.

PRONOSTICS. V. *Agence de courses.*

PUBLICATION.

Comme en matière de législation, la publication,
consistant dans l'insertion au *Bulletin officiel des
Courses*, a une grande importance; c'est elle qui consacre officiellement les engagements, les forfaits, les
poids, etc.; c'est elle qui fait foi en toutes circonstances (V. *Bulletin officiel*).

PUR SANG. V. *Stud-Book.*

Q

QUALIFICATION.

On appelle ainsi l'ensemble des conditions dans lesquelles des chevaux doivent se trouver pour avoir le
droit de prendre part à une course déterminée (V. art. 8
et s., 73 et s. Code des courses, art. 6 et s., 58 et s. Code
des steeple-chases, art. 9 et s. Règ. Société du demi-
sang. V. *Disqualification*).

R

RÉCLAMATIONS.

Il peut arriver qu'une fraude quelconque ait été
commise dans une course et qu'elle en ait, par suite,
modifié les résultats. Dans ce cas une réclamation
s'impose de la part de celui qui a été lésé. Le droit de
réclamer appartient exclusivement aux propriétaires des
autres chevaux ayant couru dans la course, ou à leurs
entraîneurs, jockeys ou autres représentants accrédités.
Cela s'explique en ce sens que les propriétaires des
chevaux sont les seuls légalement intéressés aux
résultats des courses. La réclamation doit être déposée
entre les mains des commissaires, du juge d'arrivée ou
du juge du pesage, selon les cas. Les commissaires
peuvent toujours agir d'office (V. art. 71 et s. Code des
courses, art. 56 et s. Code des steeple-chases, art. 86
et s. Règ. Société du demi-sang).

Le Code des courses, en ce qui concerne la qualification des chevaux, déplace la règle ordinaire et juridique de la preuve. En justice, c'est à celui qui fait une

réclamation, qui en d'autres termes est demandeur au procès, de prouver le bien fondé de sa prétention. L'article 73 du Code des courses décide, au contraire, que si la réclamation contre la qualification d'un cheval se produit avant la course, c'est au propriétaire de ce cheval, défendeur à la réclamation, à faire la preuve de son droit dans un délai fixé par les commissaires. Quand la réclamation se produit après la course, le Code des courses revient à la règle ordinaire et laisse le fardeau de la preuve à la charge du demandeur, c'est-à-dire du réclamant.

RÈGLE DES PARIS. V. *Paris* et *Salon des courses.*

RÈGLEMENT. V. *Sociétés.*

REMISE DES COURSES. V. *Commissaires.*

REMISE DE POIDS.

C'est la décharge accordée aux chevaux de course dans les conditions déterminées par les programmes, soit pour avoir été battus un certain nombre de fois dans l'année, soit en raison de leur sexe (V. art. 67 et s. Code des courses, art. 51 et s. Code des steeple-chases, art. 78 et s. Règ. Société du demi-sang).

REPRÉSENTANT.

Tout propriétaire désirant que ses chevaux ne courent pas sous son nom peut être autorisé à les mettre sous le nom d'un représentant agréé par le Comité des Sociétés, ou, en cas d'urgence, par les commissaires, et inscrit au secrétariat sur un registre spécial.

Le représentant est investi des mêmes droits et soumis aux mêmes obligations que le propriétaire pour le compte duquel il agit.

RÉQUISITIONS MILITAIRES. V. *Conscription.*

RESPONSABILITÉ. V. *Accident, Entraîneur, Maréchal ferrant, Prix à réclamer, Vétérinaire.*

RETIRER.

On appelle ainsi le droit qu'a le propriétaire de décider, au moment même où une course va avoir lieu, que son cheval n'y prendra pas part. Cette faculté diffère du droit de déclarer forfait, en ce qu'elle est exercée au moment même de la course, alors que le cheval est inscrit parmi les chevaux partants et a payé son entrée entière. Au contraire, le cheval pour lequel on a déclaré forfait, est celui dont l'engagement a été, en quelque sorte, annulé par suite de la déclaration même de forfait, à l'époque déterminée par les programmes, et moyennant l'abandon d'une partie de son prix d'entrée.

Les forfaits étant indiqués sur une liste spéciale, chacun sait donc d'avance quels sont les chevaux qui ne prendront pas part à la course, par suite d'une déclaration de forfait, ce qui n'existe pas pour le cheval retiré.

ROULAGE (Police du).

La police du roulage est réglementée par une loi des 30 mai et 8 juin 1851, qui détermine les conditions imposées aux voitures de toute nature pour circuler sur les routes et chemins. Des règlements d'administration publique peuvent être pris pour l'application de cette loi et les contraventions à ces règlements sont passibles d'une pénalité très variable selon les cas, puisqu'elle peut aller d'une amende de 5 francs à 200 francs et d'un emprisonnement de un à dix jours. Les contraventions sont constatées par des procès-verbaux. Ont qualité pour dresser ces procès-verbaux: les conducteurs, agents voyers, cantonniers, chefs et autres, agents des ponts et chaussées ; les gendarmes, gardes champêtres ; les agents des forêts et des douanes; les maires et adjoints, commissaires et agents de police.

L'étude de cette loi nous entraînerait à des développements trop considérables et d'ailleurs accessoires pour le cadre de notre ouvrage. Nous ne pouvons donc que renvoyer au texte même de la loi.

S

SAISIE.

1. La saisie est un moyen d'arriver à obtenir par la force le paiement d'une créance que le débiteur récalcitrant se refuse à acquitter.

La saisie-arrêt ou opposition (Art. 557 à 582 C. Pr. C.) est l'acte par lequel un créancier arrête entre les mains d'un tiers des sommes ou objets mobiliers appartenant à son débiteur, pour faire ordonner ensuite par justice qu'ils lui seront remis à concurrence du montant de sa créance.

La saisie-exécution (art. 583 à 625 C. Pr. C.) et la saisie immobilière (art. 673 à 748 C. Pr. C.) sont des moyens employés par le créancier, porteur d'un titre exécutoire (jugement ou acte notarié), pour faire saisir les meubles ou les immeubles de son débiteur, les faire vendre par autorité de justice et être payé du montant de sa créance sur le prix en provenant.

L'article 592 déclare insaisissables : les machines et instruments servant à l'exercice des sciences et les outils des artisans servant à leurs occupations personnelles, jusqu'à concurrence de la somme de 300 francs.

On comprend que cet article n'est guère applicable
à la matière qui nous occupe, presque tous les objets
servant à une exploitation hippique ayant une valeur
bien supérieure à 300 francs.

Le matériel et les chevaux d'une écurie de courses,
d'un loueur ou d'un marchand de chevaux, pourraient
donc être saisis conformément aux règles du Code de
procédure.

2. Un décret du 24 juillet 1793, relatif à l'organisation des postes et messageries en régie nationale, et qui
est encore en vigueur, décidait dans son article 76 que :

« Les paiements, ainsi que les chevaux, provisions,
ustensiles et équipages destinés au service de la poste,
ne pourraient être saisis sous aucun prétexte. » (Duver-
gier, *Collection des lois*, t. 6.)

La question s'est posée de savoir si un entrepreneur
de transport de dépêches devait bénéficier de cette disposition.

La jurisprudence décide que le décret de 1793 s'applique exclusivement aux maîtres de poste, lesquels
existent encore en France, en très petit nombre, mais
qu'on ne saurait l'étendre aux entrepreneurs de transport de dépêches, simples adjudicataires d'un service
public, malgré les analogies que l'on peut établir entre
eux et les maîtres de poste (Cass. 27 août 1883,
S. 84. 1. 121).

3. Les chevaux, harnais et voitures d'un entrepreneur de transport de dépêches ne rentrent pas davantage dans la catégorie des outils nécessaires aux artisans.
Ils sont donc saisissables (Orléans, 28 février 1890,
Gaz. Pal. du 6 mars).

SALON DES COURSES.

INDEX ALPHABÉTIQUE.

1. Plus connu dans le monde du sport sous le nom de

Betting-Room, le Salon des courses a été, avec raison, qualifié du nom de Bourse des courses. C'est là, en effet, que se réunissent, sous forme d'association où les membres ne sont admis que sur présentation (à moins qu'ils ne soient déjà membres des principaux cercles), les parieurs qui veulent parier sérieusement. C'est là, par suite, que s'établit, en quelque sorte, le cours de la cote de chaque cheval de course ; cette cote doit s'établir, comme à la Bourse, selon la loi de l'offre et de la demande.

2. Les paris se font de la manière suivante. Quand un pari est consenti entre deux parieurs, ceux-ci l'inscrivent sur un carnet ou book. La veille des courses importantes, les parieurs contrôlent réciproquement leurs carnets pour voir s'ils sont bien d'accord sur toutes les conditions de leur pari. Cette mesure a pour but d'éviter les difficultés ultérieures, qui, lorsqu'elles viennent à se produire, sont jugées par le Comité, à la juridiction duquel tout membre du Salon des courses s'engage à se soumettre.

3. Le carnet présente pour les parieurs cet avantage qu'ils se rendent toujours compte de leur situation et qu'ils peuvent, par conséquent, poursuivre leurs opérations, et, par exemple, se couvrir par un pari inverse, s'ils ont quelque doute sur le succès, ou l'augmenter, au contraire, s'ils ont confiance.

4. Cette association a été créée en 1862, en vertu d'une autorisation du préfet de police.

5. Le Comité des courses a, par décision du 4 mars 1867, délégué toutes les attributions concernant les paris au Comité du Salon des courses.

Il existe un règlement en 27 articles sur les paris de courses, dont on trouvera le texte intégral au mot *Pari*, 12°.

Nous transcrivons ici, à titre de document, le règlement intérieur du Salon des courses, en date du 12 janvier 1874 :

ARTICLE PREMIER. — Le Salon des courses est formé par des souscripteurs payant une cotisation annuelle, et dont le nombre est illimité.

ART. 2. — Il est administré par un directeur, qui a l'entière responsabilité de son organisation matérielle, le dirige à ses risques et périls, et en supporte tous les frais, moyennant la somme des cotisations qu'il perçoit à son profit.

Le directeur est assisté d'un Comité dont il est parlé à l'article 3.

Il détermine lui-même le montant de la cotisation.

Il convoque le Comité toutes les fois qu'il y a lieu.

D'accord avec lui il fixe les jours de réunion. Il lui soumet les réclamations, ainsi que toutes les difficultés qui peuvent s'élever dans l'application du règlement.

Il est présent à ses délibérations ; il prend acte des décisions et se charge de les faire exécuter.

Il est dépositaire des livres et archives de la Société et doit les tenir à la disposition de qui de droit.

ART. 3. — Le Comité, élu à l'origine par les souscripteurs réunis en assemblée générale, se compose de dix membres ; il se renouvelle par cinquième, chaque année, suivant l'ordre d'ancienneté.

Les membres sortants peuvent toujours être réélus.

Le Comité pourvoit lui-même à son renouvellement et au besoin à son recrutement. Il choisit son président et son vice-président. La présence de trois membres suffit pour rendre une délibération valable.

En cas de partage des voix, celle du président est prépondérante.

Les pouvoirs du Comité sont les plus étendus mais purement juridiques et disciplinaires. Il juge les questions de principe, interprète les règlements en vigueur, accorde ou refuse des délais aux débiteurs, mesure la rigueur des pénalités et prononce l'exclusion.

Ses décisions sont sans appel.

ART. 4. — Toute personne qui désire faire partie du Salon des courses doit adresser sa demande écrite au directeur.

Son nom est affiché dans la salle des réunions, à la séance qui suit cette demande ; et huit jours après, le directeur l'informe de son admission ou de son ajournement.

Pendant ces huit jours, les membres du Salon des courses doivent faire connaître au directeur les objections qui peuvent exister à la candidature.

ART. 5. — Sur une simple demande adressée au directeur peuvent être admis à faire partie du Salon des courses :

1° Les personnes présentées par un membre du Comité ;

2º Les membres des cercles suivants :

Le Jockey-Club, l'Union, le Cercle de la rue Royale, le Sporting Club, le Cercle agricole, le Cercle des chemins de fer, le Cercle du commerce, l'Union artistique, l'Ancien Cercle, le Cercle des Arts, le Cercle des Champs-Élysées, le Cercle des Éclaireurs, le Cercle Malesherbes, le Cercle des patineurs, le Yacht Club de France, le Washington Club, ou de tout autre cercle qui serait agréé par la suite.

ART. 6. — La souscription prend date du 1ᵉʳ janvier et doit être payée intégralement par tous les membres admis, quelle que soit, d'ailleurs, l'époque de leur admission.

ART. 7. — L'admission d'un souscripteur quelconque n'est définitive qu'après qu'il a apposé sa signature sur le registre ouvert à cet effet à la direction. En tête de ce registre se trouvent reproduits le présent règlement, ainsi que toute disposition réglementaire qui pourrait y être ultérieurement ajoutée. Par sa signature, le souscripteur s'engage à les observer et à se soumettre à toutes leurs conséquences.

ART. 8. — Une fois inscrit sur le registre de la Société, tout membre qui veut cesser d'en faire partie, doit adresser par écrit sa démission au directeur. Tant qu'il n'a pas rempli cette formalité, son nom reste inscrit sur le registre et il doit payer sa cotisation.

Un souscripteur ne peut, par l'envoi de sa démission, se soustraire aux rigueurs du règlement lorsqu'il les a encourues. Tout membre démissionnaire, après le 1ᵉʳ janvier, doit sa cotisation pour l'année commencée.

ART. 9. — Quiconque n'a pas payé ses entrées, forfaits ou paris, ou a pris part à une fraude ou tromperie, en matière de courses ou de paris, le tout à quelque époque et en quelque lieu que ce soit, ne peut être admis comme souscripteur, même quand il ferait partie des cercles mentionnés ci-dessus; et s'il arrive qu'un membre déjà inscrit soit signalé comme antérieurement coupable de quelque acte de ce genre, ou qu'il le devienne par la suite, et que le fait soumis au Comité soit reconnu constant, ce membre est exclu à l'instant.

ART. 10. — Les noms des personnes exclues du Salon des courses, en exécution de l'article 9, seront affichés dans la salle des réunions, jusqu'à décision contraire du Comité.

ART. 11. — Les paris doivent être réglés à la séance qui suit la course sur laquelle ils ont été faits, sauf décision contraire du Comité.

Pour les courses courues en France ou à l'étranger la veille de la séance ou le jour même, les paris peuvent n'être réglés qu'à la séance qui suit celle-là.

ART. 12. — Tout souscripteur qui n'a pas été payé de ses paris au jour dit peut déposer une réclamation contre son débiteur.

Une réclamation, pour être régulière, doit être faite aussitôt que possible après la séance fixée pour le règlement, et, en tout cas, avant la fin de la séance suivante. Passé ce terme elle est considérée comme tardive. Elle doit être écrite sur le livre spécial, ouvert à la direction, être datée, signée, et spécifier les paris qui la motivent.

Les réclamations régulières priment concurremment toutes les autres, lors même que les courses sur lesquelles elles portent seraient postérieures à celles qui ont pu donner lieu aux réclamations tardives. Les réclamations tardives sont classées dans l'ordre de leurs dates respectives et n'ont droit qu'à leur tour aux remboursements.

Lorsqu'un pari est contesté, son payement n'est exigible qu'après que la contestation a été jugée. Dans ce cas, la réclamation est encore régulière, si elle est faite ou renouvelée avant la fin de la séance qui suit celle où le jugement a été notifié à la direction, pourvu toutefois que ce soit moins de dix semaines après la course sur laquelle porte le pari ; autrement elle est considérée comme tardive et classée en conséquence.

Le retrait d'une réclamation enlève à son signataire le droit de la renouveler plus tard.

Le livre des réclamations est ouvert en permanence et peut être consulté librement par tous les souscripteurs.

ART. 13. — Tout souscripteur ayant une contestation à propos d'un pari est tenu, sur la demande de la partie adverse, sauf pour les questions de principe qui peuvent être soumises au Comité, d'en remettre la décision à deux arbitres choisis par chacun des intéressés parmi les souscripteurs.

Ces deux arbitres, avant de prendre connaissance du différend, s'en adjoignent un troisième, également membre de la Société, et dans le cas où ils ne peuvent être d'accord sur le choix de ce tiers arbitre, celui-ci est désigné par le Comité.

La décision de ce tribunal arbitral est sans appel.

La notification de la sentence à la direction est laissée à la diligence de la partie intéressée, qui peut en exiger l'insertion sur un livre tenu à cet effet.

Tout membre qui refuse de soumettre une contestation de ce genre à un semblable arbitrage, ou qui, une fois la sentence rendue, refuse de l'exécuter, est considéré comme débiteur de la somme réclamée et traité comme tel.

Les arbitres peuvent se refuser à juger une contestation qui leur est soumise plus de deux mois après la course qui y a donné lieu.

ART. 14. — Tout pari perdu doit être payé à la personne qui l'a gagné. Le règlement s'opère directement, ou par les mains de mandataires. Lorsqu'un souscripteur se charge de régler les paris d'un autre, il doit le déclarer à la direction, avant la séance fixée pour le règlement et signer une feuille destinée à être placée en évidence dans la salle de réunion et conservée ensuite aux archives. S'il néglige cette formalité, le mandataire est considéré comme solidairement responsable du règlement qu'il a entrepris.

Dans tous les cas, le mandataire est responsable des sommes qu'il perçoit et doit justifier de leur bon emploi à la requête du Comité, sans quoi il peut être personnellement mis en cause.

Il ne peut, sous aucun prétexte, changer la destination des sommes qu'il a entre les mains, ni faire de son autorité privée aucune compensation avec des tiers. Un détournement de ce genre tombe sous le coup de l'article 9. Lorsqu'un souscripteur est absent ou lorsque son nom figure sur le livre des réclamations, les sommes qui lui sont dues doivent être versées à son compte à la caisse de la direction.

Si par suite d erreurs ou d'omissions le compte qu'un mandataire est chargé de régler donne lieu à des réclamations auxquelles il n'est pas en mesure de faire face, il doit, sur l'invitation du directeur, requis à cet effet par les réclamants, suspendre le règlement de ce compte.

ART. 15. — Tout membre qui cause du désordre dans le local consacré aux réunions peut être expulsé immédiatement et déclaré déchu de ses droits de sociétaire.

ART. 16. — Tous les jeux sont absolument et sans aucune exception interdits pendant les réunions.

SECOND.

C'est le cheval qui arrive au poteau, immédiatement après le cheval gagnant (V. art. 48 et s. Code des courses, art. 44 et s. Code des steeple-chases, art. 75 et s. Règ. Société du demi-sang).

SOCIÉTÉ D'ENCOURAGEMENT POUR L'AMÉLIORATION DE LA RACE CHEVALINE. V. *Jockey-Club*.

SOCIÉTÉ DES STEEPLE-CHASES.

INDEX ALPHABÉTIQUE.

Constitution, 2.　　　　Règlement, 4.
Origine, 1.　　　　　　Société, 3.

1. Le steeple-chase ou course d'obstacles, tel qu'il

existe aujourd'hui, ne remonte pas à une époque très ancienne. Il a pris son origine dans la chasse à courre et plus particulièrement dans ce qu'on appelait les « courses au clocher » ainsi nommées parce qu'elles se faisaient à travers champs et le plus souvent dans un pays inconnu des coureurs.

2. Les premiers steeple-chases firent leur apparition, en France, vers 1832 à la Croix-de-Berny ; mais ils traversèrent différentes phases, tantôt adoptés avec une grande faveur, tantôt presque complètement abandonnés. Ils constituent cependant un auxiliaire indispensable des courses plates et méritaient, à ce titre, la faveur dont ils jouissent aujourd'hui. En 1863 l'administration des haras, puis une société nouvelle, qui s'appela Société des steeple-chases, prirent les mesures nécessaires pour en assurer le développement normal.

3. Cette Société, fondée en 1863 et reconstituée en 1866, reçut de l'arrêté ministériel de 1866 la consécration officielle qui devait faire d'elle la grande maîtresse des courses d'obstacles, comme la Société d'Encouragement le devenait, en même temps, pour les courses plates.

4. La Société des steeple-chases fonctionne aujourd'hui très régulièrement. Nous transcrivons ici le texte de son règlement :

RÈGLEMENT DE LA SOCIÉTÉ DES STEEPLE-CHASES DE FRANCE[1].

Le règlement de la Société des Steeples-Chases de France ne s'applique qu'aux courses de la Société.

Du Comité.

ARTICLE PREMIER. — Le Comité est composé de vingt membres fondateurs.

Il ne peut délibérer qu'autant que cinq membres au moins sont présents.

1. Adopté dans les séances des 28 mars et 9 mai 1873 et modifié dans les séances des 2 et 9 décembre 1883 ; 20 juin, 30 novembre et 29 décembre 1884 ; 25 et 27 juin 1886.

Art. 2. — En cas de mort ou de démission d'un des membres du Comité, il est remplacé par une personne proposée par le Conseil d'administration des courses d'obstacles. L'élection est faite au scrutin secret, à la majorité des suffrages exprimés.

Art. 3. — Le Comité nomme, chaque année, parmi les membres qui le composent, le Président et un Sous-Comité de sept membres, parmi lesquels seront pris les Commissaires.

A défaut du Président, le Comité est présidé par le plus âgé des membres présents.

Art. 4. — Le Comité vote le programme des courses de la Société et les conditions de tous les prix donnés par elle.

L'organisation des courses est réglée par les décisions du Comité.

Art. 5. — Le Comité fait le Code des Steeple-Chases et prend les décisions qui peuvent devenir nécessaires pour l'interpréter, le compléter ou le modifier.

Toute disposition impliquant un changement ou une addition au Code des Steeple-Chases, ou au Règlement de la Société, n'est définitivement votée qu'après deux délibérations du Comité, prises à huit jours au moins d'intervalle.

En cas d'urgence déclarée par le Comité, une seule délibération suffit, pourvu qu'elle soit prise à la majorité des deux tiers des voix, et douze membres au moins étant présents.

Aucune modification au Code des Steeple-Chases, ou au Règlement de la Société, ne peut avoir d'effet qu'à dater du jour de sa publication au *Bulletin officiel des Steeple-Chases*.

Art. 6. — Le Comité décide les questions dont le jugement lui est déféré par les Commissaires des courses de toutes les localités où le Code des Steeple-Chases est en vigueur.

Dans le cas où le Comité doit délibérer sur l'exclusion absolue ou temporaire d'un propriétaire, d'un jockey ou d'un cheval, cette exclusion ne peut être prononcée qu'à la majorité des deux tiers des voix, et neuf membres au moins étant présents.

Art. 7. — Le Comité décide des contestations qui lui sont soumises, lors même qu'elles n'ont pas lieu dans les courses de la Société; mais il ne le fait qu'autant que la question a rapport aux courses à obstacles, et que les parties s'engagent elles-mêmes à se soumettre à ses décisions.

Le Règlement de la Société devra seul servir de base aux jugements du Comité, quand même un autre règlement serait adopté dans le lieu où la contestation s'est élevée.

Art. 8. — Le président peut réunir le Comité lorsqu'il le juge convenable; il est tenu de le faire, toutes les fois que quatre membres du Comité en font la demande.

La convocation doit être faite à domicile, trois jours au moins d'avance. La lettre de convocation doit faire connaître le motif de la réunion. L'urgence pourra toujours être demandée par les Commissaires.

Les décisions sont prises à la simple majorité. On procède au scrutin secret, si l'un des membres du Comité le demande.

Dans le cas d'urgence, dont le président est juge, il peut ordonner la convocation, sans être astreint à aucun délai. En cas d'absence du président, trois membres du Sous-Comité peuvent faire la convocation, dans les mêmes conditions.

ART. 9. — Le Comité, au nombre de neuf membres au moins et à la majorité des deux tiers des voix, peut prononcer l'interdiction de monter, d'entraîner et de posséder aucun cheval courant dans les courses de la Société, contre toute personne ayant manqué sur un hippodrome quelconque à celles des prescriptions du présent Règlement et de tous règlements émanés du Comité, qui tendent à maintenir la moralité et la loyauté des courses.

Tout jockey frappé d'interdiction ne peut ni entraîner ni posséder aucun cheval courant dans les courses de la Société.

Le Comité peut également, et dans les mêmes conditions, exclure des courses de la Société tout cheval ayant été l'instrument de manœuvres frauduleuses et déloyales : cette exclusion entraînera de droit la disqualification du cheval pour la course qui y aura donné lieu, si le fait qui motive cette disqualification s'est passé dans les courses de la Société. Le cheval ainsi exclu ne pourra ni courir ni être engagé. Toute contravention pourra impliquer, pendant le même temps, l'interdiction de toute personne l'ayant sciemment entraîné, engagé ou monté dans les courses, et la disqualification de tout cheval lui appartenant en tout ou en partie.

Du Sous-Comité.

ART. 10. — Le Sous-Comité est chargé de l'inspection des travaux, de l'aménagement du terrain et des tribunes, de la construction des obstacles. Il présente le programme des courses, étudie toutes les questions techniques soumises au Comité et en donne son avis; il dirige et contrôle le travail du secrétaire, la correspondance, l'organisation des courses, la publication du *Bulletin officiel* et de *l'Annuaire officiel des Steeple-Chases.*

ART. 11. — Le Sous-Comité proposera, dès le 15 décembre, le programme de l'année suivante. A cet effet, il sera fourni dès cette époque, par le Conseil d'administration des courses d'obstacles, l'état des sommes qui pourront être affectées au budget de l'exercice suivant.

Dispositions spéciales pour les courses de la Société.

ART. 12. — Le Président de la Société des steeple-chases de France aura les mêmes pouvoirs que les Commissaires.

Art. 13. — Toute personne engageant un cheval pour les courses de la Société est réputée connaître parfaitement le présent Règlement, et se soumettre sans réserve à toutes ses dispositions et à toutes les conséquences qu'elles peuvent avoir.

Art. 14. — Lorsque l'époque fixée pour la clôture d'engagements à faire au secrétariat de la Société tombe un jour de courses à Auteuil, ces engagements seront valablement reçus sur le terrain de courses, bien que cette faculté ne soit pas mentionnée dans le programme.

Art. 15. — Si l'on fait inscrire pour les courses de la Société, ou pour une de celles dont les engagements se font au secrétariat, un cheval portant le même nom qu'un autre cheval ayant été engagé dans les mêmes courses depuis moins de dix ans, ce nom sera suivi au *Bulletin officiel des Steeple-Chases* et au programme, d'un numéro I, II, III, etc., suivant le nombre de fois que le cas se sera présenté.

Art. 16. — Le produit de toutes les amendes perçues aux courses de la Société, produit dont les Commissaires des courses ont la faculté de disposer, est versé à un fonds spécial destiné à secourir les jockeys et garçons d'écurie blessés ou malheureux.

Des courses de gentlemen.

Art. 17. — Ne sont admis à monter dans les courses de gentlemen que les membres permanents des Jockey-Clubs français, anglais, de Vienne et de Berlin, du Nouveau Cercle de la rue Royale, du Sporting-Club, du Cercle des Champs-Élysées, du Cercle Agricole, du Cercle de l'Union, du Cercle des Chemins de fer et du Cercle de l'Union artistique, les officiers de l'armée française en activité de service, les officiers des haras, les personnes admises par le Grand National Hunt Committee, enfin, toute personne acceptée par le Comité statuant au scrutin secret.

Par suite de cette admission par ballottage, on pourra monter dans toutes les courses de gentlemen de la Société des Steeple-Chases, à moins que le Comité n'en décide autrement.

La demande de cette acceptation devra être adressée par écrit aux Commissaires, quinze jours au moins avant la course, sauf les cas d'urgence dont le Comité sera juge; mais il ne pourra être réuni à cet effet que par les Commissaires, s'ils le trouvent opportun; dans ce dernier cas, l'acceptation, si elle est prononcée, sera essentiellement provisoire et valable seulement pour le jour désigné.

Art. 18. — Les steeple-chases militaires sont réservés aux officiers de l'armée française, en activité de service.

Dispositions relatives au terrain des courses.

ART. 19. — Aucune course ne peut avoir lieu sur les terrains de la Société, qu'avec l'autorisation du Comité, ou, en cas d'urgence, celle des Commissaires.

Cette autorisation n'est accordée qu'à la condition que la recette sera perçue par la Société, la police faite par ses agents et que les courses seront placées sous l'autorité de ses Commissaires.

Des garçons d'écurie.

ART. 20. — Aucun garçon d'écurie ne peut entrer dans une écurie de course, s'il n'est muni d'une autorisation écrite de se placer délivrée par son dernier maître.

S'il se croit fondé à prétendre que cette autorisation lui est injustement refusée, ou si, pour une cause quelconque, il est dans l'impossibilité de se la procurer, il s'adresse aux Syndics de le Société d'Encouragement qui peuvent, s'ils le jugent convenable, lui délivrer l'autorisation nécessaire pour se placer.

Tout propriétaire ou entraîneur qui prend à son service un garçon non muni de l'autorisation ci-dessus, est obligé par les Syndics à le renvoyer immédiatement, à peine de *Dix francs* par chaque jour de retard, à partir de celui où la décision lui a été notifiée; il est en outre passible d'une amende de *Cent cinquante francs*, et de *Trois cents francs*, en cas de récidive.

ART. 21. — Si un propriétaire ou entraîneur refuse d'exécuter une décision des Commissaires des courses ou des Syndics, ses chevaux ne peuvent pas courir jusqu'à ce que la décision ait été exécutée et l'amende payée.

V. *Code des Steeple-Chases.*

STEEPLE-CHASES MILITAIRES [1].

La Société des Steeple-Chases donne annuellement un certain nombre de courses d'obstacles réservées aux chevaux de l'armée montés par des militaires en activité de service. Voici le règlement de ces courses :

RÈGLEMENT SUR LES STEEPLE-CHASES MILITAIRES.

ARTICLE PREMIER. — Aucun prix en argent ne pourra être affecté aux steeple-chases auxquels seront admis les militaires. Les prix consisteront en objets d'art ou objets ayant une utilité militaire.

_____

1. V. ce mot à l'appendice.

Art. 2. — La tenue militaire sera toujours de rigueur : dolman, tunique sans épaulettes, culotte et bottes.

Art. 3. — Les engagements ne comporteront aucune entrée, mais l'engagement devra toujours être accompagné d'une autorisation des chefs de corps portant approbation du général commandant le corps d'armée.

Art. 4. — Il y aura trois séries de steeple-chases militaires :

1° *Steeple-chase militaire de 3e série*

Pour officiers en activité de service montant leurs *propres* chevaux d'armes inscrits sur les contrôles et livrés par les remontes de l'État.

Poids commun : Cavalerie de réserve. .   77 kil.
Cavalerie de ligne. . .   }
Artillerie. . . . . . .   }   75 kil.
Cavalerie légère. . . .   }
Autres armes et service   }   72 kil.

Les chevaux de pur sang de cette catégorie, à quelque arme qu'ils appartiennent, porteront 77 kil. Tout gagnant d'un steeple-chase militaire de 3e série portera 3 kil. de surcharge. Le gagnant de deux steeple-chases portera 5 kil.

Distance : 2.000 mètres au minimum.

2° *Steeple-chase militaire de 2e série*

Pour officiers en activité de service montant des chevaux d'armes inscrits sur les contrôles et livrés par les remontes de l'État.

Poids commun : Cavalerie de réserve. .   77 kil.
Cavalerie de ligne. . .   }
Artillerie . . . .   }   75 kil.
Cavalerie légère. . . .   }
Autres armes et service   }   72 kil.

Les chevaux de pur sang de cette catégorie, à quelque arme qu'ils appartiennent, porteront 77 kil.

Tout gagnant d'un steeple-chase militaire de 2e série portera 3 kil. de surcharge; tout gagnant de deux steeple-chases portera 5 kil.

Distance : 2.000 mètres au minimum.

3° *Steeple-chase militaire de 1re série*

Pour officiers en activité de service montant soit des chevaux d'armes, soit des chevaux appartenant à des officiers en *activité de service*, *trois mois* au moins avant l'époque de l'engagement et n'ayant jamais gagné une course publique à obstacles autre que les steeple-chases militaires.

Poids commun : 75 kil. — Les chevaux de pur sang porteront 5 kil. de surcharge.

Tout gagnant d'un steeple-chase militaire de 1re série portera 3 kil. de surcharge; tout gagnant de deux steeple-chases portera 5 kil.

Distance : 3.000 mètres au minimum, mais exclusivement à travers pays et en dehors de tout parcours d'hippodrome.

Art. 5. — Tout cheval ayant gagné un steeple-chase militaire de 2e série ne pourra plus courir un steeple-chase militaire de 3e série.

Tout cheval ayant gagné un steeple-chase militaire de 1re série ne pourra plus courir un steeple-chase de 2e série, ni de 3e série.

Tout cheval ayant gagné trois steeple-chases militaires soit de 3e, soit de 2e, soit de 1re série, ne pourra plus courir les prix de la série où il aura été trois fois vainqueur.

Art. 6. — Aucune permission de courir ne sera donnée pendant la période des grandes manœuvres.

Art. 7.— Les courses auxquelles des sous-officiers pourront être autorisés à prendre part seront toujours les steeple-chases de 3e série.

Art. 8. — Dans les cas non prévus par le présent Règlement, le Code des steeple-chases sera en vigueur.

Ce règlement a reçu l'approbation du ministre de la guerre.

SOCIÉTÉ D'ENCOURAGEMENT POUR LE CHEVAL DE DEMI-SANG.

1. Cette Société, dont le but est vraiment digne de toutes les approbations, s'est fondée à Caen, en 1864, dans le but d'encourager, en France, l'élevage et l'éducation du cheval de demi-sang, qui constitue, en résumé, le véritable cheval de service et de guerre. Cette Société, qui fut établie entre les principaux éleveurs de Normandie, a son siège à Caen.

2. Les statuts de la Société ont été arrêtés dans une assemblée du 21 octobre 1864, puis modifiés et définitivement arrêtés dans les assemblées générales des 30 juillet 1867 et 14 mars 1879. Ils se composent de 44 articles dont l'énoncé se trouve dans les annuaires de la Société.

3. Nous croyons utile de faire connaître ce qu'est le Code des courses de la Société, formé par son règlement même, que nous transcrivons ici intégralement.

Ce Code régit toutes les courses pour lesquelles le règlement de la Société est adopté.

ARTICLE PREMIER. — Le Comité des courses de la Société d'Encouragement, conformément à l'article 7 de l'arrêté ministériel du 16 mars 1866, prononce souverainement sur les contestations qui lui sont soumises, lors même qu'elles n'ont pas eu lieu dans les courses de la Société.

Le Règlement de la Société d'Encouragement doit seul servir de base au jugement du Comité.

ART. 2. — Toute personne engageant un cheval dans les courses où le Règlement est en vigueur, est réputée connaître parfaitement le présent Règlement et se soumettre sans réserve à toutes ses dispositions et à toutes ses conséquences.

Des Commissaires des courses.

ART. 3. — Les Commissaires sont au nombre de trois. Ils ont le droit de s'adjoindre une ou plusieurs personnes compétentes et de leur déléguer une partie de leurs attributions.

ART. 4. — Ni les Commissaires ni les personnes auxquelles ils délèguent leurs fonctions ne peuvent les exercer pour une course dans laquelle ils seraient directement ou indirectement intéressés.

ART. 5. — Les Commissaires doivent publier le programme, vérifier et enregistrer les engagements, veiller au recouvrement des entrées, fixer, vingt-quatre heures au moins à l'avance, l'heure et l'ordre des courses.

Ils décident, sans appel, de la validité des engagements et de la qualification des chevaux.

En cas d'impossibilité absolue de courir, les Commissaires ont le droit de reculer les courses pendant trois jours consécutifs. S'il est certain que cette impossibilité doive durer plus de trois jours après la date fixée, ils ont le droit de décider que les courses n'auront pas lieu.

Dans ce cas, tous les engagements seraient nuls.

Art. 6. — Les Commissaires établissent, pour les courses, les mesures d'ordre et de police qu'ils jugent utiles.

Ils prennent les dispositions qui leur paraissent convenables, pour le terrain, le pesage, les juges du départ et de l'arrivée, les hommes de service et tout ce qui concerne les courses en général.

Art. 7. — Toutes les contestations ou réclamations élevées au sujet des courses sont jugées en dernier ressort par les trois Commissaires, qui peuvent, s'ils le jugent convenable, appeler deux membres de la Société à prendre part à la décision.

Toutefois, les Commissaires peuvent toujours en référer au Comité des courses de la Société d'Encouragement, si l'importance ou la difficulté de la question paraît l'exiger.

Aucune contestation à laquelle les courses donneraient lieu ne peut être portée devant les tribunaux.

Toute infraction à cette règle par un propriétaire, entraîneur ou jockey pourra provoquer son exclusion des courses de la Société dont il s'agira, pour un temps plus ou moins long, prononcée par les trois Commissaires des courses.

Art. 7 *bis*. — Les Commissaires ou leurs représentants dans l'exercice de leurs fonctions, peuvent non seulement exclure du champ de courses toute personne qui se livrerait soit à des injures, soit à des voies de fait envers l'un d'eux ou de leurs représentants ou agents, mais aussi leur interdire l'accès pour eux et leurs chevaux de l'hippodrome pour un temps plus ou moins long.

Le Comité de la Société d'Encouragement pourra même, sur leur demande, étendre cette exclusion selon le Règlement, ou infliger l'amende qu'il lui conviendrait.

Art. 8. — Lorsqu'une exclusion est décidée par les Commissaires d'une localité, cette exclusion ne s'applique qu'aux courses de cette localité.

Mais si les Commissaires le jugent nécessaire, ils peuvent soumettre leur décision au Comité des Courses, de la Société d'Encouragement : si elle est approuvée par ce Comité, elle s'applique à toutes les courses où le Règlement est en vigueur, et sera insérée au *Bulletin officiel* de la Société.

De la qualification des chevaux.

Art. 9. — Pour qu'un cheval soit qualifié comme étant de demi-sang, il ne suffit pas qu'il ne soit pas tracé au *Stud-Book*, il faut que son propriétaire puisse prouver que son père ou sa mère ne sont pas de pur sang.

Art. 10. — On entend par chevaux élevés en France, ceux qui, pendant leurs trois premières années, n'en sont pas sortis plus de vingt-cinq jours ou qui ont été introduits en France avant la fin de leur première année.

ART. 11. — Les chevaux sont considérés comme prenant leur âge au premier jour de l'année de leur naissance.

ART. 12. — § 1. Est disqualifié et incapable de courir partout où le présent Règlement est en vigueur :

Tout cheval ayant pris part, en France, à une course publique dont le programme n'aura pas été publié au *Bulletin officiel* de la Société d'Encouragement pour l'amélioration du cheval français de demi-sang.

§ 2. Aucun programme ne sera inséré au *Bulletin officiel* s'il n'est entièrement soumis au Règlement de la Société d'Encouragement formant le Code des courses au trot ; en outre, aucune Société ne recevra d'allocation du Gouvernement de la République ou de la Société d'Encouragement si le programme de ses courses n'est entièrement soumis à ce Règlement.

§ 3. Est également disqualifié et incapable de courir partout où le présent Règlement est en vigueur :

1º Tout cheval ayant pris part à une course publique, en France, avant le 15 février et après le 1er décembre.

Toutefois, des réunions pourront être autorisées par le Comité des courses, pendant cette période, pourvu qu'elles aient lieu dans les circonscriptions des dépôts nationaux d'étalons de Pau, de Tarbes, de Perpignan ou d'Annecy.

2º Tout cheval ayant pris part à une course publique, du 20 juillet inclusivement au 20 août exclusivement, sur un hippodrome quelconque dans un rayon de 60 kilomètres de Paris.

3º Tout cheval ayant pris part à une course publique, en France, à l'âge de 2 ans.

Toutefois, l'existence d'épreuves de 2 ans, réservées exclusivement à des produits de race de trait (par exemple : percheronne, boulonnaise, etc.), n'entraînera pas pour la réunion le refus d'insertion au *Bulletin officiel* du programme des autres prix ; mais ni le programme ni le compte rendu de ces épreuves n'y seront insérés, toutes leurs autres conséquences en étant maintenues.

4º Tout cheval de 3 ans ayant pris part, en France, à une course publique avant le 1er avril.

5º Tout cheval ayant pris part à l'âge de 3 ans, en France, à une course publique d'une distance supérieure à 3,200 mètres, avant le 15 juillet.

6º Tout cheval ayant pris part, en France, à une course publique d'une distance inférieure à 2.800 mètres.

Les courses dites épreuves réservées aux pouliches de 3 ans, dont les conditions sont définies par un arrêté ministériel, ne sont pas soumises à cette obligation.

Est également disqualifié : tout cheval ayant pris part, en France, à une course publique, en partie liée, dont une des épreuves serait inférieure à 2.000 mètres.

§ 4. Le programme d'aucune réunion de courses ne sera non plus publié au *Bulletin officiel* qu'autant :

1° Qu'il aura été établi à la satisfaction du Comité des courses, et, en cas d'urgence, des Commissaires, que cette réunion est régie par le Règlement de la Société d'Encouragement, et qu'il sera reconnu qu'elle ne fait l'objet d'aucune spéculation.

2° Que la proportion des prix offerts pendant le cours d'une année sur le même terrain ou sur plusieurs terrains ayant une administration commune ne pourra dépasser :

Pour les prix à réclamer, le quart;

Pour les prix internationaux, les prix ouverts aux chevaux de toute espèce et de toute origine, aux chevaux hongres, et pour les handicaps, en totalité, les deux cinquièmes. Les sommes affectées par une Société aux chevaux hongres français, nés et élevés, ou nés et élevés dans une circonscription définie, soit cantons, arrondissements, départements ou dépôts nationaux d'étalons, possédés depuis une époque déterminée par des propriétaires désignés, ne seront pas comptées dans le total formant les deux cinquièmes autorisés par le Règlement.

De plus, lorsque dans son programme l'affectation des deux cinquièmes aux espèces de courses mentionnées ci-dessus aura été atteinte par une Société, aucun programme ne sera inséré au *Bulletin officiel*, s'il contient en plus une ou plusieurs poules ou prix exclusivement formés par le produit des entrées, sans qu'il y soit attribué une somme en principal, d'au moins 1.000 francs par prix; qui bien entendu, en tout cas, sera comptée dans le total formant les deux cinquièmes autorisés par le Règlement.

Le restant des allocations, quelle que soit leur provenance, devant être au moins affecté à des prix réservés aux chevaux nés et élevés en France ou, suivant le cas, nés et élevés dans une circonscription française définie.

Dans une course où un ou plusieurs objets d'art sont offerts en prix, lorsque leur valeur absolue ne sera pas indiquée au programme, elle sera comptée d'office dans l'évaluation obligatoire pour la somme de 2.000 francs.

Toutefois, par dérogation spéciale aux articles ci-dessus qui interdisent à une Société d'attribuer sur la totalité de ses allocations plus des deux cinquièmes à des prix internationaux, à des prix ouverts à des chevaux de toute espèce et de toute origine, à des chevaux hongres et à des handicaps, lorsqu'une même Société donnera une ou deux réunions de courses plates ou à obstacles, parmi lesquelles figurera une course internationale au trot, chaque jour, les chevaux qui prendront part à cette course ou à ces courses ne seront pas disqualifiés.

Dans le cas où la même Société donnerait plus de deux réunions par an où figurerait une seule course au trot, elle devrait rentrer dans le Règlement, ainsi qu'il est dit au second paragraphe du présent article.

§ 5. Également par dérogation spéciale à l'article ci-dessus qui interdit à une Société d'attribuer sur la totalité de ses allocations plus des deux cinquièmes à des prix internationaux, une Société pourra, pendant l'Exposition universelle internationale de 1889, c'est-à-dire du 1er mai au 1er novembre de cette année, sans faire encourir de disqualification aux chevaux qui prendront part à ces courses, donner une ou deux réunions exclusivement réservées à des prix dont les programmes admettront les chevaux étrangers concurremment avec les chevaux français, sans que le montant des allocations de cette ou de ces journées vienne en ligne de compte.

Pour les expositions universelles internationales à venir ou autres solennités qui pourraient survenir, le Comité des courses prendra chaque année des décisions spéciales à l'égard des dispositions qu'il y aurait lieu de prendre au sujet de la latitude à donner aux épreuves internationales.

§ 6. Les modifications apportées au Règlement n'auront aucun effet pour les programmes insérés dans le *Bulletin officiel* avant le 1er avril 1889.

De plus, dans le but de ne créer aucune difficulté aux Sociétés dont le programme général habituel est déjà soumis à l'approbation de M. le ministre de l'Agriculture pour cette année (1889), le Comité a décidé que jusqu'au 31 mai 1889 inclusivement, sur son autorisation spéciale, des programmes contenant des conditions contraires aux nouvelles dispositions du Règlement pourraient être insérées au *Bulletin officiel*, sans faire encourir de disqualification.

§ 7. — A partir de l'insertion du présent article dans le *Bulletin officiel*, aucun programme ne sera inséré s'il contient un prix à courir deux ans ou plus après l'année désignée pour la réception des engagements, dont le montant soit inférieur en principal à 2.500 francs.

Toutefois tous les prix de ce genre actuellement créés, c'est-à-dire insérés au *Bulletin officiel* de l'année 1888 et des mois de janvier, février et mars 1889, pourront être maintenus et continués par les diverses Sociétés, sans faire encourir de disqualification.

ART. 13. — Toute course dont le programme est rendu public est une course publique.

Toute course dont le gagnant reçoit un prix formé, soit par

une donation spéciale, soit par les entrées payées par les propriétaires des chevaux engagés, soit par ces deux moyens réunis, est une course publique.

Un pari particulier entre deux propriétaires faisant courir chacun un cheval n'est pas une course publique, mais s'il y a plus de deux propriétaires ayant engagé des chevaux, la course est considérée comme publique, et le gagnant comme le gagnant d'un prix.

Art. 13 *bis*. — Sont considérées comme courses les épreuves d'étalons et de pouliches.

Art. 14. — Ne sont pas considérées comme courses :

1° Toute épreuve dans laquelle une condition admet que, par suite d'un accident, même indépendant de la volonté du jockey ou du cocher, la course peut être recommencée, contrairement à l'article 66 ;

2° Toute épreuve dans laquelle une condition admet qu'une faute quelconque peut être punie d'une augmentation arbitraire de temps, sans que pour cela le cheval soit distancé, contrairement à l'article 66.

Art. 15. — Un cheval qui n'a jamais gagné est celui qui n'a jamais gagné un premier prix dans une course publique, dans aucun pays. La course publique est celle qui, annoncée par un programme se conformant à l'article 14, n'est pas le résultat d'un match ou d'un pari.

Art. 16. — Un cheval n'ayant rien gagné est celui qui n'a jamais reçu aucune somme, ni retiré aucune entrée, ni gagné un objet d'art.

Art. 17. — Un cheval ayant couru est celui qui s'est présenté au poteau de départ, n'eût-il pas accompli le parcours.

Art. 18. — Un cheval né et élevé dans un département ou une circonscription définie dans un programme est celui qui n'en est pas sorti avant l'âge de deux ans et demi, pendant plus de vingt-cinq jours.

Les modifications de l'admission dans une course réservée à des chevaux nés et élevés ou nés ou élevés dans une certaine circonscription, administrative ou déjà définie précédemment, ne pourront avoir d'effet dans la qualification de ces chevaux que 30 jours après l'insertion du changement apporté dans la circonscription dont il s'agira, dans le *Bulletin officiel*.

Art. 19. — Un cheval élevé dans un département ou une circonscription définie dans un programme est celui qui y a été introduit avant l'âge de 2 ans.

Art. 19 *bis*. — Lorsqu'une course est ouverte aux poulains et pouliches ou aux chevaux et juments, on doit interpréter que les chevaux hongres y sont admis.

Art. 20. — Lorsque certaines conditions particulières sont exigées pour la qualification des chevaux dans une course, il faut, pour qu'un cheval soit qualifié, qu'il remplisse ces conditions au moment même de la course.

Art. 21. — S'il y a des exclusions stipulées à raison de certains prix antérieurement gagnés, cette exclusion ne s'applique qu'aux gagnants des premiers prix, entrées comprises.

Si l'exclusion est déterminée en raison des sommes gagnées, l'évaluation en est faite en réunissant toutes les sommes perçues en prix de courses pour chevaux soit montés, soit attelés, et en comptant aussi les entrées gagnées par le cheval engagé, même la sienne.

L'évaluation des sommes gagnées se fait en additionnant celles gagnées en France, selon les comptes rendus officiels des *Annuaires* et du *Bulletin officiel* de la Société.

Pour qu'il soit tenu compte des sommes gagnées à l'étranger, il faudra que la mention expresse en soit faite dans les conditions du prix dont il s'agira.

Si l'engagement a eu lieu avant qu'un cheval ait encouru une exclusion par suite de sommes gagnées, l'entrée ou le forfait sont remboursés.

L'entrée ou le forfait ne seront pas remboursés sauf dans le cas d'une somme gagnée dans la réunion du jour même dont il s'agira, à moins que les Commissaires des courses de la localité n'aient été prévenus par écrit par le propriétaire intéressé, la veille avant minuit.

Art. 22. — Tout propriétaire peut engager plusieurs chevaux dans une même course; le même cheval peut courir plusieurs prix, sauf les exceptions prévues.

De l'engagement des chevaux.

Art. 23. — Les programmes feront connaître les dates fixées pour les engagements et les personnes chargées de les recevoir.

Sauf stipulation contraire, les engagements devront toujours être faits par lettres cachetées et affranchies.

Chaque engagement devra être fait sur une feuille distincte et contenir, SOUS PEINE DE NULLITÉ:

1° *Le nom, l'origine* (nom du père et de la mère), *la robe, le sexe, l'âge du cheval engagé*;

2° *Le nom du propriétaire et ses couleurs*;

3° *Le montant de l'entrée ou du plus gros forfait s'il y a lieu.*

Tout engagement sera accompagné d'une pièce constatant l'âge et l'origine du cheval engagé; elle consistera: 1° s'il s'agit d'un produit d'étalon de l'État, dans le certificat de naissance délivré par le directeur du dépôt d'étalons de la circonscription;

2° s'il s'agit d'un produit d'étalon approuvé, dans la carte de saillie portant la déclaration de naissance certifiée par le maire et visée par le directeur du dépôt d'étalons; s'il s'agit d'un produit d'un étalon autorisé ou autre, dans un certificat de saillie délivré par le propriétaire de l'étalon et dans une déclaration de naissance délivrée par le maire de la commune.

Dans les trois cas, la pièce justificative ne sera admise qu'autant qu'elle ne portera aucune des signatures exigées, postérieure aux douze mois qui suivent le jour de la naissance du cheval engagé.

Dans tous les cas, s'ils le jugent nécessaire, les commissaires ont toujours le pouvoir d'exiger la pièce justificative originale.

Art. 24. — Tout engagement arrivé après l'heure précise fixée est nul de plein droit, même dans le cas où le retard serait justifié par des raisons de force majeure.

Art. 25. — Aucun changement d'aucune espèce ne peut être apporté aux engagements après le terme fixé pour les recevoir.

Art. 26. — Si un cheval est engagé sous une fausse désignation, il est disqualifié, c'est-à-dire qu'il ne peut courir et que son propriétaire doit néanmoins payer le forfait ou la totalité de l'entrée, s'il n'y a pas de forfait ou si l'époque à laquelle il doit être déclaré est passée.

Si le cheval a été exactement désigné et que de cette désignation même il résulte qu'il n'est pas qualifié pour la course dans laquelle on l'engage, l'engagement est alors annulé et le propriétaire ne doit pas d'entrée.

Art. 27. — Si par suite d'une manœuvre frauduleuse un cheval court ou est engagé sous une fausse désignation, ce cheval devient incapable de courir ensuite dans aucune course. Son propriétaire doit restituer à qui de droit la valeur des prix qu'il a gagnés et peut être déclaré incapable de faire courir à l'avenir aucun cheval.

Art. 28. — Lorsque, par un acte ou une délibération publique de son propriétaire, un cheval a reçu un nom, si l'on veut changer ce nom, on doit, pendant un an, à dater du premier engagement fait après ce changement, mentionner à la suite du nouveau nom celui ou ceux que le cheval a déjà portés.

Toute infraction à cette règle entraînera de plein droit la disqualification du cheval et pourra donner lieu à une amende n'excédant pas 100 francs si le cheval n'a jamais couru, et 500 francs si le cheval a couru.

En outre, le propriétaire pourra être exclu de toutes les courses pour un temps déterminé par le Comité des Courses de la Société d'Encouragement.

Art. 29. — Aucun cheval ne peut gagner, lorsqu'il est prouvé qu'il a couru sous une fausse désignation. Il est alors considéré comme disqualifié et distancé. Cette disqualification a son effet jusqu'à ce que la désignation exacte ait été établie et admise. On ne peut, en tout cas, réclamer l'application de cette disqualification plus de six mois après que la course a eu lieu.

Art. 30. — L'engagement d'un cheval n'est pas annulé, si la personne au nom de laquelle il a été fait meurt avant l'époque fixée pour le paiement de l'entrée ou du forfait.

Art. 31. — Les propriétaires sont toujours responsables des engagements de leurs chevaux, quand même ils ne seraient pas faits par eux-mêmes.

Le *Bulletin officiel* fait seul foi en matière d'engagements, et aucune omission ne pourra, en aucun cas, être reconnue, si elle est signalée aux commissaires chargés de l'examiner après dix jours écoulés depuis l'insertion dans le *Bulletin*.

Art. 32. — Tout propriétaire ou toute association de propriétaires peuvent adopter un pseudonyme, sous lequel seront enregistrés leurs chevaux, en en faisant la déclaration écrite au Secrétaire de la Société d'Encouragement pour l'amélioration du cheval français de demi-sang, qui la consignera sur un registre spécial.

A partir du 1er juillet 1889 tout propriétaire, ou toute association de propriétaires qui voudrait adopter un pseudonyme, devra en demander l'autorisation, par écrit, au Comité de la Société d'Encouragement.

Cette autorisation ne sera accordée par le Comité ou, en cas d'urgence, par les Commissaires que sur des raisons sérieuses et justifiées.

Toute personne qui sera convaincue de s'être servie de pseudonymes sans autorisation ou de faux noms, sera exclue des courses, comme ayant fait une fausse déclaration.

Art. 33. — Si l'on fait inscrire, pour les courses de la Société d'Encouragement ou pour une de celles dont les engagements se font au Secrétariat, un cheval portant le même nom qu'un autre cheval ayant été engagé dans les mêmes courses depuis moins de 6 ans, ce nom sera suivi, au *Bulletin officiel* de la Société et au programme, d'un n° 1, 2 et 3, etc., suivant le nombre de fois que le cas se sera présenté.

Art. 34. — Plusieurs chevaux appartenant au même propriétaire ou à la même association de propriétaires ne peuvent courir dans la même course que sous les mêmes noms et sous les mêmes couleurs.

Les propriétaires sont rigoureusement obligés, sous peine de disqualification, à distinguer tous leurs jockeys par des brassards de couleurs différentes, si les commissaires de la localité le leur

demandent. Si les commissaires veulent le permettre, les jockeys
en question ne mettront aucun signe distinctif.

. Nul ne peut donner à son jockey les couleurs adoptées antérieurement par un autre propriétaire, à moins que ce propriétaire n'ait complètement cessé de faire courir depuis plus de
cinq ans. Toute infraction à cette règle donne lieu à une amende
de 100 francs. En cas de récidive, elle pourra entraîner l'exclusion de la course.

Des entrées et des forfaits.

Aʀᴛ. 35. — Les entrées sont réparties, suivant les conditions
portées aux programmes généraux ou locaux. Faute d'indication
exprimée elles rentrent au fonds de course.

Lorsque d'après les conditions d'une course il devra revenir
une somme sur les entrées au second et au troisième cheval, si
la totalité des entrées se trouve inférieure au chiffre prévu, les
entrées seront partagées de la manière suivante : deux tiers au
second, un tiers au troisième.

Aʀᴛ. 36. — Lorsque dans un prix les entrées doivent revenir
en totalité ou en partie au second cheval, elles seront réunies au
fonds de course de la Société qui a donné le prix, s'il n'y a pas
de second cheval.

Dans les poules, les parties attribuées au second sont, dans ce
cas, partagées entre les souscripteurs, à l'exclusion de ceux qui
ont payé forfait.

Aʀᴛ. 37. — Non seulement tout engagement qui ne sera pas
accompagné du montant de l'entrée ou du plus gros forfait sera
nul et non avenu, mais encore dans les prix où il y a indication de forfait, tout cheval dont l'entrée n'aura pas été com-
plétée avant la course ne sera pas admis à courir.

Art. 38. — Dans les courses pour lesquelles les engagements
se font un an ou plus d'un an à l'avance, le montant de l'entrée
ou du forfait peut être représenté par un billet à ordre.

Aʀᴛ. 39. — Lorsque les conditions de la course admettent
plusieurs forfaits, c'est le forfait le plus élevé qui doit être
déposé ou souscrit.

. Aʀᴛ. 40. — Aucun cheval ne peut courir sans que son entrée
ait été payée. Le fonds de course est responsable de l'entrée des
chevaux, pour les courses où les commissaires les auront
laissés partir.

Aʀᴛ. 41. — Le droit d'empêcher un cheval de partir, en vertu
des dispositions précédentes, appartient :

Aux commissaires des courses de la localité où les entrées
et les forfaits sont dus;

Au Secrétaire de la Société d'Encouragement;

Lorsqu'il s'agit d'entrées ou de forfaits dus dans un autre endroit que celui où la course a lieu, l'opposition, pour être valable, doit être faite la veille de la course, avant 6 heures du soir; elle doit être faite par écrit et signée.

Art. 42. — Si, malgré l'opposition régulièrement formée contre lui, un cheval prend part à la course, il ne peut pas gagner et est disqualifié.

Art. 43. — Quand un cheval a été vendu avec tout ou partie de ses engagements et que, faute par l'acquéreur d'en payer le montant, le vendeur est obligé de le payer lui-même, il a, jusqu'à ce qu'il soit remboursé, le droit de réclamer, contre l'acquéreur et contre le cheval, l'application de l'article 41.

Art. 44. — Quand un propriétaire a été obligé de payer, pour faire partir un cheval, des entrées ou forfaits dont il n'était pas lui-même débiteur, il a, jusqu'à ce qu'il soit remboursé, le droit de réclamer, contre la personne et contre les chevaux dont il a payé les engagements, l'application de l'article 41.

Art. 45. — Lorsqu'il existe des raisons de croire que, pour éluder quelques dispositions du Règlement, un cheval a été engagé par un prête-nom, les Commissaires ont le droit de sommer la personne sous le nom de laquelle l'engagement a été fait de prouver, à leur satisfaction, que le cheval n'est pas en totalité ou en partie la propriété d'un débiteur d'entrées ou de forfaits ou d'une personne incapable de faire courir.

Si cette preuve n'est pas fournie, les Commissaires ont le droit de refuser l'engagement et de ne pas laisser partir le cheval.

Des déclarations de forfaits et des engagements nuls.

Art. 46. — Le droit de retirer un cheval ou de déclarer forfait appartient exclusivement à son propriétaire ou à son représentant. La déclaration doit être faite à la personne chargée de recevoir les engagements, et à l'époque précise indiquée au programme.

Art. 47. — Quand un cheval est vendu avec tout ou partie de ses engagements, le vendeur ne peut plus déclarer forfait ni retirer ce cheval d'aucun des engagements avec lesquels il a été vendu, et ce droit appartient exclusivement à l'acquéreur ou à ses représentants.

Art. 48. — Dans le cas de vente à l'amiable, une reconnaissance écrite et signée des deux parties est nécessaire pour constater qu'un cheval a été vendu avec ses engagements. Dans le cas d'une vente publique ou d'un prix à réclamer, les conditions de la vente ou celles de la course font foi.

Art. 49. — A défaut des preuves spécifiées ci-dessus, un

cheval est toujours considéré comme vendu sans les engagements.

Art. 50. — Quand un cheval est vendu sans ses engagements, le vendeur conserve le droit d'en disposer, et il peut accorder ou refuser à l'acquéreur l'autorisation d'en profiter.

·Art. 51. — La déclaration par laquelle un cheval est retiré d'une course est irrévocable.

Art. 52. — Si un cheval pour lequel on a payé forfait ou qui a été retiré par une personne ayant qualité à cet effet, est, par suite d'une erreur, admis à courir, il ne peut pas gagner et est disqualifié pour cette course.

Art. 53. — Tout propriétaire qui, ayant régulièrement engagé son cheval et payé l'entrée, juge à propos de le retirer, peut le faire en déclarant forfait aux époques fixées par le programme : dans ce cas, il sera remboursé de la différence entre le montant de l'entrée et celui du forfait.

Faute de déclaration de forfait, la totalité de l'entrée du cheval retiré suit les conditions du programme de la Société qui a donné le prix.

Tout propriétaire dont le cheval n'est point parti dans la course et qui n'a point déclaré forfait en temps utile, doit le complément de l'entrée, s'il n'a payé que le forfait au moment de l'engagement.

Du pesage.

Art. 54. — A l'heure fixée pour chaque course, la cloche sonne ; si un quart d'heure après tous les jockeys ou cochers ne sont pas prêts, on peut faire partir ceux qui le sont.

Art. 54 *bis*. — Dans les dix minutes qui suivent le signal indiquant le commencement du pesage pour chaque course, les propriétaires ou leurs représentants doivent déclarer, à la personne chargée du pesage, les noms des chevaux qu'ils vont faire courir, et cela, aussi bien pour les courses attelées à poids libre que pour les courses montées. Les numéros de ces chevaux sont affichés et un second signal indique l'expiration du délai de dix minutes. Si un cheval part, bien que n'ayant pas été déclaré dans ce délai, ou est retiré après avoir été affiché, les Commissaires ont le devoir et le droit d'en demander l'explication au propriétaire ou à son représentant et, si l'explication n'est pas satisfaisante, ils peuvent le mettre à une amende de 100 francs à 1,000 francs, et même, au besoin, l'exclure pour un temps déterminé.

Art. 55. — Tous les jockeys sont tenus de se présenter devant les Commissaires ou leur délégué, et de se faire peser, s'ils l'exigent : les Commissaires ou leur délégué ne sont pas responsables des erreurs qui peuvent être commises à ce pesage. Tout jockey, qui, sans en avoir obtenu la permission de la personne chargée du pesage, ne se fait pas peser devant elle avant la course, pourra être mis à l'amende de 100 francs.

Art. 56. — Immédiatement après la course, les jockeys ou les cochers doivent rester à cheval ou dans leur voiture et venir jusqu'à l'endroit où ils ont été pesés : s'ils descendent avant d'y arriver, les chevaux qu'ils montent ou qu'ils conduisent sont distancés. — Aucun cheval ne pourra gagner aucun prix de n'importe quel ordre, si son jockey ou son cocher ne s'est pas fait peser d'après cette règle.

Art. 57. — Si un jockey ou un cocher est, par suite d'un accident, hors d'état de revenir à cheval ou en voiture jusqu'aux balances, il peut, mais dans ce cas seulement, y être conduit et porté.

Art. 58. — Tout jockey ou cocher qui ne se présente pas au pesage après la course, avant dix minutes écoulées, sera mis à l'amende de 50 francs ; le cheval qu'il montait ou conduisait dans la course pourra être distancé pour cette course.

Art. 59. — Tout cheval n'ayant pas porté le minimum du poids fixé par les conditions de la course est distancé. On peut peser tout ce que porte le cheval, excepté les fers. Dans les courses attelées, les traits et les guides sont considérés comme faisant partie du harnais.

Du départ.

Art. 60. — Les Commissaires ont le droit de faire partir les chevaux en un ou plusieurs pelotons. La place des chevaux au départ est tirée au sort pour chaque course.

Art. 61. — Quand la personne qui donne les départs a appelé les jockeys ou cochers pour prendre leur place, les propriétaires des chevaux qui se présentent au poteau doivent, dès lors, leur mise entière.

Art. 62. — La personne chargée des départs peut faire ranger les jockeys ou cochers en ligne, aussi loin derrière le point de départ qu'elle le juge convenable.

Art. 63. — Avant que le signal de partir ne soit donné, les chevaux doivent marcher au pas : ils pourront même être forcés à partir de pied ferme.

Art. 64. — La personne chargée de faire partir les chevaux est juge souverain de la validité du départ.

Art. 65. — Si un jockey ou un cocher désobéit ou cherche à prendre un avantage illicite, le starter pourra lui imposer une amende n'excédant pas 250 francs ; le Comité des Courses ou les Commissaires pourront augmenter cette amende et l'exclure des courses de la Société. Le Comité des Courses de la Société d'Encouragement pourra étendre cette exclusion à toutes les courses où le Règlement sera en vigueur.

De la course.

Art. 66. — Une course ne peut jamais, en aucun cas, être recommencée. Les chevaux, une fois le signal du départ donné, quoi qu'il arrive, au trot attelé ou au trot monté, gagnent ou sont distancés irrévocablement, s'il y a lieu.

Art. 67. — Lorsque, dans une course, un jockey ou un cocher en pousse un autre, le croise, l'empêche d'avancer ou cherche à lui nuire par un moyen quelconque, son cheval peut être distancé, ainsi que tout autre, appartenant en totalité ou en partie au même propriétaire.

Quand les Commissaires reconnaissent que le jockey ou cocher a agi avec mauvaise intention, ils peuvent lui imposer telle amende qu'ils voudront, ou lui interdire pour un temps, de monter dans les Courses de la Société, ou même le déclarer incapable d'y jamais monter à l'avenir.

Le Comité des courses de la Société d'Encouragement pourra étendre cette exclusion à toutes les courses.

Art. 68. — Lorsqu'un cheval se dérobant passe en dedans des poteaux, il est distancé, à moins qu'on ne le fasse retourner et rentrer sur la piste à l'endroit même où il en est sorti.

Art. 69. — Tout cheval qui prendra le galop devra immédiatement être remis au trot.

Les Commissaires devront prononcer la mise hors de course de tout cheval qui aurait parcouru au galop une partie plus ou moins longue de la piste ou dont l'allure aurait cessé d'être régulière.

Art. 70. — Si un jockey ou un cocher tombe et que son cheval soit monté et amené au but par une personne dont le poids soit suffisant, le cheval prend sa place comme si l'accident n'avait pas eu lieu, pourvu qu'il soit reparti de l'endroit où le jockey ou cocher est tombé.

Lorsqu'un cheval a renversé son cavalier, celui-ci peut toujours être aidé pour le reprendre et le remonter sans encourir la disqualification. De même, un cocher ne serait pas disqualifié pour avoir été aidé à reprendre son cheval et à remonter dans sa voiture.

Art. 71. — Dans les courses pour chevaux attelés, la cravache américaine ou toute autre de moindre dimension est seule admise. L'usage du fouet est formellement interdit.

Art. 72. — Il est interdit de faire partir un ou plusieurs chevaux dans une course sans avoir l'intention d'essayer de gagner.

Tout jockey ou cocher convaincu d'avoir, dans un but frauduleux, fait battre le cheval qui monte ou conduit, peut être puni par les Commissaires, soit d'une amende jusqu'à 500 fr., soit d'une exclusion temporaire et même absolue.

Tout propriétaire convaincu d'avoir donné à son jockey l'ordre de ne pas gagner sera déclaré incapable d'engager ou de faire courir aucun cheval.

ART. 73. — Toutes ces exclusions pourront s'étendre, par décision du Comité des courses de la Société d'Encouragement, à toutes les courses soumises à son Règlement.

ART. 74. — La vitesse est constatée au moyen du chronomètre.

Du second cheval.

ART. 75. — Lorsque, par suite de la disqualification du cheval arrivé premier, le second se trouve avoir droit au prix, ou lorsque les conditions de la course attribuent au second ou au troisième, soit un prix spécial, soit une somme sur les entrées et qu'il n'y a pas de cheval placé second ou troisième, l'argent destiné au second ou au troisième fait retour au fonds de course de la Société qui a donné le prix.

ART. 76. — Si le cas se présente dans une poule sans prix, le montant de la poule ou l'argent destiné au second ou au troisième est partagé entre tous les souscripteurs, à l'exclusion de ceux qui ont payé forfait, et s'ils ont tous payé forfait, l'argent fait retour au fonds de course.

ART. 77. — Si, dans une course en une seule épreuve, deux ou plusieurs chevaux arrivent les premiers au but, tellement ensemble que le juge ne puisse décider lequel a gagné, ces chevaux recourent une demi-heure après la dernière course de la journée, à moins que leurs propriétaires ne conviennent de partager le prix : ils partagent aussi l'argent attribué au second, et s'il y a lieu, au troisième. Les autres chevaux prennent leurs places, comme si la course avait été terminée la première fois.

Ces chevaux sont tous, alors, considérés comme gagnants et encourent les surcharges imposées aux gagnants de ce prix ; mais dans les courses pour lesquelles une surcharge est établie d'après l'importance ou le total des sommes gagnées, ils sont considérés comme ayant gagné seulement le montant de leur part.

Des surcharges et remises de poids.

ART. 78. — Les juments et pouliches jusqu'à 4 ans inclusivement portent 2 kilos de moins que le poids indiqué pour les chevaux et poulains.

ART. 79. — Quand les conditions d'une course comportent une surcharge ou une remise de poids pour avoir gagné ou avoir été battu un certain nombre de fois dans l'année, l'année se compte du 1er janvier précédant le jour de la course.

ART. 80. — Quand une remise de poids est accordée aux chevaux n'ayant pas gagné, ils perdent le droit d'en profiter s'ils gagnent depuis leur engagement.

ART. 81. — Quand, d'après les conditions d'une course, une surcharge est attribuée aux chevaux ayant gagné d'autres courses, cette surcharge est imposée aux chevaux qui ont gagné après leur engagement, comme à ceux qui avaient gagné auparavant.

ART. 82. — Les surcharges et les remises de poids ne peuvent être accumulées : la plus forte est seule applicable.

ART. 83. — Les courses particulières ou matchs sont réglées par les conventions des parties ; elles ne donnent lieu à aucune exclusion, aucune surcharge ni remise de poids.

ART. 84. — Lorsqu'une surcharge est imposée aux gagnants de prix d'une certaine valeur, cette mesure s'applique seulement aux gagnants des premiers prix.

Tous les prix sont comptés, lorsque la surcharge est imposée aux gagnants de sommes déterminées.

Dans les deux cas, les entrées sont comprises dans le calcul. Si le prix consistait en objet d'art ou autre, les entrées seules sont comptées.

ART. 85. — Pour qu'un cheval ait effectivement gagné, il faut qu'il ait rempli toutes les conditions de la course, quand même aucun concurrent ne se serait présenté.

Des réclamations et des délais dans lesquels elles doivent être présentées.

ART. 86. — Le droit de réclamer contre un cheval dans une course appartient exclusivement aux propriétaires des autres chevaux, ou à leurs entraîneurs, jockeys et représentants.

Les Commissaires ont seuls qualité pour recevoir les réclamations ; ils peuvent exiger qu'elles soient écrites.

Ils peuvent toujours agir d'office.

ART. 87. — Les délais dans lesquels les réclamations doivent être faites, à peine de nullité, sont les suivants :

1o Pour les réclamations contre la mesure des distances, la qualification des jockeys, le défaut de paiement des entrées ou des forfaits, avant la course ;

2o Pour les réclamations contre les manœuvres illicites des jockeys, les erreurs de parcours ou toute autre irrégularité ayant eu lieu pendant la course, un quart d'heure après la fin du pesage de cette course ;

3o Pour les réclamations contre la qualification des chevaux ou de leurs propriétaires, les erreurs dans les engagements et en général toutes les réclamations autres que celles spécifiées aux deux paragraphes ci-dessus, huit jours francs après celui de la course ;

4º Pour les réclamations contre une fraude ayant eu pour but l'engagement ou le départ d'un cheval sous une fausse désignation, et tombant sous le coup de l'article 27, six mois après la course.

ART. 88. — Si une réclamation contre la qualification d'un cheval est faite avant la course, la validité de la qualification doit être établie par le propriétaire du cheval.

Dans le cas où la réclamation est faite après la course, les preuves à l'appui doivent être fournies par la personne qui réclame. Les Commissaires peuvent exiger du propriétaire du cheval tous les éclaircissements qu'il est en son pouvoir de donner.

Lorsque la qualification d'un cheval est contestée avant la course, les Commissaires fixent au propriétaire du cheval une époque avant laquelle il doit fournir la preuve de la qualification de son cheval. Jusque-là, le prix est rendu : si la preuve n'est pas fournie à l'époque fixée, le prix est remis au propriétaire arrivé second.

Si le prix ou les entrées ont été touchés avant la disqualification du cheval, l'argent est rendu et employé comme ci-dessus.

S'il n'y a pas de second cheval, le prix et les entrées font retour au fonds de course de la Société qui a donné le prix.

L'argent d'une poule sans gagnant est, dans ce cas, partagé entre les souscripteurs à l'exclusion de ceux qui ont payé forfait. Si tous les souscripteurs ont payé forfait, à l'exclusion du propriétaire du cheval disqualifié, les entrées et les forfaits reviennent au fonds de course de la Société qui a donné le prix.

Des amendes et des interdictions.

ART. 89. — Le Comité des Courses de la Société d'Encouragement, au nombre de sept membres au moins, peut prononcer, d'une manière absolue ou pour un temps déterminé, l'interdiction de monter, d'entraîner ou de posséder aucun cheval courant en France contre toute personne ayant manqué à celles des prescriptions du présent Règlement qui tendent à maintenir la loyauté et la moralité des courses.

Le Comité peut également, dans les mêmes conditions, exclure de toutes les courses où le Règlement sera adopté, tout cheval ayant été l'instrument de manœuvres frauduleuses et déloyales. Cette exclusion entraînera la disqualification du cheval pour la course qui y aura donné lieu. Le cheval ainsi exclu ne pourra ni courir ni être engagé.

Toute personne qui aura sciemment entraîné, engagé, monté ou conduit dans les courses un cheval frappé d'exclusion, pourra être exclue de toutes les courses, ainsi que les chevaux lui appartenant en tout ou en partie.

Art. 90. — Tout propriétaire, jockey, cocher ou entraîneur se trouvant sous le coup d'une exclusion ou d'une suspension régulièrement prononcée et rendue publique en France et à l'étranger, ne pourra posséder, entraîner, monter ou conduire aucun cheval courant pour les prix de la Société, sans l'autorisation du Comité, statuant à la simple majorité.

Art. 91. — Les Commissaires pourront frapper d'une amende de 20 à 100 fr. et même empêcher de partir dans la course :

1º Tout jockey qui ne sera pas rigoureusement en tenue de course ou tout cocher qui ne sera pas muni d'une toque et d'une casaque ;

2º Tout propriétaire dont le cheval sera monté ou attelé sous d'autres couleurs que celles indiquées à l'engagement ;

3º Tout propriétaire qui, dans les délais fixés par les programmes, n'aura pas fait connaître aux Commissaires les couleurs, des gentlemen, jockeys ou cochers qui monteront ou conduiront.

Toutes les amendes encourues font retour au fonds de course de la localité. Les propriétaires sont responsables de celles qui seront infligées à leurs jockeys ou cochers. En cas de refus de paiement, ils pourront être exclus des courses de la Société.

Les amendes pourront toujours être retenues sur le montant des prix gagnés.

Des courses en partie liée.

Art. 92. — Dans les courses en partie liée, aucun propriétaire ne peut faire courir plus d'un cheval lui appartenant en entier ou en partie, quand même les chevaux seraient engagés sous les noms de différentes personnes.

Sont formellement interdits tous arrangements par lesquels des propriétaires de chevaux partants s'intéresseraient les uns les autres dans leurs chances de gagner.

La qualification d'un cheval ne peut être contestée, à raison de ce qui précède, plus de six mois après la course.

Art. 93. — Dans les courses en partie liée, la place des chevaux au départ est tirée au sort avant chaque épreuve.

Art. 94. — Si le juge ne peut décider quel est le cheval qui a gagné, l'épreuve est nulle et tous les chevaux peuvent recourir, à moins que les deux arrivés ensemble n'aient gagné chacun une épreuve.

Art. 95. — Si trois chevaux gagnent chacun une épreuve, ils doivent seuls recourir.

ART. 96. — Quand une course en partie liée est gagnée en deux épreuves, la place des chevaux est fixée par celle qu'ils ont eue dans la seconde épreuve. S'il y a eu trois épreuves, le second cheval est celui qui a gagné une épreuve. S'il y a eu quatre épreuves, les chevaux sont placés dans l'ordre de leur arrivée à la quatrième épreuve.

Des prix à réclamer ou à vendre au plus offrant.

ART. 97. — Lorsque les conditions d'une course portent que le *gagnant* ou que *tous les chevaux* seront à vendre au plus offrant, tout cheval engagé dans cette course, et n'ayant pas été retiré, peut être réclamé *avant la course*, moyennant la somme pour laquelle il a été mis à vendre, augmentée de la valeur du prix.

Les propriétaires des chevaux engagés dans la même course et n'ayant pas été retirés, ont seuls le droit de réclamation.

Un propriétaire ne peut pas réclamer lui-même son propre cheval.

S'il y a plusieurs réclamations pour le même cheval, les Commissaires ou leur délégué procèdent à un tirage au sort qui décide de la préférence.

Tout cheval réclamé *avant la course* ne peut pas courir.

Le délai pendant lequel le droit de réclamation peut s'exercer commence *quinze minutes avant l'heure fixée pour la course* et finit au moment du signal indiquant l'ouverture du pesage. Pendant ce délai, le droit des propriétaires de retirer leurs chevaux est suspendu.

Les chevaux doivent être rendus sur le terrain *quinze minutes avant l'heure fixée pour la course*. Tout cheval dont l'absence est constatée par les Commissaires, sans qu'ils l'aient autorisée, est considéré comme retiré et ne peut plus partir.

ART. 98. — Lorsque les conditions d'une course portent que *le gagnant* sera *à vendre pour un prix déterminé*, toute personne ayant l'intention de l'acheter peut, dans le quart d'heure qui suit la course, remettre aux Commissaires, au juge ou à la personne chargée du pesage, une lettre cachetée contenant l'offre d'un prix qui ne peut être inférieur à celui fixé par les conditions de la course. Le quart d'heure expiré, les lettres sont ouvertes et le gagnant appartient à la personne qui a fait l'offre la plus élevée. Son propriétaire n'a droit qu'à la somme pour laquelle il avait mis son cheval à vendre, et l'excédent, s'il y en a, revient au fonds de course.

Cet excédent doit être payé tout de suite aux Commissaires, faute de quoi la vente est nulle, et le cheval appartient à la personne qui a fait l'offre immédiatement inférieure.

ART. 99. — Lorsque les conditions d'une course portent que *tous les chevaux seront à vendre pour un prix déterminé*, toute

personne qui désire acheter un ou plusieurs des chevaux partants peut, dans le quart d'heure qui suit la course, remettre
aux Commissaires, au juge ou à la personne chargée du pesage,
une lettre contenant l'offre d'une somme qui ne peut être inférieure à celle fixée par les conditions de la course, augmentée,
s'il s'agit d'un cheval autre le que gagnant, de la valeur du prix.
Le quart d'heure expiré, les lettres sont ouvertes, et tout cheval
ayant couru appartient à la personne qui a fait l'offre la plus
élevée; son propriétaire n'a droit qu'à la somme pour laquelle
il avait mis son cheval à vendre augmentée de la valeur du
prix. L'excédent, s'il y en a, revient au fonds de course et doit
être payé comme il est dit dans l'article précédent.

ART. 100. — Tout cheval vendu au plus offrant n'est livré
qu'après avoir été payé : il doit l'être le jour même de la course,
faute de quoi la personne qui l'a acheté ne peut plus exiger qu'il
soit livré, tandis qu'elle reste obligée à le prendre et à le payer,
si le propriétaire l'exige.

Si le propriétaire d'un cheval vendu refuse de le livrer, après
qu'il a été payé, aucun cheval lui appartenant ou engagé sous
son nom ne pourra courir tant que le cheval n'aura pas été
livré; l'opposition devra être faite conformément aux prescriptions de l'article 29.

ART. 101. — Tout cheval vendu au plus offrant est considéré,
sauf condition contraire, comme vendu sans ses engagements.

Tout cheval réclamé est vendu sans garantie d'aucun vice
rédhibitoire.

ART. 102. — Si un cheval réclamé est engagé pour l'avenir
dans des courses publiques ou particulières, la personne qui le
réclame n'est obligée à payer aucun de ses engagements, à
moins qu'elle n'en profite en le faisant courir.

Le droit de profiter des engagements cesse d'exister, si l'interdiction en est formulée dans la lettre d'engagement pour le prix
à réclamer.

Syndicat des jockeys et des garçons d'écurie.

ART. 103. — Il est formé, sous le patronage de la Société
d'Encouragement pour l'amélioration du cheval français de demi-
sang, un Syndicat des jockeys et garçons d'écurie, chargé de
juger les différends entre les propriétaires, les entraîneurs et les
jockeys.

ART. 104. — Ce Syndicat se compose de sept membres.

Le Président de la Société et les trois Commissaires des courses
en font de droit partie. Les autres membres sont nommés par
le Conseil d'Administration et peuvent être pris en dehors de
son sein. Leurs fonctions sont annuelles; ils peuvent être réélus.

Les délibérations du Syndicat ne sont valables que cinq membres étant présents : les décisions doivent être consignées sur un registre spécial et signées des membres présents.

ART. 105. — Un jockey montant ou conduisant doit, pour entrer dans une écurie de courses, contracter un engagement déterminé avec le propriétaire ou l'entraîneur. Le Syndicat ne sera appelé à juger les différends survenus qu'autant que cet engagement existera, écrit et signé des deux parties.

ART. 106. — Si un jockey ou un cocher engagé pour un certain temps, ou pour une certaine course, refuse d'exécuter son engagement, le Syndicat peut lui imposer une amende de *cent francs* à *cinq cent francs* et lui interdire de monter pendant le temps qu'il jugera convenable.

ART. 107. — Si un jockey ou un cocher monte ou conduit pour une autre personne sans la permission de son maître, le Syndicat peut lui appliquer l'amende et l'interdiction ci-dessus, et le propriétaire qui l'a employé ainsi est en outre passible d'une amende de *cent francs* à *mille francs*.

ART. 108. — Aucun garçon d'écurie ne peut entrer dans une écurie s'il n'est muni d'une autorisation écrite de se placer, délivrée par son dernier maître.

S'il se croit fondé à prétendre que cette autorisation lui est injustement refusée, ou si, pour une cause quelconque, il est dans l'impossibilité de se la procurer, il s'adresse aux Syndics, qui peuvent, s'ils le jugent convenable, lui délivrer l'autorisation nécessaire pour se placer.

Tout propriétaire ou entraîneur qui prend à son service un garçon non muni de l'autorisation ci-dessus, est obligé par les Syndics à le renvoyer immédiatement, à peine de *dix francs* par chaque jour de retard, à partir de celui où la décision lui a été notifiée ; il est en outre passible d'une amende de *cent cinquante francs*, et de *trois cents francs* en cas de récidive.

ART. 109. — Si un propriétaire ou entraîneur refuse d'exécuter une décision des Commissaires des courses ou des Syndics, ses chevaux ne peuvent pas courir jusqu'à ce que la décision ait été exécutée et l'amende payée.

Aucun propriétaire, entraîneur ou jockey ayant subi une exclusion de la part de la Société d'Encouragement (Jockey-Club) ou de la part de la Société des Steeple-Chases de France ne pourra faire courir, monter ou entraîner dans les courses soumises au Code des courses de la Société d'Encouragement pour l'amélioration du cheval français de demi-sang.

ART. 110. — Le produit des amendes ci-dessus est destiné à secourir les jockeys ou garçons d'écurie blessés ou malheureux ; il reste entre les mains des Commissaires des courses, qui en ont la disposition.

Des bulletins de transport.

Un propriétaire ou entraîneur convaincu de s'être servi, pour faire voyager d'autres chevaux que des chevaux de courses, des bulletins à prix réduit accordés par les Compagnies des chemins de fer pour le transport des chevaux de course, pourra être mis à l'amende, par le Conseil d'administration, de *deux cents francs à cinq cents francs*; il pourra en outre être privé pour un temps ou d'une façon absolue de ces bulletins.

SOCIÉTÉ HIPPIQUE FRANÇAISE.

Cette Société s'est fondée à Paris, dans le but d'encourager l'élevage du cheval en France au moyen de concours, dont le plus connu est le concours hippique de Paris, et dans lesquels sont distribués des prix, souvent importants.

Nous transcrivons ici les principaux articles de ses statuts :

ARTICLE PREMIER. — Il est fondé à Paris une Société ayant pour objet de favoriser et de développer l'emploi du cheval de service produit en France.

ART. 2. — La Société organise, tous les ans, un concours central de chevaux de service, et des concours de circonscription en province. A ces concours, sont distribuées des primes destinées à récompenser les produits les plus remarquables pour la conformation, les allures et le dressage.

Sont indistinctement admis au concours les chevaux appartenant aux éleveurs, aux marchands et aux particuliers.

ART. 3. — La Société accorde des subventions pour des concours départementaux annuels, donnés sous son patronage par des Sociétés hippiques locales, aux conditions suivantes :

A. Les membres souscripteurs de ces sociétés locales seront tous engagés pour cinq ans;

B. Le Comité de direction et les membres du jury de ces sociétés locales seront pris parmi les membres sociétaires de la Société hippique française;

D. Les programmes et règlements de ces concours devront se rapprocher le plus possible de ceux de la Société hippique française et être soumis à l'approbation du Comité de la Société hippique française;

D. La Société hippique locale devra chaque année être représentée au concours de sa circonscription par huit chevaux au moins, nés dans le département siège du concours départemental ;

E. Le chiffre de la subvention, au minimum 2,000 francs, sera proportionné au nombre de chevaux présentés au concours de la circonscription, et à l'importance du programme du concours départemental.

Art. 4. — La Société est composée de membres sociétaires et d'abonnés. Leur nombre n'est pas limité.

Les membres sociétaires sont nommés par le Comité sur la présentation de deux parrains membres sociétaires. L'un des deux parrains doit être membre du Comité.

Chaque membre sociétaire représente un département et est tenu d'assister chaque année au concours de sa circonscription, à moins qu'il n'ait été admis dans la Société à titre étranger.

Art. 5. — La cotisation annuelle des membres sociétaires est fixée à 100 francs, et payable dans le courant de janvier de chaque année, au siège de la Société, à Paris.

Le sociétaire donateur d'une somme de 1,000 francs au moins est seul affranchi du payement de la cotisation annuelle. Il en est de même des sociétaires donateurs antérieurs.

Tout membre sociétaire qui n'a pas donné sa démission par écrit avant le 31 décembre reste débiteur de sa cotisation pour l'année suivante.

Art. 10. — Lorsque des départements, des villes ou des Sociétés particulières accordent des subventions ou allocations à la Société hippique française, les préfets de ces départements, ainsi que les présidents des conseils généraux, les maires des villes et les présidents ou directeurs des Sociétés ou Associations, sont assimilés aux membres de la Société hippique française, et jouissent des avantages qui sont attribués aux sociétaires dans le concours de la circonscription. Ces avantages seront étendus à tous les concours de l'année, si la subvention annuelle atteint le chiffre de 500 francs au moins.

Art. 11. — Les ressources de la Société se composent :

1º Des cotisations annuelles des membres sociétaires ;

2º Du prix des cartes d'abonnement ;

3º Des dons, subventions et allocations ;

4º De la rétribution perçue à l'entrée des expositions ;

5º De la location des emplacements destinés aux expositions diverses ;

6º Du droit d'entrée dû par chaque cheval engagé et admis au concours.

Art. 12. — La Société est administrée par un Comité composé de vingt membres sociétaires. Les membres du Comité sont :...

Art. 13. Le Président et le Vice-Président du Comité portent le titre et remplissent toutes les fonctions de Président et de Vice-Président de la Société.

ART. 14. — En cas de démission ou de décès d'un de ses membres, le Comité pourvoit à son remplacement par voie du scrutin secret.

ART. 15. — Dans les pouvoirs du Comité se trouve expressément compris le droit de régler l'emploi des ressources de la Société, de faire les règlements, d'arrêter les programmes, de désigner les membres des jurys, enfin de décider toutes les questions relatives à l'organisation, à la direction et à l'existence de la Société.

ART. 16. — La présence de cinq membres est nécessaire pour que les délibérations du Comité soient valables.

Les décisions du Comité sont prises à la majorité des membres présents. En cas de partage, la voix du Président est prépondérante.

ART. 17. — Aucun article des statuts ne peut être modifié que par une décision spéciale du Comité. La décision du Comité, apportant une modification aux statuts de la Société, n'est valable que si elle est approuvée par les trois quarts des membres qui composent le Comité.

La Société hippique organise annuellement six concours hippiques à Paris, Bordeaux, Nantes, Lille, Vichy et Nancy.

Ces concours sont soumis à un règlement spécial trop long pour être reproduit ici.

Le premier concours fut donné à Paris en 1866.

SOCIÉTÉ PROTECTRICE DES ANIMAUX.

Fondée à Paris en 1845, sous l'initiative de M. Parisot de Cassel, cette Société a pour but de soustraire par tous les moyens possibles les animaux aux mauvais traitements et aux brutalités que rien ne justifie. Elle a été reconnue d'utilité publique par décret en date du 22 décembre 1860.

Nous transcrivons ici ses statuts constitutifs approuvés en leurs modifications par décret du 25 avril 1883 :

ARTICLE PREMIER. — *La Société a pour but d'améliorer, par tous les moyens qui sont en son pouvoir, le sort des animaux, conformément à la loi du 2 juillet 1850.*

ART. 2. — *Le siège de la Société est établi à Paris.*

ART. 3. — *Le nombre des membres est illimité. Toute personne, sans distinction de sexe, de résidence et de nationalité, peut être reçue membre de la Société.*

ART. 4. — *La Société, sur la présentation du Conseil, d'administration, confère le titre de Dame Patronnesse, celui de membre donateur, celui de membre honoraire, ou celui de membre correspondant aux personnes qui, par leur patronage, par des dons ou par d'utiles travaux, ont rendu à l'Œuvre des services signalés.*

ART. 5. — *Chaque membre titulaire paye une cotisation annuelle de dix francs.*

ART. 6. — *La cotisation des membres composant le Conseil d'administration est élevée à quinze francs pendant toute la durée de leurs fonctions.*

La cotisation des Dames Patronnesses est aussi de quinze francs par an.

ART. 7. — *Les cotisations annuelles peuvent être rachetées, à perpétuité, par une somme de cent francs, une fois payée.*

Les membres du Conseil, pendant la durée de leurs fonctions, et les Dames Patronnesses qui rachètent pour cent francs leurs cotisations, doivent à la Société une cotisation supplémentaire de cinq francs.

ART. 8. — *La Société est administrée, gratuitement, par un Conseil composé : d'un président, de deux vice-présidents et quarante-deux membres, âgés au moins de vingt et un ans.*

Le président, les deux vice-présidents et les autres membres du Conseil sont élus par l'Assemblée générale annuelle, au scrutin secret et à la majorité des suffrages des membres présents.

Le Conseil d'administration est renouvelé par tiers chaque année ; les membres sortants sont rééligibles.

Le président et les vice-présidents sont élus pour trois ans, et aussi rééligibles.

Le Conseil complète son Bureau en choisissant dans son sein un secrétaire général et quatre secrétaires, qui sont rééligibles à l'expiration de leurs fonctions.

ART. 9. — *Le Conseil, sur la proposition du Président, nomme et révoque le caissier de la Société. Il veille à ce que le cautionnement de cet agent soit versé à la Caisse des dépôts et consignations.*

Le Président propose également au Conseil, qui décide, la nomination et la révocation des autres agents de la Société.

ART. 10. — *La Société tient, chaque année, une séance solennelle et publique.*

Elle y décerne des récompenses : aux propagateurs de son œuvre ; aux inventeurs d'appareils propres à soulager les animaux ; aux agents de la force publique signalés par leurs chefs comme ayant fait respecter les lois et les règlements qui répriment les actes de cruauté et les mauvais traitements envers les animaux; aux agents de l'agriculture, bergers, serviteurs de ferme, palefreniers, conducteurs d'animaux; aux cochers, aux garçons bouchers, aux maréchaux ferrants; enfin à toute personne qui a fait preuve, à un haut degré, par de bons traitements ou des soins intelligents et soutenus, de compassion envers les animaux.

ART. 11. — La Société publie un Bulletin mensuel de ses travaux sauf pendant les vacances (août, septembre et octobre). Elle l'envoie gratuitement à chacun de ses membres.

Les dons faits à la Société sont inscrits dans le compte rendu de ses séances, et mentionnés au Bulletin, avec les noms des donateurs.

ART. 12. — La Société établit annuellement le budget de ses dépenses et de ses recettes.

Dans l'Assemblée générale de décembre, le budget de l'année suivante ainsi que les opérations de recettes et de dépenses du compte provisoire de l'année courante, sont soumis à la Société.

Le compte définitif est soumis à l'approbation de la Société, dans une assemblée tenue au mois de février suivant.

ART. 13. — Les Statuts ne pourront être modifiés que dans une Assemblée générale convoquée spécialement un mois d'avance, et à la majorité des deux tiers des votants.

Les modifications devront être soumises à l'approbation du Gouvernement.

Dans le cas où la Société devrait cesser d'exister, les membres qui en feront partie à cette époque seront appelés à décider de la destination à donner au fonds social, sauf l'approbation du Gouvernement.

Les membres de la Société, munis de leur carte, sont invités à intervenir personnellement pour faire cesser les sévices exercés sur les animaux, lorsqu'ils en seront témoins ou seulement informés,

A cet effet, ils peuvent :

1° Inviter un agent de l'autorité à dresser un procès-verbal, s'il s'en trouve un sur les lieux;

2° Ou signaler le fait, par écrit, à M. le Préfet de police (1); par écrit ou en personne, au Commissaire de police du quartier.

Dans les localités où il n'y a pas de commissaire de police, il faut informer le maire ou ses adjoints, ou bien, à leur défaut, soit le procureur de la République ou ses auxiliaires, soit le juge d'instruction, soit le juge de paix. On peut aussi informer le garde champêtre ou la gendarmerie;

---

(1) Les lettres adressées dans ce but à M. le Préfet de police jouissent de la franchise postale.

3º Si l'infraction est commise par un agent de la Compagnie générale des Voitures à Paris ou de la Compagnie des Omnibus, signaler le fait au directeur de ces Compagnies.

Outre la dénonciation pour fait d'infraction à la Loi Grammont émanant d'un témoin, tout propriétaire d'un animal blessé ou tué par un tiers, pourra se constituer partie civile contre le délinquant, c'est-à-dire demander des dommages-intérêts pour le tort qui lui a été causé.

Pour ces contraventions, les agents de la police municipale ont seuls le droit de dresser des procès-verbaux.

Cette institution humanitaire, qui rend les plus grands services, est digne de tous les encouragements (V. *Actes de cruauté*).

STARTER.

1. On appelle ainsi la personne chargée de donner aux jockeys, dans une course, le signal du départ.

2. Quand la personne chargée par les commissaires de faire partir les chevaux a appelé les jockeys pour prendre leur place, les propriétaires des chevaux doivent dès lors leur mise entière (Art. 40 Code des courses, art. 36 Code des steeple-chases).

3. Le starter peut faire ranger les jockeys en ligne en arrière du point de départ, aussi loin qu'il le juge nécessaire. Il est interdit aux jockeys de prendre le galop avant que le signal de partir soit donné. Les chevaux doivent marcher au pas vers le poteau et partir du pas. Le starter est juge souverain de la validité du départ, qu'il peut faire recommencer tant qu'il ne le trouve pas satisfaisant (Art. 41 Code des courses, art. 37 Code des steeple-chases).

4. L'importance d'un bon départ est considérable, celui-ci devant influer sur toute la course. Il en résulte que le starter doit avoir et a tout pouvoir pour juger de sa validité.

En sorte que le comité ou les commissaires ne pourraient statuer sur une réclamation visant un départ que le starter aurait déclaré valable.

Ainsi l'oubli d'un cheval par le starter ne peut être une cause d'annulation de la course.

Réciproquement, si le starter affirme que le départ a eu lieu malgré lui, celui-ci eût-il été, en réalité, excellent, la course doit être recommencée.

5. Les jockeys peuvent chercher, pour épuiser leurs adversaires, à faire volontairement de faux départs. Les Sociétés ne sont pas désarmées contre ces manœuvres et les commissaires peuvent leur infliger une amende ou l'interdiction de monter pendant un temps plus ou moins long (Art. 42 Code des courses, art. 38 Code des steeple-chases).

STUD-BOOK.

1. Mot anglais qui signifie livre de haras. C'est un registre, où sont inscrits le nom et la généalogie des chevaux de pur sang, ainsi que leurs victoires. Il y a un Stud-Book français et un Stud-Book anglais.

Ce registre, divisé en deux parties, contient dans la première, les noms des étalons de pur sang appartenant à l'État ou aux particuliers et livrés à la reproduction, et dans la seconde la nomenclature de toutes les juments de pur sang, nées en France ou importées, et uniquement consacrées à la reproduction.

Il est, en quelque sorte, l'armorial des chevaux de pur sang, car seuls sont considérés comme tels, ceux qui sont inscrits au Stud-Book anglais ou français ou sont issus de parents qui y sont inscrits.

Sa création en France est contemporaine de la fondation de la Société d'Encouragement en 1833. En Angleterre elle remonte à l'année 1791.

Le Stud-Book français est revêtu d'un certain caractère officiel qui garantit sa sincérité. Il existe, en effet, près du ministère de l'agriculture, une commission spéciale, dite du Stud-Book, et qui, chaque année, est chargée de rédiger et de reviser ce registre.

SURCHARGE.

On appelle ainsi l'augmentation du poids porté par un cheval dans une course, en raison de son âge supérieur à celui de ses concurrents, ou du nombre de victoires remportées par·lui et qui font présumer sa supériorité physique.

Les juments et pouliches portent un kilo et demi de moins que le poids indiqué pour les chevaux et poulains, sauf dans les steeple-chases, où cette disposition n'est pas applicable. Quand les conditions d'une course leur refusent cette faveur le programme doit porter la mention : « poids commun » (V. Art. 67 et s. Code des courses, art. 51 et s. Code des steeple-chases, art. 78 et s. Règ. Société du demi-sang).

SYNDICAT.

1. Comité dont les membres désignés par la Société d'Encouragement exercent, à Chantilly, une sorte de surveillance sur les jockeys et garçons d'écurie. Ils leur délivrent les certificats nécessaires et leur font rendre justice. Les syndics sont au nombre de cinq, nommés par le comité des courses de la Société, sur la proposition des commissaires; leurs fonctions sont annuelles; ils peuvent être réélus et le comité désigne leur président, qui est chargé de convoquer ses collègues, quand il en est requis. La présence de trois syndics au moins est nécessaire pour qu'une délibération soit valable; les décisions doivent être consignées sur un registre spécial et signées par les membres présents (Art. 36 Règ. Société d'Encouragement).

2. Si un propriétaire ou entraîneur refuse d'exécuter une décision des commissaires des courses ou des syndics, ses chevaux ne peuvent pas courir jusqu'à ce que la décision ait été exécutée et l'amende payée (Art. 37 Règ. Société d'Encouragement).

SYNDICATS PROFESSIONNELS.

1. Une loi du 21 mars 1884 a légalisé l'existence des associations syndicales en permettant aux personnes exerçant une profession qui a des intérêts économiques, industriels, commerciaux ou agricoles à défendre, de se syndiquer.

2. Toutes les professions touchant au cheval paraissent devoir rentrer dans cette définition, donnée par la loi elle-même (art. 3), soit au point de vue commercial, soit au point vue agricole, puisque l'article premier de la loi vise les associations, même de plus de 20 personnes, exerçant la même profession, des métiers similaires ou des professions connexes, si ces dernières concourent à l'établissement de produits déterminés. Un syndicat professionnel hippique devait donc pouvoir se constituer conformément à cette loi et même à la jurisprudence de la de cour cassation (27 juin 1885, S. 87. 1. 281), les éleveurs de chevaux exerçant une profession similaire à celle des personnes tirant profit des chevaux à un titre quelconque.

3. Les syndicats professionnels hippiques peuvent donc se fonder librement, sans autorisation du gouvernement, sous la seule condition, quand les statuts ont été élaborés, conformément à la loi de 1884, de les déposer avec les noms de ceux qui, à un titre quelconque, seront chargés de l'administration et de la direction (art. 4). Ce dépôt doit être effectué en double exemplaire à la mairie de la localité où le syndicat a son principal établissement, et, à Paris, à la préfecture de la Seine. Il doit être renouvelé pour chaque modification, qui survient soit dans les statuts soit dans la direction, sous peine d'une amende de 16 à 500 francs et de l'application de l'article 9. Ce dépôt peut être fait sur papier libre et est dispensé du droit de timbre (Circ. minist. 29 juillet 1884; instr. admin. Enregistr. 25 mars 1885 n° 2711. 4°, S. 86. 2. 24). Un récépissé du dépôt doit être remis au déposant.

4. L'accès des syndicats professionnels est ouvert aux étrangers, mais ceux qui participent à l'administration ou à la direction doivent être Français et jouir de leurs droits civils.

5. Les syndicats professionnels ont le droit d'ester en justice, c'est-à-dire de plaider au nom de leur intérêt collectif (Art. 6). Ils ont donc la personnalité civile. Ils assignent et sont assignés, en ce cas, en la personne de leur Président. Mais il est utile que les statuts lui donnent expressément ce pouvoir.

Ils peuvent être propriétaires soit de valeurs mobilières, soit d'immeubles. Pourtant en ce qui concerne ces derniers l'article 6 pose une restriction : les syndicats ne peuvent acquérir d'autres immeubles que ceux qui sont nécessaires à leurs réunions, à leurs bibliothèques et à des cours d'instruction professionnelle.

Ils peuvent également, cela va sans dire, être locataires des locaux qui leur sont nécessaires.

Les syndicats peuvent recevoir des dons et legs.

Ils peuvent employer les sommes provenant des cotisations.

Ils peuvent également passer tous les contrats civils : achats, ventes, obligations, transactions, etc.

Ils peuvent, sans autorisation, mais en se conformant aux autres dispositions de la loi, constituer entre leurs membres des caisses spéciales de secours mutuels et de retraites. Ils pourront librement créer et administrer des offices de renseignements pour les offres et demandes de travail.

Ils pourront être consultés sur tous les différends et toutes les questions se rattachant à leur spécialité. Dans les affaires contentieuses, les avis du syndicat seront tenus à la disposition des parties, qui pourront en prendre communication et copie (art. 6).

6. Le syndicat, ayant la personnalité civile, répond seul vis-à-vis des tiers des opérations faites par les administrateurs dans la limite de leurs pouvoirs. Les membres du syndicat, pris individuellement, ne pourraient donc être actionnés de ce chef. Les administrateurs ne peuvent même être poursuivis par ceux avec qui ils ont traité, qu'au nom du syndicat et sur les biens du syndicat.

7. L'entrée des syndicats doit être rigoureusement personnelle. Le droit résultant de l'acceptation d'une personne dans un syndicat professionnel est donc intransmissible. Il est de même révocable, soit à la volonté du syndiqué, soit par mesure disciplinaire.

La durée des syndicats peut être illimitée. La loi a donc dû réserver aux membres le droit de se retirer de l'association, à tout instant, et nonobstant toute clause contraire (art. 7) sous la seule condition de payer la cotisation de l'année en cours.

Même dans le cas de retraite, le membre, qui se retire du syndicat, conserve le droit de faire partie des sociétés de secours mutuels et de pensions de retraite, à l'actif desquelles il a contribué par des versements de fonds.

8. Les syndicats professionnels peuvent se dissoudre volontairement, conformément aux statuts. La majorité des membres du syndicat, dans le silence des sta-

tuts, pourrait également en provoquer la dissolution. Mais il faut remarquer qu'il est plus prudent de mentionner, dans les statuts, les cas de dissolution.

La dissolution peut être également prononcée par justice, conformément à l'article 9.

En cas de dissolution pour une cause quelconque, il doit être procédé à la liquidation de l'actif social.

9. L'article 6, nous l'avons vu, permet aux syndicats d'employer les sommes provenant des cotisations et d'acquérir les immeubles nécessaires à leurs réunions et à leurs cours professionnels.

L'article 8 contient la sanction de ces dispositions, en décidant que la nullité de l'acquisition ou de la libéralité, obtenues contrairement aux dispositions de l'article 6, peut être demandée par le procureur de la République ou par les intéressés, devant le tribunal civil.

Dans le cas d'acquisition à titre onéreux, les immeubles seront vendus, et le prix en sera déposé à la caisse de l'association. Dans le cas de libéralité, les biens feront retour aux disposants ou à leurs héritiers ou ayants cause.

10. Enfin l'article 9 contient la sanction pénale. Il punit les directeurs ou administrateurs d'une amende de 16 à 200 francs (le maximum pouvant même dans un cas être porté à 500 francs) quand ils ont violé les articles 2, 3, 4, 5 et 6 de la loi de 1884. Ces pénalités atteignent : 1° la composition des syndicats dans lesquels seraient admises des personnes étrangères aux professions indiquées ; 2° des études autres que celles des intérêts économiques, industriels, commerciaux et agricoles ; 3° l'inobservation des règles prescrites pour le dépôt des statuts et du nom des directeurs et administrateurs : dans ce cas l'amende peut même être portée à 500 francs, si les administrateurs ou directeurs ont fait une fausse déclaration relative aux statuts ou à leurs noms et qualités ; 4° enfin l'inobservation des règles prescrites pour l'acquisition ou la destination des immeubles.

Ces infractions sont des contraventions existant, par conséquent, indépendamment de toute intention délictueuse.

La poursuite a lieu devant le tribunal correctionnel du lieu où siège le syndicat. Elle se prescrit par trois ans.

11. Il faut noter, pour être complet, que l'article 10 étend à l'Algérie et aux colonies de la Martinique, de la Guadeloupe et de la Réunion la loi de 1884, avec cette restriction cependant, que les travailleurs étrangers et engagés sous le nom d'immigrants ne peuvent faire partie des syndicats.

12. Conformément à ces dispositions législatives, un syndicat s'est établi à Paris, en 1887, sous le nom de Syndicat professionnel hippique du sport français. En 1890 le nombre des membres, patrons et ouvriers, de ce syndicat s'élevait au chiffre de sept cents.

Il a institué : 1° un bureau de placement gratuit pour les employés et ouvriers de l'industrie chevaline et des industries qui s'y rattachent ; 2° une société de secours mutuels en faveur des employés et ouvriers de ces mêmes industries, entraîneurs, jockeys, cochers, valets d'écurie, comptables d'établissements hippiques, etc. ; 3° enfin des examens pratiques et gratuits de cochers, ayant eu lieu au concours hippique de Paris en 1889 et 1890, à la suite desquels des brevets ont été délivrés gratuitement à ceux qui en ont été jugés dignes par le jury.

On ne peut que souhaiter le développement de tels syndicats si utiles aux progrès de l'industrie chevaline.

13. Nous donnons, à titre de documents, le texte des statuts de ce syndicat et de sa société de secours mutuels.

Statuts du Syndicat professionnel hippique du sport français.

Pardevant M⁰ LEGAY et son collègue, notaires à Paris sous-signés.

Ont comparu : MM...

Tous éleveurs ou propriétaires de chevaux, propriétaires de fermes, amateurs de courses, en un mot, s'occupant de l'industrie chevaline ou des industries qui en dépendent ;

Lesquels forment un Syndicat professionnel hippique, dénommé : *Syndicat professionnel hippique du sport français.*

Entre tous les éleveurs ou propriétaires de chevaux, propriétaires de fermes, industriels : utilisant les chevaux et leurs produits, amateurs de courses, en un mot, toutes personnes s'occupant d'industrie chevaline ou des industries qui en dépendent.

Article premier. — Le but du Syndicat est de concourir à une production plus abondante et meilleure de la race chevaline et à cet effet, de réunir les efforts de ceux qui se consacrent à cette production, à l'élevage, au dressage des chevaux par entraînement et aussi de servir d'intermédiaire entre les vendeurs, les acheteurs de ces animaux et toutes les personnes s'occupant de sport hippique ou industrie chevaline.

La durée du Syndicat est illimitée.

Art. 2. — Le siège du Syndicat est à Paris, boulevard des Capucines, n° 20. Le Conseil d'administration pourra le changer.

Art. 3. — Toute personne s'occupant de la production, de l'élevage, du dressage, du commerce ou de l'emploi des chevaux, peut faire partie du Syndicat professionnel hippique du sport français, en acceptant les présents statuts.

Le postulant devra présenter sa demande par écrit et il sera statué par le Conseil d'administration dans le mois de la remise de la demande au plus tard.

Art. 4. — Provisoirement, le prix de la cotisation est fixé à la somme de vingt francs par an, qui devront être versés en entrant, en échange de la carte de membre. Cette cotisation sera appliquée à toutes les dépenses du Syndicat.

Art. 5. — Tout membre du Syndicat pourra se retirer à tout instant.

Le Conseil d'administration aura, de son côté, le droit de rayer les membres qui donneraient lieu à des plaintes pour leur tenue ou leur conduite.

Dans le cas de retraite d'un membre ou de sa radiation, le Syndicat aura toujours le droit de réclamer ou retenir la cotisation de l'année courante.

Le membre retiré ou rayé conservera le droit d'être membre des Sociétés de secours mutuels et de pensions de retraite pour la vieillesse, à l'actif desquelles il aura contribué par les versements spéciaux des fonds qui y seront consacrés.

Ne peuvent être membres du Conseil d'administration que des citoyens français jouissant de leurs droits civils.

ART. 6. — Le Syndicat professionnel hippique du sport français est administré et dirigé par un Conseil composé de six membres nommés pour une durée de cinq ans.

Dès maintenant, sont nommés membres du Conseil d'Administration : MM...

M. X. est Président, M. Z. secrétaire.

Le premier renouvellement aura lieu en mil huit cent quatre-vingt-douze. Les élections se feront au scrutin secret et à la majorité relative des membres du Syndicat ayant pris part au vote. Le vote sera définitif quel que soit le nombre des votants.

Les membres sortants sont rééligibles.

ART. 8. — Le Conseil d'administration se réunit au moins le premier et le troisième lundi de chaque mois. Il pourra être convoqué en assemblée extraordinaire, d'office par le Président.

Les résolutions sont prises à la majorité des membres présents. En cas de partage, la voix du Président est prépondérante.

Le Conseil a les pouvoirs les plus étendus pour représenter le Syndicat et administrer ses affaires.

Il fixe le chiffre des cotisations, détermine l'emploi des fonds en provenant, décide l'achat ou la location des locaux destinés aux réunions du Syndicat, à ses bibliothèques et au cours d'instruction professionnelle.

Il fixe les engagements à prendre avec les professeurs d'agriculture, d'art vétérinaire ou d'économie agricole, pour ce qui concerne la race chevaline.

Il établit, si besoin est, des caisses de secours mutuels en cas d'accident ou maladies, des caisses de retraite pour la vieillesse, entre les membres du Syndicat et notamment les entraîneurs, jockeys et hommes d'écurie; il rédige les statuts de ces caisses.

Il représente le Syndicat dans toutes les actions judiciaires qui pourraient être intentées, pour ou contre lui.

Il pourvoit, s'il est nécessaire, par des règlements à l'exécution des présents statuts, qu'il a même le droit de modifier, sauf ratification par l'Assemblée générale.

Le Conseil d'administration peut déléguer ses pouvoirs à qui bon lui semblera.

Dès à présent est nommé administrateur délégué M.... qui représentera le Conseil d'administration, pour tout ce qui est d'administration intérieure, et fera exécuter les décisions du Conseil.

ART. 9. — Le Conseil d'administration se tiendra à la disposition de toutes les personnes tenant aux professions ressortissant de

16

son but, tel qu'il a été exposé en l'article premier, pour donner son avis sur toutes les questions qui lui seront soumises et pour les juger si les parties y consentent.

Art. 10. — Il sera tenu au siège dudit Syndicat, un premier registre avec répertoire alphabétique contenant les noms de tous les membres ;

Un second registre contenant l'indication de tous les Syndicats avec lesquels le Syndicat professionnel hippique du sport français se sera uni.

Art. 11. — Outre les registres dont l'énumération vient d'être faite, il en sera tenu un dans lequel seront inscrites par ordre chronologique toutes les questions qui auront été soumises au Conseil d'administration par des personnes intéressées à l'industrie hippique ;

Et un autre dans lequel seront transcrites les solutions données par le conseil aux questions qui lui auront été posées ; ce livre destiné à constater les précédents, sera ouvert à toutes les personnes qui le demanderont.

Les intéressés pourront prendre copie des décisions qui auront été rendues dans leurs affaires.

Art. 12. — Il y aura au siège dudit Syndicat, une ou plusieurs bibliothèques placées sous la garde du teneur de livres. Elles seront composées d'ouvrages concernant le sport hippique et l'industrie chevaline, des règlements de toutes les Sociétés s'occupant de l'industrie chevaline, des courses, quelle que soit la manière de les faire, courses plates, courses d'obstacles, courses au trot, par chevaux attelés, montés ou courant en liberté.

Il y aura en outre, dans la salle de la bibliothèque, les bulletins officiels de toutes les Sociétés s'occupant de chevaux et les journaux de sport ou autres traitant des matières dont s'occupera le Syndicat.

Art. 13. — Le Syndicat aura, dans un salon spécial, des cadres dans lesquels on écrira en caractères lisibles, à mesure qu'ils se présenteront, les offres et demandes pour placement des entraîneurs, des jockeys ou hommes d'écurie.

D'autres cadres contiendront : le prix de vente des chevaux et surtout des chevaux connus.

La liste des chevaux de pur ou de demi-sang à vendre, en indiquant leurs aptitudes pour les courses, la chasse, l'attelage ou le service de la cavalerie.

La liste des chevaux engagés pour les courses avec leurs cotes, la publication des poids et les déclarations de forfait.

Art. 14. — Le Syndicat se réserve d'user de la faculté qui est accordée par l'article six de la loi sur les Syndicats, de créer quand il le jugera convenable des bureaux de renseignements pour les offres et les demandes d'emploi.

Art. 15. — Le Conseil d'administration s'occupera, dans le plus bref délai, de rédiger les statuts des caisses projetées de secours mutuels et de retraite, en ayant soin de dire comment l'administration en sera faite par les assurés.

Art. 16. — Les fonctions des membres du Conseil d'administration sont absolument gratuites.

Art. 17. — Une assemblée générale de tous les membres du Syndicat aura lieu chaque année, à l'époque qui sera indiquée par le Conseil d'administration. Elle sera présidée par le président du Conseil d'administration.

Elle pourra en outre être convoquée extraordinairement toutes les fois que le Conseil d'administration le jugera nécessaire.

Il lui sera présenté un rapport sur les travaux de la Société et le compte des recettes et dépenses de l'exercice écoulé.

Elle procédera par élections au remplacement des membres sortants du Conseil et statuera sur toutes les questions et propositions qui lui seront faites. Toutefois, elle ne pourra délibérer que sur les questions d'ordre du jour qui auront dû être affichées dans le local du Syndicat huit jours avant la tenue de l'assemblée.

Si un ou plusieurs membres du Syndicat désirent faire porter à l'ordre du jour, certaines questions, ils devront les formuler par écrit et prier, quinze jours au moins avant l'assemblée, le Conseil d'administration de le proposer à l'assemblée.

Le Conseil décidera s'il y a lieu de déférer à la demande.

Art. 18. — En cas de dissolution, l'actif net sera appliqué aux caisses de secours mutuels et de retraite dont il a été ci-dessus parlé.

Art. 19. — Tous pouvoirs sont donnés au porteur pour effectuer le dépôt d'une expédition ou d'un extrait des présents Statuts partout où besoin sera.

STATUTS DE LA SOCIÉTÉ DE SECOURS MUTUELS ÉTABLIE A PARIS, CONFORMÉMENT A LA LOI DU 21 MARS 1884, PAR LE SYNDICAT PROFESSIONNEL HIPPIQUE DU SPORT FRANÇAIS.

CHAPITRE PREMIER. — *Formation et but de la Société.*

ARTICLE PREMIER — Une Société de secours mutuels est établie à Paris par le Syndicat professionnel hippique du sport français, dans les conditions fixées par la loi du 21 mars 1884, conformément à l'article 8 des Statuts dudit Syndicat et au vote émis par l'assemblée générale de ses membres le 27 mai 1889.

Elle a pour but:

1o De donner les soins du chirurgien ou du médecin et les médicaments aux membres participants, employés et ouvriers de

l'industrie hippique et sportive, entraîneurs, jockeys, hommes
d'écurie, etc., etc., en cas d'accident et de maladie ;

2° De leur payer une indemnité pendant la durée de leur
maladie ou de leur incapacité de travail, suivant les conditions
prescrites par les statuts ;

3° De pourvoir à leurs funérailles.

Chapitre II.

Art. 2. — La Société se compose de membres honoraires et de
membres participants. •

Art. 3 — Les membres honoraires sont ceux qui par leurs
souscriptions contribuent à la prospérité de l'association sans
participer à ses avantages. Leur nombre est illimité. Ils sont
admis par le bureau sans conditions d'âge ni de domicile.

Art. 4. — Les membres participants sont ceux qui ont droit à
tous les avantages assurés par l'association en échange du paiement régulier de leur cotisation et en se conformant aux présents
statuts. Leur nombre ne peut excéder cinq cents.

Art. 5. — Les membres participants sont admis en assemblée
générale, à la majorité des voix et au scrutin.

Art. 6. — Dans l'intervalle des assemblées générales, le bureau
peut autoriser les candidats à verser leur droit d'entrée et leur
cotisation sauf restitution dans le cas où l'assemblée générale ne
validerait pas l'admission.

Art. 7. — Le candidat doit n'avoir pas moins de 16 ans ni plus
de 40, être valide, d'une conduite régulière et être domicilié depuis
six mois dans l'un des départements ci-après : Seine, Seine-et-
Oise, Seine-et-Marne et Oise.

Art. 8. — Cessent de faire partie de la Société les membres qui
n'ont pas payé leur cotisation depuis six mois.

Cependant il peut être sursis par le bureau à l'application de
cet article lorsque le membre participant prouve que le retard du
paiement de la cotisation est occasionné par des circonstances
indépendantes de sa volonté.

Si le retardataire ne répond pas à la convocation qui lui a été
adressée, il lui est fait application, sans appel, du paragraphe 1er
du présent article.

Art. 9. — L'exclusion est prononcée en assemblée générale, sur
la proposition du bureau et sans discussion :

1° Pour condamnation infamante ;

2° Pour préjudice causé volontairement aux intérêts de la
Société ;

3° Pour tout acte contraire à l'honneur ;

4° Pour conduite déréglée et notoirement scandaleuse.

Sauf le cas de condamnation infamante, le membre participant dont l'exclusion est proposée est invité à se présenter devant le bureau pour être entendu sur les faits qui lui sont imputés ; s'il ne se présente pas son exclusion est prononcée en assemblée générale.

Art. 10. — La démission, la radiation et l'exclusion ne donnent droit à aucun remboursement.

Chapitre III. — *Administration.*

Art. 11. — La Société est administrée par un bureuu composé d'un président, d'un vice-président, d'un secrétaire, d'un trésorier et de deux administrateurs.

Nul ne peut être élu membre du bureau s'il n'est Français et s'il ne jouit pas de ses droits civils et politiques.

Tous les membres du bureau sont élus en assemblée générale à la majorité des suffrages, et pris parmi les membres honoraires ou participants.

Ils sont élus pour trois ans et indéfiniment rééligibles.

Il est pourvu, au commencement de chaque année, au remplacement des membres du bureau démissionnaires ou décédés.

Art. 12. — Ne peuvent faire partie du bureau les membres en exercice du Conseil d'Administration du Syndicat professionnel Hippique du sport français.

Art. 13. — Le Président surveille et assure l'exécution des statuts.

Il adresse chaque année à l'autorité compétente le compte rendu prescrit par l'article 20 du décret du 26 mars 1852 ;

Il est chargé de la police des assemblées, il signe tous les actes, arrêtés ou délibérations et représente la Société dans tous ses rapports avec l'autorité publique. Il donne les ordres pour les réunions du bureau et les convocations des assemblées générales. Est nulle ou non avenue toute décision prise dans une réunion non convoquée par lui.

Le Vice-Président seconde le Président dans toutes ses fonctions et le remplace en cas d'empêchement.

Art. 14. — Le Secrétaire est chargé de la rédaction des procès-verbaux, de la correspondance, de la convocation et de la conservation des archives.

Il tient le registre matricule des membres de la Société et présente au bureau les demandes d'admission.

En cas de maladie ou d'accident survenus à un membre participant le Secrétaire en donne avis au médecin ou au chirurgien, ainsi qu'aux visiteurs en fonctions. Il règle tout ce qui a rapport aux funérailles.

Le trésorier fait les recettes et les paiements et les inscrit sur un livre de caisse coté et paraphé par le Président. A chaque assemblée générale il présente le compte rendu de la situation financière.

Il est responsable de la caisse contenant les fonds et les titres de la Société.

Il paye sur mandats visés par le Président et marqués du cachet de la Société.

Il délivre aux sociétaires, au moment de leur admission, des cartes ou livrets sur lesquels il constate le paiement des cotisations. Il opère le placement ou le déplacement des fonds sur un ordre signé du Président et du Secrétaire, indiquant la somme dont le placement ou le déplacement doit être opéré.·

Les reçus et reconnaissances sont déposés dans la caisse.

ART. 15. — Des visiteurs choisis parmi les membres participants sont chargés de visiter les malades ou blessés, de leur porter l'indemnité et de s'assurer de l'exécution des obligations de la Société à leur égard. Les visiteurs qui auront négligé leurs devoirs seront passibles d'une amende de 5 francs prononcée en assemblée générale.

ART. 16. — Le bureau se réunit tous les mois et chaque fois· qu'il est convoqué par le Président. Celui-ci peut convoquer des visiteurs à ces réunions. Tout membre du bureau qui manque à une séance sans en avoir prévenu le Président est passible d'une amende de 1 franc.

Il est interdit aux membres du bureau de se servir de leur titre en dehors des fonctions qui leur sont attribuées par les statuts.

ART. 17. — La Société se réunit en assemblée générale quatre fois par an pour entendre les rapports sur sa situation et prononcer sur les questions qui lui sont soumises par le bureau. Le Président peut, en outre, convoquer l'assemblée générale d'office, en cas d'urgence. La convocation est obligatoire si elle est demandée par le quart des membres.

ART. 18. — Toute discussion politique, religieuse ou étrangère au but de la mutualité, est interdite dans les réunions du bureau et de la Société.

CHAPITRE IV. — *Fonds social.*

ART. 19. — Le fonds social se compose :

1o Des droits d'admission payés par les membres participants

2o Des cotisations des membres participants ;

3e Des cotisations des membres honoraires ;

4o Du produit des amendes ;

5o Des fonds placés et des intérêts échus ;

6o Des subventions allouées par le Syndicat professionnel hippique du Sport français et des dons et legs qui pourront être faits à la Société.

ART. 20. — Les fonds en caisse ne peuvent jamais excéder trois mille francs; l'excédent est placé en compte courant à la Caisse des Dépôts et Consignations.

CHAPITRE V. — *Obligations des membres honoraires et participants envers la Société.*

ART. 21. — Les membres participants doivent, en entrant, payer un droit d'admission fixé à cinq francs. Cette somme est versée immédiatement après l'admission avec la cotisation du mois courant.

ART. 22. — Les membres participants s'engagent à payer une cotisation mensuelle de cinquante centimes et à remplir les fonctions qui leur sont désignées par le bureau ou l'assemblée générale.

Le minimum de la souscription des membres honoraires est de dix francs par an.

Chaque membre participant est obligé, sauf le cas d'empêchement dûment justifié, de se rendre aux assemblées générales et à toutes les convocations régulièrement faites.

CHAPITRE VI. — *Obligations de la Société envers les membres participants.*

ART. 23. — La Société accorde aux membres participants blessés ou malades les soins d'un chirurgien ou d'un médecin et les médicaments. Elle accorde en outre une indemnité en argent fixée à deux francs par jour pour les pères de famille et à un fr., par jour pour les célibataires pendant trois mois au maximum. Si à l'expiration de ce terme le membre ainsi secouru n'est pas rétabli, le bureau décide si l'indemnité en argent doit être continuée, diminuée ou supprimée, selon l'état de la caisse.

Le service médical et pharmaceutique est réglé par le bureau qui désigne les chirurgiens, médecins et pharmaciens. Les médicaments ne sont fournis par le pharmacien que sur la présentation de l'ordonnance du médecin ou chirurgien portant le nom du membre participant blessé ou malade.

ART. 24. — Une indisposition ou incapacité de travail de trois jours ne donne lieu à aucune indemnité en argent.

ART. 25. — Tout blessé ou malade rencontré hors de chez lui sans y être autorisé, celui qui a pris des médicaments ou des aliments contraires aux ordonnances du chirurgien ou médecin, celui qui fait usage de liqueurs alcooliques, cesse de recevoir l'indemnité en argent. Il en est de même pour celui qui est trouvé exerçant sa profession ou tout autre travail lucratif.

ART. 26. — Aucun secours n'est dû pour les maladies ou accidents causés par la débauche ou l'intempérance, ni pour les blessures reçues dans une rixe lorsqu'il est prouvé que le membre participant a été l'agresseur, ni pour les blessures reçues dans une émeute à laquelle il aura pris une part volontaire, ni lorsque le membre participant est atteint d'aliénation mentale ou de la petite vérole, s'il ne justifie qu'il a été vacciné. La Société n'accorde pas de secours pour cause de chômage ou de grève.

ART. 27. — Le membre participant n'a droit aux avantages de la Société que trois mois après son premier versement.

Celui qui est en retard de trois mois dans le paiement de sa cotisation n'a droit au secours en argent que quinze jours après s'être entièrement acquitté.

ART 28. — En cas de décès, la Société pourvoit aux frais d'enterrement de ses membres participants et convoque ceux-ci pour assister aux obsèques des membres participants ou honoraires.

CHAPITRE VIII. — *Police et discipline.*

ART. 29. — Tout membre qui négligera les fonctions qui lui auront été confiées encourra une amende de un franc pour chaque contravention. Il payera une amende de cinq francs s'il a trompé sciemment la Société pour son propre compte ou s'il a favorisé volontairement les fraudes et fausses déclarations de sociétaires ; de plus il pourra, sur l'avis du bureau, être exclu de la Société.

Tout membre participant qui n'assistera pas aux assemblées générales, sauf le cas de maladie ou d'empêchement dûment justifié, paiera une amende de cinquante centimes.

Tout membre qui troublera le cours des séances et se présentera en état d'ivresse sera puni d'une amende de un franc et sera tenu de quitter l'assemblée.

Tout membre qui prendra la parole sans l'avoir obtenue ou qui interrompra un membre ayant la parole sera puni d'une amende de vingt-cinq centimes.

Tout membre qui prononcera des paroles injurieuses contre les membres du bureau, le chirurgien ou le médecin, sera passible d'une amende de trois francs. En cas de récidive, il pourra être exclu de la Société par l'assemblée générale.

Tout membre qui, dans une réunion, aura soulevé une question politique ou religieuse, sera, pour ce seul fait, condamné à une amende de un franc. Cette amende sera de cinq francs pour les membres du bureau. En cas de récidive, le membre sera exclu de la Société.

Art. 30. — Les amendes sont exigibles avant la cotisation. Le membre participant qui refuse de payer celles auxquelles il a été condamné cesse de faire partie de la Société.

Chapitre VIII. — *Modifications, dissolution et liquidation.*

Art. 31. — Toute proposition tendant à modifier les statuts doit être soumise au bureau qui juge s'il y a lieu d'y donner suite.

Aucune modification ne peut être adoptée qu'en assemblée générale, à la majorité des membres inscrits. Si l'assemblée n'est pas en nombre suffisant, elle est de nouveau convoquée et ses décisions sont valables quel que soit le nombre des membres présents à la nouvelle séance.

Art. 32. — La Société peut se dissoudre d'elle-même en cas d'insuffisance de ses ressources. La dissolution ne peut être prononcée qu'en assemblée générale spécialement convoquée à cet effet et par un nombre égal aux deux tiers des membres inscrits.

Art. 33. — En cas de dissolution, la liquidation s'opérera dans les conditions déterminées par l'article 15 du décret du 26 mars 1852.

T

TATTERSALL.

1. Le Tattersall est un établissement destiné spécialement aux ventes et échanges des chevaux. Les ventes y sont faites par commissaire-priseur et présentent, par conséquent, les plus grandes garanties pour les acheteurs.

2. Cette désignation fut empruntée avec son autorisation à un entraîneur anglais du nom de Richard
Tattersall, qui avait fondé à Londres le premier établissement pour les ventes périodiques aux enchères
publiques de chevaux et accessoires tels que harnais et
voitures.

3. Cet établissement fut fondé en France en 1855
sous l'initiative du duc de Morny et avec le concours de
MM. Devaraigne, le baron Pierre et Jules Gautier,
encore président du conseil d'administration.

Les commencements d'un établissement de ce genre,
qui avait à combattre la concurrence de marchands de
chevaux déjà bien achalandés, devaient être assez difficiles. Aussi fut-il assez heureux pour passer avec les
commissaires-priseurs et l'administration de l'enregis-
trement des traités assez avantageux, et qui lui per-
mirent de diminuer ses frais.

Il avait, en outre, établi une école de dressage destinée à former des grooms et des cochers, et à laquelle
le gouvernement avait accordé une subvention.

4. Depuis 1885 ce régime, qui avait subi déjà
plusieurs modifications, a complètement disparu et le
Tattersall est rentré dans le droit commun ; c'est-à-dire
qu'il est un établissement commercial ordinaire et
absolument libre.

5. Toutes les ventes sont faites à la requête du directeur, ce qui permet la plus grande discrétion pour les
ventes où le vendeur ne veut pas paraître personnellement.

Elles sont faites par un commissaire-priseur attitré ;
mais tous les commissaires-priseurs peuvent amener au
Tattersall des ventes, dont ils conservent alors leur
profit personnel.

6. Des établissements analogues ont été fondés depuis
à Vienne, à Berlin et à Saint-Pétersbourg ; mais ils n'ont
pas réussi. Seuls le Tattersall anglais et le Tattersall
français ont une situation florissante.

7. L'usage du Tattersall a prévalu en ce qui concerne la garantie des aptitudes et le délai du recours pour non-aptitudes dans les ventes de chevaux. Le cheval doit savoir : « démarrer, s'arrêter et repartir, tourner à gauche et à droite et ne pas ruer ».

Telles sont les aptitudes. Si le cheval ne les possède pas, l'acheteur doit intenter son recours dans un délai de trois jours francs et par acte d'huissier.

8. Nous donnons quelques extraits du règlement.

Les ventes sont faites au comptant, et le paiement est effectué par les acheteurs à la caisse immédiatement après l'adjudication (Art. 5).

Le Tattersall décline toute responsabilité des accidents qui peuvent arriver aux chevaux et voitures soit à l'intérieur de l'établissement soit au dehors pendant la promenade (Art. 7).

Cette disposition ne saurait être acceptée sans discussion.

L'on ne peut, en effet, s'exonérer de cette responsabilité que par une clause, non seulement formelle, mais encore clairement acceptée de part et d'autre. Or, en pareille matière, un imprimé émanant de la société venderesse et non revêtu de l'approbation écrite de l'acheteur ne saurait établir contre celui-ci une dérogation aux règles de la responsabilité qui sont de droit commun; d'autant plus que le Tattersall est un dépositaire salarié, ce qui rend ses obligations d'autant plus étroites. (Art. 1927 et s. C. C.) On verra plus loin, dans l'article 5 des conditions de la vente, une espèce où la jurisprudence a néanmoins admis la validité de ces clauses imprimées.

Le Tattersall ne se charge pas de l'expédition des chevaux. Les propriétaires trouveront à l'établissement toutes facilités pour les faire conduire en gare ou à domicile (Art. 8).

Attribution de juridiction au tribunal de commerce de la Seine est faite pour toute contestation (Art. 9).

9. *Conditions de la vente aux enchères et à l'amiable.*

Article premier. — L'acheteur a trois jours pour exercer son action en résolution de vente pour défaut d'aptitudes et le Tattersall un jour de plus pour le recours contre le vendeur.

Art. 2. — Pour les vices rédhibitoires, et quel que soit le vice rédhibitoire dont l'animal pourra être atteint, le délai est de neuf jours, non compris le jour de la vente qui est aussi celui de la livraison.

Passé ce délai, l'acheteur sera déchu de tous droits à ce sujet.

Art. 3. — Il sera accordé à l'administration du Tattersall outre les délais pris par la loi, pour intenter son action en garantie, un jour en plus pour Paris, deux jours pour la banlieue de Paris, trois jours pour les départements et quatre jours pour l'étranger.

Cette disposition paraît en contradiction avec les règles essentielles de la loi de 1884 (V. *Vices rédhibitoires*, n° 25), mais elle est cependant régulière et a reçu la consécration de la jurisprudence.

En effet, quand l'intermédiaire, chargé d'une vente de chevaux, est assigné en résolution de la vente, pour vice rédhibitoire, et qu'il appelle en garantie celui pour le compte duquel il a agi, il n'exerce pas l'action rédhibitoire mais bien celle qui résulte de l'article 1998 c c. C'est une demande en garantie ordinaire, soumise aux règles ordinaires de la procédure sur cette matière.

Le propriétaire vendeur ne pourra donc se plaindre d'être appelé en dehors des délais par son mandataire, pourvu que celui-ci l'ait prévenu à temps pour défendre à l'action de l'acheteur (Trib. Co. Seine, 4 juin 1857 ; Paris, 12 décembre 1857, Dalloz, Rép. *Vices rédhibitoires*, p. 70 et 85).

Art. 4. — Attribution de juridiction est faite au juge de paix du VIIIᵉ arrondissement de Paris pour la nomination des experts, et, comme il a été déjà dit, au tribunal de commerce de la Seine pour statuer sur les contestations relatives au défaut d'aptitudes et aux vices rédhibitoires.

Art. 5. — Dans tous les cas litigieux, aucune action n'est recevable que si le cheval est ramené en fourrière au Tattersall.

Dans cette espèce, l'acheteur, qui attaquait la vente pour vice rédhibitoire, avait mis le cheval litigieux dans une autre fourrière.

Le tribunal de commerce avait résilié la vente et écarté l'application de cet article 5 par le motif que « si pour la commodité de ses transactions la compagnie du Tattersall français a cru pouvoir offrir à ses clients la faculté de ramener dans ses écuries les chevaux sur la qualification desquels ils croiraient avoir à réclamer, il ne saurait lui être loisible d'en faire une cause de déchéance, dans le cas où cette conviction ne serait pas remplie » (Trib. Co. Seine, 20 mars 1869).

La cour de cassation, à laquelle ce jugement fut déféré, le cassa et donna raison au Tattersall, attendu que la clause était une des conditions essentielles de la vente, et que le tribunal ne devait l'écarter que dans le cas où elle aurait été contraire aux lois, aux bonnes mœurs ou à l'ordre public (Cass. 19 décembre 1871, *Journ. Pal.* 71. 741).

Cette doctrine est juridique, mais à condition toutefois que le consentement de l'acheteur aux conditions de la vente et du règlement imprimé au Tattersall soit bien strictement établi. En fait, cette preuve nous paraît difficile à produire, chaque fois que la signature de l'acheteur au bas dudit imprimé ou d'un autre engagement analogue ne sera pas rapportée.

Art. 6. — Faute d'avoir soldé le prix des chevaux, voitures et objets de sellerie dans les trois jours qui suivent l'adjudication, le Tattersall, après sommation restée sans effet, pourra, sans autre avis, les remettre en vente, aux risques et périls de l'adjudicataire. Soit à l'amiable ou judiciairement, tous les droits de vente, d'achat, d'avoué, d'agréé, et autres frais sont payés par le vendeur.

Art. 7. — En cas de résiliation de vente, tous les droits de vente, d'achat et autres frais sont payés par le vendeur.

Art. 8. — La déclaration des chevaux, voitures et autres objets mis en vente est faite sous la seule responsabilité des vendeurs.

17

Aʀᴛ. 9. — En cas de changement à une désignation, le commissaire-priseur en fera l'annonce avant la vente du cheval.

Aʀᴛ. 10. — Les voitures et harnais achetés aux enchères, qui ne seront pas enlevés le soir même du jour de la vente, paieront un remisage de 1 fr. par jour pour une voiture, et 50 c. par jour pour un harnais : passé ce délai, l'administration n'accepte aucune responsabilité.

10. — Le tarif des frais de ventes est le suivant :

VENTE AUX ENCHÈRES

Frais de l'acheteur..........................Fr.	10 » 0/0
Frais du vendeur..............................	5 » 0/0
Frais de rachat après enchères................	5 » 0/0
Frais de retrait, mise à prix non suivie d'enchères...	2 » 0/0
Frais divers, publicité, etc., etc...................	

Indemnité pour inscription non suivie d'envoi :

D'un cheval (vente du jeudi)...................	25 »
— (toute autre vente)...................	50 »
D'une voiture...............................	15 »
D'un chien.................................	10 »
De tout autre objet.........................	5 »

VENTE A L'AMIABLE

Frais de l'acheteur...........................	2 50 0/0
Frais du vendeur..	6 » 0/0

TAXES SUR LES CHEVAUX ET VOITURES.

INDEX ALPHABÉTIQUE.

1. Il est perçu une contribution spéciale sur les voitures et les chevaux. — Cette taxe s'applique : 1° aux voitures suspendues destinées au transport des personnes ; 2° aux chevaux servant à atteler les voitures imposables ; 3° aux chevaux de selle.

A Paris, elle est de 60 fr. par voiture à 4 roues ; de

40 fr. par voiture à 2 roues ; de 25 fr. par cheval de selle ou d'attelage ; — Dans les communes ayant plus de 40,000 âmes de population, de 50 fr. par voiture à 4 roues ; de 25 fr. par voiture à 2 roues ; et 20 fr. par cheval de selle ou d'attelage ; — Dans les communes ayant de 20,001 âmes à 40,000 âmes, de 40 fr. par voiture à 4 roues ; 20 fr. par voiture à 2 roues ; 15 fr. par cheval ; — Dans les communes de 10,001 âmes à 20,000 âmes, de 30 fr. par voiture à 4 roues ; 15 fr. par voiture à 2 roues ; 12 fr. par cheval ; — Dans les communes de 5,001 âmes à 10,000 âmes, de 25 fr. par voiture à 4 roues ; de 10 fr. par voiture à 2 roues ; de 10 fr. par cheval ; — Dans les communes de 5,000 âmes et au-dessous, de 10 fr. par voiture à 4 roues ; de 5 fr. par voiture à 2 roues ; de 5 francs par cheval (Loi du 22 décembre 1879, art. 1).

Les mules et mulets de selle, ainsi que les mules et mulets servant à atteler les voitures imposables à la contribution sur les voitures et les chevaux, sont passibles de cette contribution d'après les mêmes tarifs et suivant les mêmes règles que les chevaux (Même loi, art. 2).

La taxe est réduite de moitié pour les voitures et chevaux imposables, lorsqu'ils sont habituellement employés au service de l'agriculture ou d'une profession quelconque donnant lieu à l'imposition de droits de patente, sauf en ce qui concerne les professions rangées dans le tableau G, annexé à la loi du 18 mai 1850 et dans les tableaux correspondants annexés aux lois de patentes subséquentes (Loi du 22 décembre 1879, art. 3).

2. Sont exemptés de la taxe :

Les voitures et chevaux affectés exclusivement au service des voitures publiques, lesquelles sont soumises à une taxe spéciale ; les chevaux et voitures possédés par les marchands de chevaux, carrossiers et exclusivement réservés à la vente ou à la location ; les chevaux et voitures possédés conformément aux règlements militaires et administratifs et possédés par des fonctionnaires ; les juments et étalons exclusivement consacrés à la reproduction.

3. Si le contribuable a plusieurs résidences, il est, pour les voitures et chevaux qui le suivent habituellement, imposé dans la commune où il est soumis à la contribution personnelle. Pour les voitures et chevaux qui restent attachés à l'une des résidences, l'impôt est perçu suivant la taxe de la commune où ils résident.

4. Les contribuables sont tenus de faire la déclaration des voitures et chevaux à raison desquels ils sont imposables, et d'indiquer les différentes communes où ils ont une résidence, avec l'indication, pour chacune, des chevaux et voitures y afférents.

5. Les déclarations sont valables pour toute la durée des faits qui y ont donné lieu, c'est-à-dire tant qu'il ne se produit pas quelque modification, soit par suite d'un changement de résidence, soit par suite d'une modification dans le nombre ou la qualité des éléments imposables. Les déclarations doivent être faites ou modifiées, s'il y a lieu, au plus tard le 15 janvier de chaque année, à la mairie de la commune intéressée.

6. Si les déclarations ne sont pas faites dans le délai ci-dessus, ou si elles sont inexactes ou incomplètes, il y est suppléé d'office par le contrôleur des contributions directes, qui est chargé de rédiger, de concert avec le maire et les répartiteurs, l'état matrice destiné à servir de base à la confection du rôle. — En cas de contestations entre le contrôleur et le maire et les répartiteurs, il est, sur le rapport du directeur des contributions directes, statué par le préfet, sauf référé au ministre, si la décision était contraire à la proposition du directeur, et, dans tous les cas, sans préjudice pour le contribuable du droit de réclamer après sa mise en recouvrement du rôle.

7. Les possesseurs de chevaux et de voitures

imposables sont passibles de la taxe pour l'année entière en ce qui concerne les faits existant au 1er janvier. Les personnes qui, dans le courant de l'année, deviennent possesseurs de voitures ou de chevaux imposables, doivent la contribution à partir du 1er mois dans lequel le fait s'est produit, et sans qu'il y ait lieu de tenir compte des taxes imposées au nom des précédents propriétaires.

Dans le cas où, à raison d'une résidence nouvelle, le contribuable devient passible d'une taxe supérieure à celle à laquelle il a été assujetti au 1er janvier, il doit un supplément complémentaire égal au montant de la différence et calculé à partir du 1er du mois dans lequel le changement de résidence s'est produit.

8. Les déclarations doivent être faites dans le délai de trente jours, à partir de la date à laquelle se sont produits les faits susceptibles de motiver l'imposition de nouvelles taxes ou de suppléments de taxe.

Les taxes sont doublées pour les voitures et les chevaux qui n'ont pas été déclarés ou qui ont été déclarés d'une manière inexacte.

9. Sont imposables à la contribution sur les voitures et les chevaux, au moyen de rôles supplémentaires et sans préjudice des accroissements de taxes dont ils seraient passibles pour défaut ou inexactitude de déclaration, les possesseurs de voitures, chevaux, mules ou mulets, pour ceux de ces éléments d'imposition qu'ils posséderaient depuis une époque antérieure au 1er janvier et dont l'imposition aurait été omise dans les rôles primitifs. Les droits ne sont dus qu'à partir du 1er janvier, de l'année pour laquelle le rôle primitif a été émis (Lois des 16 septembre 1871, 23 juillet 1872, 22 décembre 1879 et 29 décembre 1884).

10. Les voitures publiques supportent également un droit qui est de 40 fr. par an pour les voitures à une ou deux places, de 60 fr. par an pour celles à trois places et de 80 fr. par an pour celles à quatre places.

Les droits ci-dessus fixés sont exigibles par mois et d'avance. Ils sont toujours dus pour un mois entier, à quelque époque que commence ou cesse le service (Loi du 11 juillet 1879, art. 1).

Sont exceptées des dispositions de l'article 112 de la loi du 25 mars 1817, et considérées comme partant d'occasion ou à volonté, les voitures qui, dans leur service habituel d'un point fixe à un autre, ne sortent pas d'une même ville ou d'un rayon de quarante kilomètres de ses limites, pourvu qu'il n'y ait pas continuité immédiate de service pour un point plus éloigné, même après changement de voiture (Art. 2).

Le tarif des droits sur les prix de transport auxquels sont assujettis les entrepreneurs de voitures publiques, de terre et d'eau en service régulier, autres que les compagnies de chemins de fer, est établi ainsi qu'il suit, décimes compris :

Vingt-deux francs cinquante centimes pour cent (22 fr. 50 0/0) des recettes nettes, lorsque les prix de transport sont de cinquante centimes (0 fr. 50) et au-dessus.

Douze francs pour cent (12 francs 0/0) des recettes nettes, lorsque ces prix sont inférieurs à cinquante centimes (0 fr. 50.)

Les recettes nettes servant de base au calcul de l'impôt sont obtenues en déduisant des prix demandés au public le montant des impôts spécifiés ci-dessus (Art. 3).

11. Une question relative à la location des chevaux a été tranchée par le conseil de préfecture de la Seine. Quand un particulier loue des chevaux, qu'il remise chez lui, et dont il se sert pour atteler des voitures lui appartenant, il doit la taxe qui frappe les chevaux d'attelage. Mais s'il prend chez un loueur le cheval et la voiture, même dans le cas où il les remiserait chez lui, il ne doit aucune taxe, attendu que les voitures de louage doivent être considérées comme des voitures publiques et qu'elles ne sauraient perdre cette qualité par le seul fait qu'elles sont remisées chez le particulier qui les loue (Conseil de préfecture de la Seine, 7 mars 1888; le *Droit* du 10 mars).

Cette théorie a été confirmée par le conseil d'État, dont la section du contentieux a décidé que la taxe ne doit frapper que le possesseur effectif des chevaux et voitures, conformément à l'article 8 de la loi des 23 juillet 1872-27 décembre 1889 (*Gaz. Pal.* 1890, 1, 186).

Mais la personne qui, ayant loué un cheval et une voiture à l'année, les fait entretenir et conduire par une personne à son service, doit être considérée comme possesseur aux termes de la loi de 1872 et, par suite, est passible de la taxe (Cons. d'État, 24 janvier 1890, *Gaz. Pal.* 90. 1. 267).

TRANSPORT PAR CHEMIN DE FER.

INDEX ALPHABÉTIQUE.

1. Le transport des chevaux par chemins de fer s'effectue conformément aux conditions du cahier des charges des compagnies.

Les tarifs régulièrement approuvés et publiés ont force de loi pour ou contre les compagnies, relativement aux conditions du transport, et ils s'imposent aux parties nonobstant toute convention contraire (Cass. 13 août 1888, *Bulletin des chemins de fer*, 1888, p. 197). Il en résulte qu'un expéditeur ne saurait réclamer le remboursement du prix qu'il aurait payé pour un transport, si ce prix est conforme aux tarifs, et malgré l'indication contraire qu'aurait pu lui donner un employé de la compagnie.

Mais les erreurs portant préjudice soit aux compagnies, soit au public, doivent être réparées (Cass. 11 mars 1878, S. 78 1. 326), et la cour suprême a le droit de contrôler l'interprétation des tarifs ainsi que les faits constatés par les juges du fond (Cass. 29 août 1883, S. 84. 1. 304).

2. Le prix maximum du transport est fixé à 0 fr. 10 par tête et par kilomètre en petite vitesse et à 0 fr. 22 en grande vitesse.

3. Les chevaux de prix sont soumis à une taxe exceptionnelle et paient la moitié en sus du prix fixé par le tarif général. Sont considérés comme chevaux de prix ceux dont la valeur dépasse 5.000 francs.

En cas d'accident survenu, en cours de route, à des chevaux de cette catégorie, les compagnies ne sont pas responsables d'une valeur supérieure, si la note de remise ne la mentionne pas.

4. Les chevaux des militaires en activité, voyageant avec les officiers ou les ordonnances militaires, paient le quart du tarif général.

Mais l'officier, qui charge son domestique civil de ramener son cheval par un autre train que celui qu'il a pris lui-même, ne peut bénéficier du tarif réduit spécial au transport des chevaux militaires accompagnés de leurs cavaliers ou ordonnances (Cass. 14 avril 1877, J. Pal. 1879, p. 935).

5. En outre, les compagnies de chemin de fer accordent le bénéfice de tarifs spéciaux et réduits à certaines classes de chevaux, notamment aux étalons, aux chevaux de course ou à ceux que leurs propriétaires envoient à des concours agricoles.

La réduction généralement affectée à ces tarifs spéciaux est de 50 0/0, soit moitié de la taxe.

Certaines compagnies ne perçoivent même que
0 fr. 50 ou 0 fr. 35 par wagon complet et par kilomètre, non compris les frais de chargement et déchargement. On appelle wagon complet un wagon chargé
d'un certain nombre de têtes de chevaux fixé à six.

6. En échange des avantages alloués aux expéditeurs
par le tarif spécial, les compagnies ont coutume de se
réserver certaines prérogatives.

C'est ainsi qu'elles stipulent généralement que les
frais de chargement et de déchargement seront à la
charge des expéditeurs et destinataires, de sorte qu'elles
n'encourent aucune responsabilité pour tout ce qui les
concerne (Trib. Lille 5 août 1887, *Bulletin des chemins
de fer*, 1887, p. 177).

C'est encore ainsi qu'elles se réservent de prolonger
les délais de transport qui résulteraient de l'application
des tarifs généraux. L'on sait que le récépissé, délivré
par les compagnies, doit mentionner, outre le prix du
transport, le délai qui lui est applicable, de manière à
permettre ensuite la preuve du retard s'il y en a eu
un dans la livraison, et par suite la preuve du bien
fondé de la réclamation.

Enfin les compagnies stipulent également, en cas de
tarifs spéciaux, une clause de non-garantie, dite « sans
responsabilité ».

7. Quelle est donc la portée de cette clause?

La jurisprudence nettement formée sur ce point
décide qu'elle ne peut pas affranchir la compagnie de
toute la responsabilité de ses fautes, mais seulement
de la présomption de faute mise à la charge des entrepreneurs de transport par les Codes de commerce
(art. 103) et civil (art. 1784). Par suite elle a cet effet
très important de déplacer les règles ordinaires du
droit sur la preuve et d'en laisser la charge à l'expéditeur ou au destinataire intéressé (Cass. 14 juillet 1874;
Cass. 16 mars 1885; Trib. Co. Nîmes 25 juillet 1884,
Bulletin des chemins de fer 1885, p. 78 et 123).

Il en résulte que contrairement au principe, qui voudrait que la compagnie fasse la preuve qu'elle n'a commis aucune faute de nature à engager sa responsabilité, cette clause de non-garantie aura pour effet de mettre au contraire à la charge de l'intéressé la preuve que la compagnie a commis une faute. Il est inutile d'ajouter qu'en pratique cette preuve sera le plus souvent fort difficile à faire.

Remarquons d'ailleurs qu'une compagnie ne peut pas s'affranchir de toute responsabilité, contrairement aux dispositions de la loi qui sont d'ordre public (Cass. 22 avril 1874, S. 74. 1. 273).

8. Il importe de noter que toutes les dispositions des tarifs généraux qui ne sont pas expressément modifiées par les tarifs spéciaux dans les cas où ils peuvent être appliqués sont maintenues et conservent leur effet.

9. L'application des tarifs à prix réduit ne peut être faite que sur la demande expresse de l'expéditeur, demande à laquelle rien ne peut suppléer. Mais il suffit que sa volonté soit nettement établie, quelle que soit la forme sous laquelle il l'a exprimée (Cass. 10 février 1886, Palaa, t. 2. p. 660; 30 janvier 1882 et 20 décembre 1882, *Bulletin des chemins de fer* 1883, p. 241 et 242).

10. De ce fait que le fardeau de la preuve d'une faute de la compagnie incombe, en vertu de la clause de non-garantie, à l'intéressé qui s'en plaint, il faut que cette faute soit établie d'une façon nette et précise. Il ne suffit pas, par suite, d'énonciations vagues ou d'imputations générales; il faut que le demandeur au procès établisse clairement et par l'indication de faits précis la faute de la compagnie, à plus forte raison une simple affirmation du tribunal serait insuffisante pour constituer une preuve (Cass. 2 février 1881, *Bulletin des chemins de fer* 1881, p. 40).

11. Voilà donc l'exception, quand l'expéditeur a usé

des tarifs spéciaux à prix réduit. Mais lorsqu'il aura payé selon le taux des tarifs généraux, la responsabilité de la compagnie reste entière selon les règles ordinaires formulées dans les articles 103, 104, 105 et 108 modifiés par la loi du 11 avril 1888, 106, 107 du Code de commerce et 1783 et s. du Code civil.

12. Par application de ces principes, certaines décisions sont intervenues que nous citons à titre d'exemple.

13. Est responsable de l'accident survenu à un cheval, la compagnie chargée d'en effectuer le transport, lorsque cet accident est causé par le défaut de solidité du matériel (Trib. Co. Toulouse 15 février 1884, *Gaz. Pal.* 84. 1. 800).

14. Et la compagnie n'échappera pas à la responsabilité en soutenant que le propriétaire ou son préposé a assisté ou aidé à l'embarquement (Trib. Co. Seine 15 octobre 1856; Palaa t. 1 p. 284; Paris 6 avril 1880, *Bulletin des chemins de fer* 1887, p. 138).

Il va sans dire que cette décision ne peut s'appliquer qu'au cas où la compagnie est chargée de l'embarquement (Trib. Co. Lille 5 août 1887, *Bulletin des chemins de fer* 1887, p. 177).

15. Une compagnie de chemin de fer doit, sauf empêchement de force majeure, fournir à l'expéditeur des wagons spéciaux, appropriés au genre de transport qu'il veut effectuer. En conséquence, lorsque l'expéditeur a demandé des wagons-écuries pour le transport de ses chevaux, la compagnie, qui lui offre de l'exécuter par des wagons à bestiaux, est responsable des frais occasionnés par le retard qu'elle a mis à fournir les wagons demandés (Cass. 17 août 1874, *J. Pal.* 74. 1244).

16. Le défaut de surveillance de la compagnie, pendant le transport des chevaux non accompagnés, engage sa responsabilité (Paris 31 juillet 1852, Palaa, t. 1, p. 284).

Or l'expéditeur n'est pas obligé d'user de la faculté,

qui lui est laissée par les tarifs, de faire voyager gratuitement un employé avec ses animaux (Cass. 2 juin 1875, D. 76. 1. 312).

17. Mais la compagnie ne saurait être responsable si la mort ou les blessures du cheval provenaient d'un vice propre ou d'une affection morbide établis par le rapport des experts ou l'autopsie (Trib. Co. Montereau 14 mai 1878, *Bulletin des chemins de fer* 1887, p. 137).

18. Ou si elle établissait que l'accident provient d'un cas fortuit (Orléans 21 mai 1887, *Bulletin des chemins de fer* 1887, p. 142).

19. Une compagnie de chemins de fer est responsable de l'accident survenu à un cheval, que l'on embarquait dans une de ses gares, par suite de brûlures provenant d'un acide répandu sur le quai d'embarquement. Mais il a été jugé, dans ce cas, que, si l'acide a été répandu par un employé du négociant qui le faisait expédier, la faute de la compagnie et, par suite, sa responsabilité doivent être partagées. Elle aura donc, en ce cas, un recours contre ledit négociant, pour une portion des condamnations pécuniaires prononcées contre elle (Trib. Péronne 12 juin 1886, *Gaz. Pal.* 86. 2. supp. 48).

20. Est responsable de la valeur du cheval la compagnie chargée de le transporter, conformément aux tarifs généraux, et qui a procédé à son installation dans le wagon-écurie, si l'accident provient, par exemple, d'un défaut de solidité des moyens d'attache (Paris 7 avril 1880, Palaa, t. 1, p. 377).

21. Une compagnie de chemin de fer est responsable de la perte d'un cheval de course provenant de l'incendie du wagon qui le renfermait. Elle ne peut prétendre, pour s'en exonérer, que l'incendie est un fait de force majeure ; il faudrait qu'elle l'établît et fît la preuve qu'aucune négligence ou imprudence ne peut lui être reprochée.

Quand la compagnie est assurée, la valeur de l'animal incombe à la compagnie d'assurances et les dommages-intérêts seuls, s'il en est alloué, restent à la charge de la compagnie de chemin de fer (Trib. Co. Saintes 5 mars 1885).

22. Si le transport s'est effectué sur plusieurs réseaux, le propriétaire du cheval actionnera la compagnie à laquelle il a remis l'animal à transporter, et celle-ci pourra appeler en garantie les autres compagnies (Même décision, *Bulletin des chemins de fer* 1887, p. 140).

23. Il nous reste à indiquer, en terminant, qu'un arrêté ministériel en date du 30 avril 1883 (V. *Bulletin des chemins de fer* 1883, p. 130) prescrit le nettoyage et la désinfection de tout wagon ou box ayant servi au transport des chevaux, ânes ou mulets, dans les 24 heures de l'arrivée. Cette opération est faite par les compagnies, sous leur responsabilité, mais aux frais des expéditeurs. En conséquence l'article 7 de l'arrêté ministériel autorise les compagnies à percevoir, à titre de désinfection, les taxes ci-après : 0 fr. 40 par cheval, poulain, âne ou mulet. Toutefois pour les transports d'un même expéditeur la taxe ne peut dépasser 2 francs par wagon à un seul plancher et 3 francs par wagon à deux planchers. Cette taxe de 2 ou 3 francs, selon les cas, est d'ailleurs perçue quel que soit le nombre des animaux embarqués, si l'expéditeur a demandé que les animaux soient en complète liberté dans le wagon.

Quel que soit le nombre des compagnies qui concourent au transport, la taxe n'est perçue qu'une fois, à moins qu'il n'y ait transbordement ; le transbordement ne peut être imposé aux expéditeurs qu'aux gares frontières et aux gares de jonction avec un chemin de fer d'intérêt local.

24. Ne sont pas soumis à la désinfection les wagons ayant servi à des exercices d'embarquement de chevaux de troupe et qui n'ont pas été employés à un transport réel (Circulaire ministérielle du 18 juillet 1883, *Bulletin des chemins de fer* 1883, p. 184).

V

VENTE.

1. La vente est un contrat par lequel une personne s'oblige à transférer la propriété d'une chose, qui lui appartient, à une autre personne qui s'oblige à lui payer en échange une somme convenue appelée prix (Art. 1582 C. C.).

2. La vente peut être faite par acte authentique ou sous seing privé et même verbalement, sauf dans ce dernier cas, la difficulté de la preuve si l'objet vendu dépasse 150 francs. On sait, en effet, que dans ce cas le Code s'oppose à ce que la preuve soit faite par témoignage, à moins qu'il n'existe un commencement de preuve par écrit. Il sera donc toujours prudent de constater les conventions par un acte écrit.

3. Entre le vendeur et l'acheteur la vente est parfaite, dès qu'ils sont d'accord sur la chose vendue et le prix, même si la chose n'est pas encore livrée ni le prix payé (Art. 1583 C. C.).

Mais pour être valable, il ne faut pas que ce consentement ait été donné par erreur, ou extorqué par la violence ou enfin surpris par le dol (Art. 1109 C. C.).

L'erreur rend la vente annulable quand elle porte sur la substance de la chose vendue, par exemple si j'ai cru acheter un cheval entier alors que l'on m'a vendu un cheval hongre (Art. 1110 C. C.).

Il faudrait décider de même si l'acheteur croyait acquérir le descendant d'un étalon renommé et qu'il fût trompé sur l'origine de l'animal qu'il a acheté.

Il a été jugé de même que la vente d'un cheval cryptorchide était résiliable, alors que l'acquéreur avait cru acheter un cheval hongre (Tribunal de Bernay 30 avril 1875).

On appelle cryptorchide un cheval dont le scrotum ne renferme pas de testicules. Dans ce cas anormal l'organe spermatique qui ne se trouve point dans le scrotum a subi un arrêt, et on le rencontre dans un des points qu'il avait à parcourir pour arriver dans les bourses (Dict. méd. Nysten).

Quant aux erreurs qui portent sur des conditions non substantielles de la vente, telles que l'âge, la valeur réelle de l'animal, etc., elles ne rendent pas la vente annulable.

La violence ayant amené une personne à contracter est encore une cause de résiliation de la vente dans les conditions prévues par les articles 1111 à 1115 du Code civil.

Enfin le dol vicie le consentement et rend la vente annulable quand il a été employé pour déterminer l'acquéreur à contracter, qu'il a fait naître chez ce dernier la volonté de contracter, et enfin qu'il a été employé par le vendeur ou avec sa complicité (Art. 1116 C. C.). Le dol consiste donc dans l'emploi de ruses ou manœuvres destinées à tromper l'acquéreur. Ainsi l'acquéreur pourra demander l'annulation de la vente d'un cheval, acquis par lui, et que le vendeur avait fait contremarquer avant de l'exposer au marché; qu'il avait vendu pour un cheval de six ans alors qu'il en avait quinze; dont il avait maquillé et dissimulé une plaie, etc.

Le dol ne se présume pas, il doit être prouvé (Art. 1116, C. C.).

L'article 2268 du Code civil contient une disposition analogue, aux termes de laquelle la bonne foi est toujours présumée, et c'est à celui qui allègue la mauvaise foi à la prouver.

De sorte que dans toutes les demandes en annulation c'est à l'acquéreur à prouver l'erreur, la violence ou le dol, soit par témoins, soit par des présomptions graves, précises, et concordantes. C'est d'ailleurs contre la difficulté de cette preuve qu'en pratique se heurtent la plupart de ces demandes.

Il est admis par la jurisprudence que le dol par réticence, c'est-à-dire par omission de déclaration, peut constituer, quand il se présente dans des conditions assez graves, un cas d'annulation de vente. Mais il faudra pour cela, bien entendu, qu'il s'agisse d'un vice grave et non apparent (Art. 1641 à 1643 C. C.), et d'autre part que le vendeur, connaissant ce vice, ait volontairement omis de le déclarer.

En fait, ces conditions pourront se trouver assez rarement réalisées. Mais il n'en reste pas moins vrai en principe que l'acheteur d'un cheval, affecté de vices non rédhibitoires, peut demander la résiliation de la vente, quand les vices lui ont été dissimulés à l'aide de manœuvres frauduleuses.

La cour de cassation a même appliqué ce principe à la dissimulation par le vendeur d'un défaut de caractère d'un cheval, tel que l'habitude de ruer (Cass. 17 février 1874, S. 74. 1. 248). Mais cela ne peut s'appliquer qu'aux vices cachés.

Jugé en effet que l'acquéreur d'un cheval ne peut demander la rescision de la vente par ce motif que le cheval est « monorchide », ce vice de conformation étant apparent. Les expressions « à livrer sain et net, vivant et en bonne santé » doivent être interprétées comme une dérogation à la règle que les risques de la chose sont à la charge de l'acheteur, du jour de la vente. Elles signifient donc seulement que ces risques, dans l'intervalle de la vente à la livraison, demeureront à la charge du vendeur et que le cheval doit être livré en état de santé et exempt de vices rédhibitoires (Caen 22 février 1888, *Recueil de Rouen*, 1888, 61. 2). On appelle monorchide le cheval qui n'a qu'un seul testicule.

VENTE DE CHEVAUX DE COURSES.

INDEX ALPHABÉTIQUE.

1. Les ventes de chevaux de courses sont soumises aux règles ordinaires du Code sur la vente, sauf les modifications qu'y peuvent introduire la volonté des parties contractantes ou les dispositions spéciales des Sociétés de courses.

2. C'est ainsi que les Sociétés établissent des courses dans lesquelles les chevaux engagés sont de droit à vendre ou à réclamer.

Ces dispositions constituent-elles un cas de force majeure, de nature à délier le vendeur de ses obligations? La question a été portée devant le tribunal de la Seine, dans les conditions suivantes:

Un propriétaire avait vendu à un autre une pouliche moyennant un prix payable partie immédiatement en argent, partie par le versement de la moitié des prix gagnés par la pouliche dans le cours de l'année.

Puis, ce second propriétaire ayant engagé la pouliche dans une course à réclamer, celle-ci avait été acquise par une troisième personne, au mois de juin. Le second acquéreur avait alors refusé le paiement de la moitié des prix gagnés par la pouliche à partir de ce moment, prétendant qu'il en était dépossédé.

Le tribunal lui a donné tort, attendu qu'il ne pouvait pas invoquer la dépossession de la pouliche comme un cas de force majeure et l'assimiler à la perte d'un cheval, puisque l'engagement dans une course à réclamer, dont il connaissait très bien les conditions et les conséquences, était son fait personnel (Trib. Seine 3 janvier 1890, le *Droit* du 12 janvier).

3. Quand un cheval est vendu à l'essai, tant que la décision définitive de l'acheteur n'est pas intervenue, celui-ci doit bien se garder de faire vis-à-vis de ce cheval un acte de propriétaire, qui équivaudrait de sa part à une acceptation tacite.

C'est ainsi qu'il a été jugé, avec raison, que l'acheteur fait acte de propriétaire lorsqu'il cherche à tirer un profit personnel de l'animal qui lui est livré à l'essai, et spécialement lorsqu'il engage le cheval dans une course et sous son nom (Cour de Paris 13 janvier 1890, *Gaz. Pal.* du 7 février 1890).

Le moyen d'éviter cette conséquence juridique était, en obtenant le consentement du vendeur, d'engager le cheval sous le nom de celui-ci.

4. Quand un cheval de course est vendu avec tout ou partie de ses engagements, le vendeur ne peut plus déclarer forfait ni retirer ce cheval d'aucun des engagements avec lesquels il a été vendu, et ce droit appartient désormais exclusivement à l'acquéreur ou à ses représentants.

Dans le cas de vente amiable, une reconnaissance écrite et signée des deux parties est nécessaire pour constater qu'un cheval a été vendu avec ses engagements. Dans le cas d'une vente publique ou d'une vente dans un prix à réclamer, les conditions de la vente ou celles de la course font foi.

A défaut des preuves spécifiées ci-dessus, un cheval est toujours considéré comme vendu sans ses engagements.

Quand un cheval est vendu sans ses engagements, le vendeur conserve le droit d'en profiter, et il peut accorder ou refuser à l'acquéreur l'autorisation d'en profiter (Art. 20 Code des courses, art. 19 Code des steeple-chases).

5. Quand un cheval a été vendu avec tout ou partie de ses engagements et que, faute par l'acquéreur d'en payer le montant, le vendeur est obligé de les payer lui-même, celui-ci a le droit, jusqu'à ce qu'il soit remboursé, d'empêcher le cheval de partir dans une course

(V. *Opposition au départ.* Art. 31 Code des courses, art. 28 Code des steeple-chases).

6. Tout cheval vendu au plus offrant, dans les prix à réclamer ou à vendre, est considéré, sauf condition contraire, comme vendu sans ses engagements (Art. 65 Code des courses, art. 49 Code des steeple-chases).

VÉTÉRINAIRE.

INDEX ALPHABÉTIQUE.

1. On appelle vétérinaire l'homme de l'art s'occupant spécialement des soins à donner aux animaux. Le vétérinaire exerce une profession libérale et ne peut être considéré comme commerçant (Nancy 19 juillet 1876, S. 76. 2. 289). Sont donc de la compétence du tribunal civil les affaires qui le concernent.

2. Tout le monde peut soigner les animaux, sans conditions d'études ou de diplômes (Cass. 17 juillet 1867, S. 67. 1. 436). Mais le titre de vétérinaire ne peut être pris que par ceux qui en ont obtenu le diplôme. Ceux qui le prennent sans avoir de diplôme commettent une usurpation de titre, qui autorise les véritables vétérinaires à les poursuivre en dommages-intérêts (Trib. Narbonne 12 novembre 1885, la *Loi* du 23 février 1886; Cass. 1er juillet 1851, S. 51. 1. 584).

3. Cependant l'exercice de la médecine vétérinaire dans les maladies contagieuses des animaux est interdit à quiconque n'est pas pourvu du diplôme de vétérinaire (Loi du 21 juillet 1884, art. 12).

4. Il a été jugé qu'un maréchal ferrant qui prend

une enseigne ainsi conçue : « Maréchalerie-Vétérinaire »,
ne commet pas une usurpation de titre et indique seu‑
lement qu'il ferre selon les principes de l'art vétéri‑
naire (Trib. Narbonne 12 novembre 1885, la *Loi* du
23 février 1886).

5. Les honoraires des vétérinaires, comme ceux des
médecins, sont soumis à la prescription d'un an (Cass.
11 juin 1884, *Presse vétérinaire* 1884, p. 382).

Les vétérinaires pourront cependant déférer le ser‑
ment à ceux qui leur opposeront la prescription (Art.
2275 C.C.).

Certains auteurs font cependant une distinction. Ils
appliquent bien la prescription d'un an aux vétérinaires
diplômés, mais, en ce qui concerne les praticiens non‑
pourvus d'un diplôme, ils les considèrent comme des
artisans ayant réparé un objet mobilier appartenant à
autrui et leur appliquent la prescription de six mois.

Dans tous les cas, c'est la prescription d'un an qu'il
faut appliquer, quand la réclamation porte sur le
paiement de médicaments.

6. Les vétérinaires doivent être déclarés responsa‑
bles des maladies contagieuses, prises chez eux par les
animaux qui leur sont confiés, à moins qu'ils ne puissent
établir que la maladie était communiquée avant même
qu'ils aient pu se rendre compte de l'état de l'animal
atteint de la maladie contagieuse.

7. Les vétérinaires sont soumis à la patente (Loi du
15 juillet 1881, tableau D).

Le droit de patente est du quinzième de la valeur
locative réelle de tous les locaux occupés par le paten‑
table.

La gratuité des soins, à moins qu'ils ne fussent
qu'accidentels, ne dispenserait pas de la patente (Con‑
seil d'État 15 août 1860 ; *Recueil du Conseil* 1860,
p. 618).

8. Le décret du 15 janvier 1813 avait créé deux
classes de vétérinaires : 1° les médecins vétérinaires

qui devaient avoir suivi cinq années de cours, et 2° les maréchaux vétérinaires qui devaient suivre trois années de cours. Des prérogatives différentes étaient attachées à chacun de ces titres.

Une ordonnance du 1er septembre 1825 supprima toute distinction. Dès lors, pouvait être vétérinaire tout élève qui, après quatre années d'études, avait été jugé apte par un jury spécial d'en recevoir le diplôme.

9. Nous avons vu que l'exercice de la médecine des animaux est libre. Il en est de même de la préparation et de la vente des remèdes destinés aux animaux, le privilège des pharmaciens s'étendant aux seuls remèdes destinés au corps humain.

Il faudrait, semble-t-il, excepter de cette faculté les substances vénéneuses portées au tableau annexe du décret du 8 juillet 1850 (Cass. 17 juillet 1867, S. 67. 1. 436).

On cite cependant une circulaire du ministre du commerce en date du 20 mai 1853, autorisant les vétérinaires à tenir et vendre les substances vénéneuses.

10. Si l'exercice de la médecine des animaux est libre, il faut noter toutefois que les autorités civiles et militaires ne peuvent recourir qu'aux vétérinaires diplômés (décret du 15 janvier 1813) et que l'exercice de la médecine vétérinaire, dans les maladies contagieuses des animaux, est interdit à quiconque n'est pas pourvu du diplôme de vétérinaire (Loi du 21 juillet 1884, art. 12).

11. Les vétérinaires militaires sont pris parmi ceux qui ont le diplôme des écoles vétérinaires. Ils sont nommés par le chef de l'État et leur solde est fixée par les lois militaires.

12. Les vétérinaires et généralement toutes personnes préposées à l'examen d'un animal présumé malade, peuvent être victimes, au cours de cet examen, d'un accident provoqué par ledit animal.

Il va sans dire qu'en ce cas, les experts auront droit

à des dommages-intérêts, qui leur seront payés par le propriétaire de l'animal.

Si la propriété de l'animal est contestée en justice, qui devra payer ces dommages-intérêts?

13. Cette question a donné lieu à deux systèmes :

Le premier, se basant sur l'article 1385 du Code civil, décide que ce sera celui qui en dernière analyse restera propriétaire, c'est-à-dire celui que la justice déclarera tel (Trib. de Belfort 8 avril 1855).

Le second système soutient que l'expertise ayant lieu dans l'intérêt de toutes parties en cause, la réparation du préjudice causé au vétérinaire incombe à toutes les parties solidairement (Cour de Colmar 1er août 1855, le *Droit* du 16 novembre 1855).

Cette dernière opinion a été adoptée par la cour de Colmar par infirmation du jugement du tribunal de Belfort.

14. La pratique de la médecine vétérinaire expose tout naturellement ceux qui l'exercent à la responsabilité civile basée sur les articles 1382 et s. du Code civil.

15. Cette responsabilité peut être appréciée selon les règles que l'on est généralement convenu d'appliquer aux médecins, chirurgiens et autres hommes de l'art. C'est-à-dire qu'elle ne pourra être appréciée par les tribunaux que dans le cas où elle n'entraînerait pas l'examen des méthodes médicales et scientifiques, par suite dans le cas où elle ne serait basée que sur le mépris des règles de bon sens et de prudence imposées à toutes les professions. Par exemple il semblerait difficile qu'un tribunal condamnât un vétérinaire diplômé, par conséquent présumé capable, pour les suites malheureuses d'une opération ou d'une maladie qu'il a faite ou soignée par tel procédé médical plutôt que par tel autre.

16. Mais le vétérinaire sera incontestablement responsable de ses fautes lourdes et grossières, de négligences coupables et graves. Il est impossible de fixer, d'ailleurs, l'étendue exacte de cette responsabilité ni dans quels cas précis elle existe, car elle se présente dans des circonstances de fait variables à l'infini, et qui sont exclusivement soumises, sous la réserve énoncée précédemment, à l'appréciation des tribunaux.

17. En résumé, l'on peut dire que le vétérinaire est responsable chaque fois qu'il a commis une faute, un dol, une imprudence et une négligence graves, ou bien qu'il a ignoré ce qu'il devait savoir. Il ne l'est pas, quand il a pris toutes les précautions que la prudence commandait (Trib. Lyon 14 mars 1882).

18. De nombreux accidents peuvent survenir au cours des opérations pratiquées par les vétérinaires, ainsi que nous venons de le voir. La responsabilité en est appréciée par le savant ouvrage de M. Galtier dans les termes suivants :

D'une façon générale il faut conclure que le vétérinaire n'est pas responsable des accidents qui se produisent pendant les opérations qu'il pratique, que ces accidents soient une conséquence même de l'opération, ou qu'ils soient la conséquence de son propre fait, tant qu'on ne peut pas établir sa faute lourde, sa négligence grossière ou son ignorance crasse, tant qu'on ne peut pas établir qu'il a omis de prendre les précautions usuelles, qu'il n'était pas en pleine possession de lui-même (ivresse), qu'il n'a pas employé des instruments convenables, qu'il n'a pas fixé convenablement l'animal, qu'il n'a pas opéré selon les procédés usités, etc.

Et plus loin :

Tout vétérinaire nommé expert par les tribunaux pour apprécier la responsabilité d'un confrère doit donc rechercher s'il y a eu faute lourde, ignorance crasse, ou négligence grossière, et à défaut de ces circonstances il doit conclure à l'irresponsabilité, sans se préoccuper de l'opportunité ou de l'inopportunité du traitement institué.

19. La loi du 21 juillet 1881 (art. 3) sur la police

sanitaire des animaux prescrit aux vétérinaires qui ont à examiner ou à soigner un cheval atteint d'une maladie contagieuse, d'en faire, sur-le-champ, la déclaration au maire de la commune où se trouve l'animal. Le défaut de cette déclaration peut avoir les conséquences les plus funestes au point de vue de la contagion. Le vétérinaire qui aurait négligé de se soumettre à cette formalité, pourrait être responsable civilement des conséquences de sa négligence vis-à-vis du tiers, conjointement avec le propriétaire du cheval, et même pénalement.

20. Les règles de la responsabilité des vétérinaires s'appliquent naturellement aux maréchaux ferrants.

VICES RÉDHIBITOIRES.

INDEX ALPHABÉTIQUE.

1. Une loi du 2 août 1884, abrogeant celle du 20 mai 1838, régit cette matière spéciale. Elle est ainsi conçue :

ARTICLE PREMIER. — L'action en garantie, dans les ventes ou échanges d'animaux domestiques, est régie, à défaut de conventions contraires, par les dispositions suivantes, sans préjudice des dommages et intérêts qui peuvent être dus s'il y a dol.

ART. 2. — Sont réputés vices rédhibitoires et donnent seuls ouverture aux actions résultant des articles 1641 et suivants du Code civil, sans distinction des localités où les ventes et échanges ont eu lieu, les maladies ou défauts ci-après, savoir :

1° *Pour le cheval, l'âne et le mulet:* la morve, le farcin, l'immobilité, l'emphysème pulmonaire, le cornage chronique, le tic proprement dit, avec ou sans usure des dents, les boiteries anciennes intermittentes, la fluxion périodique des yeux.

ART. 3. — L'action en réduction de prix, autorisée par l'article 1644 du Code civil, ne peut être exercée dans les ventes et échanges d'animaux énoncés à l'article précédent lorsque le vendeur offre de reprendre l'animal vendu, en restituant le prix et en remboursant à l'acquéreur les frais occasionnés par la vente.

ART. 4. — Aucune action en garantie, même en réduction de prix, n'est admise pour les ventes ou pour les échanges d'animaux domestiques, si le prix, en cas de vente, ou la valeur, en cas d'échange, ne dépasse pas 100 francs.

ART. 5. — Le délai pour intenter l'action rédhibitoire est de neuf jours francs, non compris le jour fixé pour la livraison, excepté pour la fluxion périodique, pour laquelle ce délai est de trente jours francs, non compris le jour fixé pour la livraison.

ART. 6. — Si la livraison de l'animal a été effectuée hors du lieu du domicile du vendeur ou si, après la livraison et dans le délai ci-dessus, l'animal a été conduit hors du lieu du domicile du vendeur, le délai pour intenter l'action est augmenté à raison de la distance, suivant les règles de la procédure civile.

ART. 7. — Quel que soit le délai pour intenter l'action, l'acheteur, à peine d'être non recevable, doit provoquer, dans les délais de l'article 5, la nomination d'experts, chargés de dresser procès-verbal; la requête est présentée, verbalement ou par écrit, au juge de paix du lieu où se trouve l'animal; ce juge constate dans son ordonnance la date de la requête et nomme immédiatement un ou trois experts qui doivent opérer dans le plus bref délai. Ces experts vérifient l'état de l'animal, recueillent tous les renseignements utiles, donnent leur avis, et, à la fin de leur procès-verbal, affirment par serment la sincérité de leurs opérations.

ART. 8. — Le vendeur sera appelé à l'expertise, à moins qu'il n'en soit autrement ordonné par le juge de paix, à raison de l'urgence et de l'éloignement.

La citation à l'expertise devra être donnée au vendeur dans les délais déterminés par les articles 5 et 6; elle énoncera qu'il sera procédé même en son absence.

Si le vendeur a été appelé à l'expertise, la demande pourra être signifiée dans les trois jours à compter de la clôture du procès-verbal, dont copie sera signifiée en tête de l'exploit.

Si le vendeur n'a pas été appelé à l'expertise, la demande devra être faite dans les délais fixés par les articles 5 et 6.

ART. 9. — La demande est portée devant les tribunaux compétents, suivant les règles ordinaires du droit.

Elle est dispensée de tout préliminaire de conciliation et, devant les tribunaux civils, elle est instruite et jugée comme matière sommaire.

ART. 10. — Si l'animal vient à périr, le vendeur ne sera pas tenu de la garantie, à moins que l'acheteur n'ait intenté une action régulière dans le délai légal, et ne prouve que la perte de l'animal provient de l'une des maladies spécifiées dans l'article 2.

ART. 11. — Le vendeur sera dispensé de la garantie résultant de la morve ou du farcin pour le cheval, l'âne et le mulet, s'il prouve que l'animal, depuis la livraison, a été mis en contact avec des animaux atteints de ces maladies.

ART. 12. — Sont abrogés tous règlements imposant une garantie exceptionnelle aux vendeurs d'animaux destinés à la boucherie; sont également abrogées la loi du 20 mai 1838 et toutes les dispositions contraires à la présente loi.

2. La morve et le farcin, considérés par la loi de 1884 comme deux affections distinctes, ne sont que deux formes de la même maladie (Galtier).

La morve est une maladie cancéreuse ou tuberculeuse, qui affecte les muqueuses pituitaires et le système ganglionnaire de l'auge. Elle est contagieuse et se manifeste par un engorgement des glandes et un écoulement de la narine souvent très abondant.

3. Le farcin est une morve cutanée se manifestant par une inflammation suivie de tumeurs ou ulcères à la peau. C'est une maladie assez analogue aux scrofules chez l'homme, et le plus souvent contagieuse.

La morve et le farcin peuvent être chroniques ou aigus. Dans les deux cas, c'est un vice rédhibitoire.

4. L'immobilité est un état pathologique se manifestant par des troubles graves des fonctions cérébrales et des mouvements. Elle se caractérise par un assoupissement général du cheval, et la difficulté ou l'impossibilité d'exécuter certain mouvement, notamment celui de recul.

5. L'emphysème pulmonaire est le nom donné par la loi de 1884 au mal qui avait été désigné par celle de 1838 sous le terme de pousse. C'est une tumeur causée

par l'introduction de l'air dans le poumon et caractérisée par un essoufflement prononcé, le battement des
flancs et l'interruption de la respiration. Elle s'accom-
pagne fréquemment de toux et d'un écoulement
muqueux. C'est un des vices les plus délicats à constater
pour les experts.

6. Le cornage chronique est un bruit anormal, acces-
soire à la respiration des chevaux et qui est le résultat
du choc de l'air contre un obstacle existant dans l'un
des organes de la respiration.

Le cornage n'est, à vrai dire, que le symptôme de
plusieurs affections des voies respiratoires. Il est inter-
mittent et se manifeste surtout quand le cheval est en
exercice. Pour constituer un vice rédhibitoire, il faut
que le cornage soit chronique et non accidentel, le
cornage chronique étant seul un mal incurable.

7. Le tic avec ou sans usure des dents consiste dans
une contraction violente et brusque des muscles de
l'encolure et du ventre, produisant un bruit spécial.

Jugé que la loi de 1884 n'a pas dérogé au principe de
l'article 1642 du Code civil aux termes duquel le vendeur
n'est pas tenu des vices apparents dont l'acheteur a pu
se rendre compte lui-même, et notamment du tic avec
usure des dents (Cass. 11 novembre 1890, *Gaz. Pal.*
du 15 novembre).

8. Les boiteries anciennes intermittentes constituent
une irrégularité dans les allures, résultant d'une lésion
ancienne.

Il faut, pour être invoquées comme vice rédhibitoire,
qu'elles soient anciennes, c'est-à-dire non contractées
chez l'acheteur, et intermittentes, c'est-à-dire qu'étant
non continues, elles aient pu échapper à l'acheteur au
moment de la vente.

Jugé que la boiterie à froid ne constitue pas un vice
rédhibitoire (Trib. Seine 8 mai 1845, le *Droit* du 9 mai).

9. La fluxion périodique des yeux, maladie qui se
développe surtout dans les climats humides, est une

ophtalmie intermittente se caractérisant par une congestion et se manifestant par accès.

Elle entraîne des désordres graves dans l'organe de la vision, dont elle peut amener l'atrophie ou la perte.

Il faut qu'elle soit périodique pour constituer un vice rédhibitoire. Mais elle le serait même pour un cheval borgne (Trib. Co. Seine 18 juillet 1845, le *Droit* du 19 juillet).

Tel est, avec l'explication rapide des diverses maladies qu'elle prévoit, le texte de la loi, dont nous allons faire une courte analyse.

10. L'article premier laisse toute liberté aux contractants de s'affranchir de la garantie ou d'en augmenter la portée. et il n'intervient que pour protéger ceux qui n'ont fait aucune stipulation particulière à cet égard.

11. Quand les parties auront étendu la garantie à d'autres vices que ceux prévus par la loi de 1884 et qu'on appelle pour cette raison vices conventionnels, le délai imparti par l'article 5 de la loi n'est pas applicable, et l'espèce rentre alors dans le droit commun (Art. 1648 C.C. ; Caen 7 mai 1878, S. 78. 2. 264. Cf. Cass. 12 novembre 1884, S. 86. 1. 149).

12. Toute la loi sur les vices rédhibitoires est faite dans l'hypothèse de la bonne foi du vendeur, qui sera seulement condamné à restituer le prix payé pour l'achat de l'animal malade et les frais accessoires.

13. Cependant le cas peut se présenter où le vendeur serait de mauvaise foi, c'est-à-dire aurait connu le vice de l'animal qu'il vend. En ce cas, outre la restitution du prix, il pourra être condamné à des dommages-intérêts. C'est ce que prévoit la dernière phrase de l'article premier. Dans ce cas, l'acheteur peut exercer, non pas une demande rédhibitoire, mais une action en nullité de la vente pour dol; mais il faut pour cela qu'il fasse la preuve que le vendeur connaissait le vice et l'a dissimulé (Trib. Seine 25 février 1870, S. 74. 1. 248).

Le vendeur reste soumis à cette action pour dol, même s'il avait inséré dans son contrat une clause de non-garantie.

14. Les articles du Code civil visés par l'article 2 de la loi de 1884 sont les articles 1642, 1643,1646 et 1649 du Code civil. Ils donnent à l'acheteur le choix entre deux actions, soit une action rédhibitoire en résolution de la vente, soit une action en réduction de prix.

15. Ces actions ne sont pas admises pour les ventes faites par autorité de justice (Art. 1649 C. C.). Mais cette disposition n'est pas applicable aux ventes volontaires qui auraient été précédées de publicité et faites par un officier public aux enchères.

16. Jugé que lorsque deux chevaux sont vendus pour former attelage, le vice rédhibitoire de l'un d'eux entraîne la résolution de la vente pour l'autre (Paris 23 décembre 1865, le *Droit* du 2 février 1866).

17. Quand le vendeur n'offre pas de reprendre l'animal en restituant le prix et les frais de la vente, l'acheteur a le choix, ainsi que nous venons de le voir, entre l'action rédhibitoire ou l'action en réduction de prix, dite *quanti minoris*. Mais l'usage de l'une de ces actions lui interdit de recourir ensuite à l'autre (Bordeaux 21 mars 1861, Dalloz, Rép. V. *Vices rédhibitoires*, nos 146 et 147).

En outre, d'après l'article 3 de la loi, l'action en réduction ne pourra être exercée, lorsque le vendeur offrira de reprendre l'animal vendu en restituant le prix et en remboursant à l'acquéreur les frais occasionnés par la vente. Cette disposition a pour but de mettre le vendeur à l'abri des abus de l'acheteur qui voudrait spéculer sur son embarras pour payer un prix moindre, tout en conservant le cheval.

18. L'article 4 de la loi de 1884 interdit les actions en garantie pour les ventes ne dépassant pas 100 francs. Il a voulu ainsi empêcher les frais d'un procès qui pour-

raient devenir plus considérables que la valeur même
en litige.

Les parties pourront cependant stipuler, même pour
ce cas, une clause particulière de garantie. Mais, en ce
cas, l'action qui en résulterait serait soumise aux règles
ordinaires de la procédure, et ne pourrait bénéficier
des mesures plus simples et plus rapides établies par la
loi de 1884.

19. Le vice rédhibitoire doit exister au moment de
la vente. Mais, s'il se manifeste dans les neuf jours
après cette vente, il est réputé par l'article 5 de la loi
de 1884, avoir existé au jour de la vente.

20. Ce délai est franc : l'assignation pourra donc
être régulièrement délivrée le dixième jour ou le trente
et unième jour (fluxion périodique) à partir de la livraison réelle, si l'animal est livré ; ou du jour fixé pour la
livraison, si l'animal n'était pas livré. Dans ce dernier
cas, il y aurait lieu de faire au vendeur une sommation
de livrer, qui serait ainsi interruptive du délai.

Cette interprétation est conforme au texte qui décide
que le jour de la livraison ne comptera pas dans la
computation du délai.

21. Dans les ventes à l'essai, le marché n'est parfait
que du jour où l'acheteur a manifesté son agrément
(Art. 1588 C. C.). Par suite, le délai de garantie des vices
rédhibitoires ne saurait courir pendant le temps de
l'essai. En conséquence, c'est à compter du jour de l'acceptation et non de celui de la livraison que le délai
commence à courir (Poitiers 28 juin 1873, S. 74. 2. 99).

22. De même pour toutes les ventes faites sous condition : le délai de garantie ne courra pas tant que l'é-
vénement de la condition ne sera pas accompli.

23. Si aucune date n'avait été fixée pour la livraison, l'acheteur devrait faire au vendeur sommation de
livrer, et le délai de garantie commencerait à courir le
lendemain du jour de la sommation (Paris 5 mai 1868,
le *Droit* du 10 mai).

23. Les délais de distance prévus par l'article 6 de la loi de 1884 et qui doivent venir augmenter le délai de garantie établi par l'article 5 de la même loi, sont fixés par l'article 1033 du Code de procédure civile.

L'augmentation est de un jour par 5 myriamètres de distance.

Cette distance est calculée non à vol d'oiseau, mais sur le chemin le plus direct entre deux localités (Nîmes 4 février 1866, S. 66. 2. 252).

Les fractions de moins de 4 myriamètres n'entrent pas en compte; celles de 4 myriamètres et au-dessus augmentent le délai d'un jour entier.

24. Si le dernier jour du délai est un jour férié, le délai sera prorogé jusqu'au lendemain. Les jours fériés sont : le 1er janvier, le 14 juillet, l'Assomption, la Toussaint, la Noël, le lundi de Pâques et celui de la Pentecôte.

25. Il peut arriver que le cheval ait été vendu plusieurs fois pendant la durée de la garantie. Dans ce cas, chaque vendeur qui voudra exercer son recours ne pourra le faire que pendant la durée des délais de garantie. La loi n'a pas fait de distinctions, en effet, entre l'action principale et les actions récursoires (Trib. Seine 21 février 1860, le *Droit* du 31 mars; Cass. 18 mars 1833, S. 33. 1. 277).

26. La nomination des experts prévue par l'article 7 de la loi de 1884 est provoquée par une requête présentée oralement ou par écrit au juge de paix du lieu où l'animal se trouvera. La requête, si elle est écrite, doit être faite sur papier timbré.

Le juge de paix nommera, selon le plus ou moins de valeur de l'animal ou de difficulté du cas, un ou trois experts. Il peut désigner des personnes non munies du diplôme de vétérinaire, pourvu qu'elles possèdent des connaissances spéciales suffisantes.

Les experts peuvent être récusés par les parties pour les mêmes motifs que les témoins peuvent être reprochés (Art. 283 et 310 C. Pr. C.).

Les experts doivent opérer dans le plus bref délai. Ils rédigeront un procès-verbal de la clôture duquel ils informeront les parties intéressées par lettre recommandée.

Si pour une cause quelconque l'expertise était postérieurement annulée, la décision, prononçant cette nullité, pourra, bien que le délai de garantie soit expiré, ordonner une nouvelle expertise. En effet, l'acheteur qui a rempli toutes les formalités exigées par la loi ne saurait souffrir d'une nullité qui ne lui est pas imputable (Cass. 28 février 1860, S. 60. 1. 208).

Il est d'ailleurs jugé que l'action est recevable quand elle a été intentée dans le délai. Peu importe ensuite que les experts aient terminé leur mission avant son expiration (Cass. 28 février 1860, D. 60. 1. 114).

27. Le vendeur, dit l'article 8 de la loi de 1884, doit être appelé à l'expertise, à moins que le juge de paix n'en accorde dispense à raison de l'éloignement du vendeur, ou de l'urgence résultant de ce que la requête est présentée dans les derniers jours du délai de garantie, ou en cas de mort de l'animal.

L'appel à l'expertise se fera par une sommation signifiée par l'acheteur au vendeur dans les délais des articles 5 et 6 (V. *suprà*).

28. Le délai de l'action rédhibitoire fixé par les articles 5 et 6 est modifié par l'article 8 de la loi de 1884, dans le cas où le vendeur a été appelé à l'expertise. En ce cas, l'acheteur a la faculté d'intenter son action dans les trois jours qui suivent la clôture du procès-verbal des experts. Ce délai de trois jours n'est pas franc.

Si le domicile du vendeur est éloigné de celui où se trouve l'animal, le délai de trois jours pour la signification de la demande en résolution de la vente sera augmenté du délai de distance à raison d'un jour par cinq myriamètres.

La loi a eu pour but, en permettant à l'acheteur de

n'intenter son action qu'après la clôture du procès-verbal des experts, de lui donner la faculté de n'engager le procès qu'à bon escient et après avoir pris connaissance de l'avis des experts, mais il faut pour cela que le vendeur ait été appelé à l'expertise.

29. L'acheteur pourrait être obligé de s'absenter et craindre que pendant ce temps les formalités de l'action rédhibitoire qui pourraient devenir nécessaires, ne fussent pas remplies. En ce cas il pourra faire une vente simulée à un tiers qui remplira les formalités utiles (Cass. 28 juillet 1869, S. 69. 1. 427; Caen 24 mars 1862, S. 63. 2. 44).

30. L'article 9 de la loi de 1884 se réfère aux règles ordinaires du droit pour la compétence et les moyens de procédure.

31. Il serait donc prudent dans l'assignation d'exposer l'objet de la demande et des moyens invoqués, notamment l'indication du vice rédhibitoire sur lequel on se fonde pour demander la résolution de la vente (Art. 61 C. Pr. C.).

En pratique, cependant, cette règle peut présenter de sérieuses difficultés, car l'acheteur ne connaîtra généralement la nature du vice rédhibitoire qu'après le rapport des experts. Notons, pour ce cas, la décision de la cour suprême qui a repoussé la nullité d'une assignation ne contenant pas l'indication du vice rédhibitoire invoqué (Cass. 11 novembre 1846, S. 47. 1. 42).

32. Les règles de compétence sont ici celles du droit ordinaire.

Le vendeur doit être cité devant le tribunal de son domicile, ou de sa résidence s'il n'a pas de domicile. S'il y a plusieurs vendeurs, devant le tribunal du domicile de l'un d'eux (Art.3 et 59 C. Pr. C.).

Si la demande n'excède pas 200 francs y compris les dépenses occasionnées par l'animal, elle est de la compétence du juge de paix, pourvu que les parties ne soient pas commerçantes ou personnes ayant fait acte de commerce.

Si le prix de vente excède 200 francs, l'affaire est de la compétence des tribunaux civils.

33. Si l'affaire intervient entre personnes commerçantes ou ayant fait acte de commerce, elle est de la compétence des tribunaux de commerce, même dans le cas où la vente serait inférieure à 200 francs. Si le vendeur seul était commerçant ou avait fait acte de commerce, l'acheteur aurait le choix d'intenter son action devant le tribunal civil ou devant le tribunal de commerce (Cass. 26 juin 1867, S. 67. 1. 290).

L'action rédhibitoire est dispensée du préliminaire de conciliation, et considérée toujours, quel que soit le prix de vente, comme affaire sommaire.

34. Les derniers articles de la loi de 1884 se passent de commentaires.

Notons seulement, en terminant, qu'elle ne s'applique pas aux animaux destinés à la boucherie. Notons également qu'aucune formalité ne saurait suppléer à celles prescrites par la loi du 2 août 1884 (Cass. 10 décembre 1855, S. 56. 1. 237).

VOITURES DE COURSES.

Depuis que les courses se sont développées dans une large mesure, une industrie s'est établie qui a pour but de transporter les amateurs de Paris sur les différents hippodromes dans de grandes voitures communes, où le prix des places est peu élevé.

Une difficulté devait naître de ce fait que ces voitures stationnent pour attendre leurs clients, le plus généralement devant un café ou un restaurant déterminé.

L'administration, qui depuis quelque temps paraît vouloir faire une guerre acharnée aux courses, vit dans le fait de ce stationnement une contravention à l'ordonnance de police du 26 mai 1866 défendant le stationnement des voitures non louées.

Mais le tribunal de simple police a rejeté cette prétention avec raison, décidant que le mot « voiture louée » devait être compris dans le sens de « voiture demandée » (Paris 13 juin 1890, *Gaz. Pal.* 17 juillet).

PARIS. — IMP. P. MOUILLOT, 13, QUAI VOLTAIRE. — 45974.

APPENDICE

PARIS.

Au début de la session de 1891, le parlement a été saisi d'un projet de loi, qui, sous couleur de réglementer la répartition des fonds provenant des prélèvements opérés sur le pari mutuel, devait en réalité mettre en question l'existence même du pari.

Le gouvernement est manifestement hostile au pari à la cote et à ceux qui l'exercent en qualité de donneurs, c'est-à-dire aux bookmakers.

Cette aversion est, d'ailleurs, mal justifiée, car de l'avis de tous les hommes compétents en matière de courses, le pari à la cote est encore le moins immoral et celui qui permet le plus facilement de découvrir les fraudes, qui peuvent fausser les résultats des courses. Le jeu est entré dans nos mœurs et il serait puéril de se dissimuler qu'il est devenu une nécessité, un mal nécessaire. Ce n'est donc pas en moraliste qu'il faut envisager la question des paris, car à ce point de vue ils doivent tous être condamnés. Il faut seulement les considérer en législateur pratique, et, en les tolérant dans une certaine mesure, les rendre le moins nuisibles que faire se peut.

Voilà quelle doit être l'unique préoccupation du gouvernement ; il était permis de se demander si ce but aurait été véritablement atteint par la consécration officielle du pari mutuel, considéré comme une loterie.

Nous croyons intéressant de transcrire intégralement le texte du rapport déposé par M. de Kerjégu à la séance du 20 février 1891, au nom de la commission chargée de l'étude du nouveau projet de loi :

SESSION DE 1891

RAPPORT FAIT AU NOM DE LA COMMISSION CHARGÉE D'EXAMINER LE PROJET DE LA LOI *concernant la centralisation et le mode d'emploi des fonds provenant des prélèvements sur le* **pari mutuel.**

Messieurs,

Dans la séance du 30 juillet dernier, M. le Ministre de l'Intérieur prenait l'engagement devant la Chambre de déposer, conjointement avec M. le Ministre des Finances, un projet de loi réglant les modes de centralisation et d'emploi des fonds provenant des prélèvements sur le pari mutuel.

Le projet de loi dont vous nous avez confié l'examen n'est que l'exécution de cette promesse.

Ainsi que l'a dit l'honorable M. Constans, il est impossible qu'un ministre puisse librement disposer en dehors du budget, sans contrôle, et sous forme de simples conseils, de sommes aussi considérables, dont les attributions ont été souvent pour l'administration le sujet de sérieux embarras.

Il importe assurément que le Parlement détermine les règles suivant lesquelles des prélèvements pourront être opérés sur les produits du pari mutuel, qu'il fixe la quotité de ces prélèvements et qu'il en affecte les produits à telle ou telle œuvre d'utilité publique, mais l'intervention de la loi est d'abord nécessaire pour créer en faveur du pari mutuel, qui incontestablement constitue un jeu, une exception aux dispositions générales de notre droit.

Du moment où les sommes prélevées cessent d'être exclusivement des fonds d'assistance publique, le pari mutuel ne peut plus être assimilé à une loterie permise aux termes de la loi du 21 mai 1836.

Votre Commission a donc été amenée à se demander si cette exception était justifiée par les circonstances et par l'importance des intérêts engagés dans la question.

Avec MM. les Ministres de l'Intérieur et de l'Agriculture, nous pensons que la suppression complète des paris sur les hippodromes porterait le plus grave préjudice aux Sociétés, dont les recettes diminueraient fatalement dans des proportions telles que l'existence même des courses pourrait être compromise.

« Parler des courses sans paris est une hypocrisie, » a dit l'amiral Rous, l'autorité la plus considérable du turf anglais.

La même pensée se retrouve dans le très remarquable rapport adressé au Ministre de l'Agriculture, en 1885, par M. de la Rochette, au nom de la Commission chargée d'étudier la question des paris et des fraudes aux courses.

L'expérience tentée en 1887 ne laisse d'ailleurs subsister aucun doute à cet égard. A cette époque, on ne pariait sur les hippodromes que par l'intermédiaire des bookmakers.

Un arrêt de la Cour de cassation, qui déclarait leur commerce illicite, provoqua leur suppression.

Immédiatement, le public déserta les champs de courses. En quatre jours, la recette des entrées baissa de plus de 100.000 francs.

Les Sociétés, menacées de disparaître, s'émurent, réclamèrent très vivement, et l'administration leur accorda individuellement l'autorisation d'organiser la loterie dite *pari mutuel*. Depuis lors, elles ont bénéficié de ce régime de faveur.

Quant à l'utilité des courses elles-mêmes, nous ne pensons pas qu'il soit nécessaire d'y insister.

Pour une partie du public, elles peuvent n'être qu'un divertissement, un spectacle, une occasion de jeu; mais pour tous ceux qui ont avec le goût du cheval le sentiment élevé d'un grand intérêt national, elles apparaissent comme le seul moyen efficace et jusqu'ici connu d'assurer l'avenir de nos races chevalines.

Indispensables à l'élevage du cheval de demi-sang, c'est-à-dire du cheval de service et du cheval de guerre, les courses constituent la seule épreuve qui permette d'éliminer les animaux sans valeur pour la reproduction, et de distinguer ceux que leur vitesse, leur énergie et leur résistance rendront propres à l'amélioration de l'espèce.

Elles sont la pierre de touche qui marque le bon reproducteur.

Sans elles, pas de sélection possible.

On peut regretter que toutes les sociétés de courses ne soient pas également désintéressées et que quelques-unes ne poursuivent qu'un but de spéculation, organisant leurs réunions comme une représentation théâtrale.

Mais le nombre des entreprises de ce genre, créées en vue de réaliser un gain et parfois même de distribuer des dividendes, est heureusement très restreint.

L'immense majorité des sociétés de courses, en France, ne

recherche pas les bénéfices; le plus souvent même, elle les proscrit.

N'ayant qu'un but : l'amélioration de la race chevaline, elles
présentent un caractère d'utilité publique incontestable. Il importe d'autant plus d'assurer leur existence et leur prospérité
que l'État ne peut contribuer que dans une très faible mesure aux
allocations des hippodromes, ainsi que le fait ressortir le tableau
ci-après où se trouve indiquée la décomposition des 8.622.380 francs
distribués en 683 journées de 1889 par 282 sociétés et sur 290 terrains différents.

. DONATEURS	COURSES PLATES	COURSES A OBSTACLES	COURSES AU TROT	TOTAUX
	FR.	FR.	FR.	FR.
État................	176.000	»	325.800	501.800
Départements........	67.800	33.700	95.325	196.625
Sociétés............	3.039.210	2.869.015	513.905	6.422.130
Sociétés (en dehors de leurs hippodromes).	429.700	283.200	12.000	724.900
Villes	233.050	135.800	65 715	434.565
Divers (comices agri- coles, particuliers, compagnies de che- mins de fer, etc.)..	142.435	153.525	46.400	342.360
Totaux.....	4.088.195	3.475.240	1.058.945	8.622.380

Il n'est pas superflu de faire remarquer que ces 8.622.380 francs,
qui pourraient paraître une somme très considérable, correspon-
dent à peine aux frais qui résultent pour les propriétaires du
seul fait des chevaux à l'entraînement.

Le nombre de ces chevaux est d'environ 1.500, et la dépense
annuelle par tête dépasse 6.000 francs tout compris, ce qui représente une somme de 9.000.000 de francs pour l'ensemble.

En présence des graves conséquences de toute nature qu'entraînerait la disparition des courses pour notre élevage, et par
suite pour la défense nationale, le problème ne nous a pas semblé
comporter d'autre solution que la réglementation du jeu sur es
hippodromes, en le limitant toutefois au mode de pari dit *pari
mutuel,* qui offre le moins d'inconvénients pour le public et le plus
de garanties pour la régularité des épreuves.

Un seul de nos collègues s'est prononcé contre toute consécration du jeu par la loi.

C'est dans cette pensée de restreindre autant que possible un mal inévitable que nous avions cru devoir repousser l'amendement de M. Camille Dreyfus tendant à la réglementation du pari à la cote. Nous y aurions vu la reconnaissance légale d'une industrie condamnée par la cour de cassation, parfois dangereuse pour les preneurs et dont l'intervention n'a que trop souvent contribué à fausser les résultats des courses, alors même que la loyauté des propriétaires restait au-dessus de tout soupçon.

Certaine d'être en parfaite communauté d'idées, sur ce point, avec le gouvernement, votre commission invite M. le ministre de l'intérieur à prendre les mesures nécessaires pour assurer la suppression des parieurs *dits donneurs qui, avec ou sans emploi de signes extérieurs, auront exploité le pari à la cote, soit en délivrant des billets ou récépissés, contre argent comptant, soit simplement en recevant d'avance le payement des enjeux.*

Si l'on se résout à autoriser le jeu sous la forme du pari mutuel, comme indispensable à l'existence des courses, tout le monde sera d'accord pour lui faire payer un large tribut en faveur des pauvres et de ceux qui souffrent.

Le projet de loi dispose donc tout d'abord qu'un prélèvement de 2 0/0 sera opéré sur les recettes brutes au profit d'œuvres de bienfaisance.

L'article 2 précise le mode de centralisation des fonds ainsi prélevés et l'article 3 arrête la composition de la commission à qui incombera la délicate mission de les attribuer aux plus dignes parmi tant d'œuvres qui mériteraient d'être aidées ou créées.

D'accord avec M. le ministre de l'intérieur, nous vous proposons de fortifier le contrôle du Parlement sur l'emploi des fonds, en portant à deux sénateurs et deux députés élus par le Sénat et par la Chambre le nombre de ses membres qui en feront partie.

Nous vous demandons aussi d'adopter la seconde partie de l'amendement de M. Chautemps, et d'introduire dans la commission le vice-président du Conseil de l'assistance publique de Paris et un membre du conseil municipal de Paris élu par cette assemblée.

Un tel comité, où toutes les conditions d'impartialité et de compétence se trouveront réunies, où tous les intérêts auront leur représentation, sera certainement à la hauteur de la tâche qui s'imposera à lui dès le premier jour. Il aura en effet à régler immédiatement l'affectation de sommes très considérables déposées au Crédit foncier.

Les versements effectués à cet établissement par les sociétés de courses en 1887, 1888, 1889, 1890 s'élevaient, au 31 décembre dernier, à 6.488.081 francs sur lesquels 2.376.300 francs ont été employés en secours par le ministère de l'intérieur.

Le solde existant au jour de la promulgation de la loi, soit
4.111.781 francs augmentés des intérêts, et des versements postérieurs au 31 décembre 1890, sera mis à la disposition de la
commission pour être exclusivement attribué par elle à des
œuvres de bienfaisance, après défalcation des sommes engagées
en vertu de décisions ministérielles et non employées.

Nous n'avons pas cru pouvoir accueillir favorablement la première partie de l'amendement de M. Chautemps tendant à accorder à l'Assistance publique de la ville de Paris les deux tiers
des fonds prélevés sur les trois hippodromes de Longchamps,
d'Auteuil et de Vincennes.

Loin de contester les traditions généreuses de cette institution
qui accorde libéralement ses secours à des malheureux étrangers
au département de la Seine, nous n'hésitons pas à reconnaître
les services qu'elle rend au pays tout entier en intervenant par
de larges subventions dans l'enseignement de la médecine et en
fournissant gratuitement à la Faculté de Paris des conservatoires
et des amphithéâtres d'anatomie.

Mais nous ne pouvions pas perdre de vue non plus que, soit
directement, soit indirectement, les courses de ces trois hippodromes sont pour le commerce et l'octroi de Paris la source de
recettes considérables.

En fixant aux deux tiers des fonds prélevés sur ces trois terrains de courses le quantum de l'Assistance publique de Paris,
nous lui aurions permis d'absorber les trois quarts des sommes
prélevées dans toute la France, au détriment des régions non
moins intéressantes où sont élevés et entraînés les chevaux qui
viennent courir sur les hippodromes de la Seine.

Avec la représentation que nous vous proposons d'accorder à
Paris dans la commission de répartition, nous sommes certains
que ses intérêts ne seront pas sacrifiés.

Après avoir ainsi réglé le prélèvement des pauvres, nous pensons qu'il est équitable de rendre à l'élevage une part de ce qui
vient de lui.

Vous êtes saisis en ce moment d'un projet de loi de M. le
Ministre de l'Agriculture tendant à une augmentation de l'effectif
des étalons nationaux.

M. Develle fait ressortir l'influence bienfaisante exercée par la
loi organique de 1874, sur l'élevage français. Il énumère les
résultats obtenus, tant au point de vue de l'accroissement de la
population chevaline qu'à celui de l'amélioration de l'espèce.

Importatrice de chevaux avant l'application de cette loi, la
France est devenue exportatrice du jour où l'effectif a pu fonctionner au complet.

Pour l'année 1889 (dernier exercice connu), les importations
ont été de 12.157 têtes, tandis que les exportations se sont élevées

à 35.862 têtes, soit en faveur de l'exportation une différence de 23.000 têtes, représentant une valeur supérieure à 18.000.000 de francs, d'après les évaluations fournies par l'administration des douanes.

M. le Ministre de l'Agriculture insiste sur l'impossibilité où se trouve l'Administration des haras de donner satisfaction aux demandes des éleveurs.

Cette situation fâcheuse vous avait été déjà signalée par M. Labrousse dans son rapport sur le budget de l'Agriculture pour 1891. Elle est digne de toute votre attention.

La loi de 1874, en effet, n'a pas eu pour but unique l'intérêt de l'agriculture. Elle devait, de plus, assurer à l'armée la possibilité de trouver dans le pays même les éléments en chevaux nécessaires pour passer du pied de paix au pied de guerre. Il est à craindre que, sur ce seul point, toutes les espérances conçues en 1874 ne se soient pas réalisées. A cette époque on évaluait à 5.000 au minimum le nombre des étalons indispensables à la reproduction indigène du cheval de guerre. L'effectif des haras fut fixé à 2.500.

L'industrie privée devait en fournir également 2.500. Or, ce dernier chiffre n'a jamais été atteint et le nombre des étalons *approuvés* aptes à faire le *cheval d'armes* n'a jamais dépassé 700. Il a été de 607 en 1890, il sera cette année de 629.

La modicité des primes d'approbation, l'élévation du prix d'achat déterminée par la faveur de plus en plus grande dont jouissent les produits français à l'étranger, la concurrence faite, sur quelques points, à l'industrie privée par l'administration des haras, et peut-être aussi, dans une certaine mesure, la loi de 1886 sur la surveillance des étalons, toutes ces causes ont pu porter atteinte au développement de l'étalonnage particulier; mais quoi qu'il en soit, l'extrême prudence de l'industrie privée ne permet pas d'espérer que cette situation puisse s'améliorer sensiblement dans l'avenir. Si nous voulons que la production indigène soit en mesure de satisfaire, à un moment donné, à toutes les nécessités de la mobilisation, il est urgent de mettre à la disposition des éleveurs un nombre beaucoup plus considérable d'étalons propres à faire le cheval d'armes, sans diminuer l'effectif des étalons de trait existant actuellement dans les dépôts.

C'est pour atteindre ce but que, d'accord avec les Ministres de l'Agriculture et de l'Intérieur, nous vous proposons d'adopter l'amendement de M. le baron Demarçay tendant à établir un prélèvement de 1 0/0 en faveur de l'élevage.

Ce prélèvement de 1 0/0 sur les recettes brutes du pari mutuel, demandé par notre collègue, devra servir, dans notre pensée, à couvrir les frais d'achat en plusieurs exercices et les dépenses d'entretien des 500 étalons indiqués au projet de M. le Ministre de l'Agriculture. Et, comme il n'est pas téméraire de supposer que le produit de ce prélèvement, qui devra dépasser 1 million par an, ne sera pas complètement absorbé par cette affectation, les excédents devront être employés en primes d'approbation aux étalons particuliers, et primes de conservation aux pouliches et aux juments poulinières.

Nous nous proposons enfin d'autoriser les sociétés de courses à prélever, pour couvrir les frais d'organisation du pari mutuel, 4 0/0 dans les départements de Seine et Seine-et-Oise, 7 0/0 dans les autres départements, mais sous la réserve expresse que les excédents du produit de ces prélèvements sur lesdits frais seront distribués en prix ou en encouragements à l'élevage.

Cette dernière disposition vise les sociétés qui n'ont pas seulement pour but l'amélioration des races chevalines. Combinée avec l'obligation de l'approbation préalable des statuts et des programmes par le Ministre de l'Agriculture, elle rendra plus difficile la création d'entreprises de ce genre.

Le double quantum nous paraît justifié par le chiffre relativement faible des opérations du pari mutuel en dehors de la Seine et de Seine-et-Oise. Son installation est d'autant plus onéreuse pour les sociétés de province, que leurs réunions durent très rarement plus de deux jours. Le plus souvent elles n'ont qu'une seule journée de courses. Jusqu'à ce moment, d'ailleurs, elles ont été autorisées à s'attribuer 8 0/0 sur les recettes pour leurs frais, et en réalité nous diminuons leur quantum de 1 0/0.

D'autre part, la faculté laissée à l'administration de fixer elle-même, dans l'arrêté de réglementation, l'importance du prélèvement, pour chaque société, présenterait des difficultés et des inconvénients trop sérieux pour qu'il ne soit pas désirable de les prévenir en adoptant le chiffre maximum de 4 0/0 pour la Seine et Seine-et-Oise et de 7 0/0 pour les autres départements.

Après avoir ainsi fixé les conditions suivant lesquelles pourra fonctionner le pari mutuel, et précisé l'emploi des prélèvements, il nous restait à déterminer le mode d'imputation des fonds.

Votre commission n'a pas cru devoir adopter l'amendement de M. Cornudet tendant à l'inscription au budget ordinaire des fonds provenant des prélèvements autorisés par l'article premier.

L'impossibilité de chiffrer par avance le produit des prélèvements, le désir de ne pas introduire dans les ressources de la France un produit du jeu, et, aussi la pensée que l'inscription au budget sur ressources spéciales assurera plus certainement l'affectation que nous vous proposons de lui donner, nous ont déterminés à accepter le mode d'imputation proposé par le Gouvernement.

Tel est, Messieurs, l'ensemble des règles auxquelles votre commission, s'inspirant uniquement des intérêts de l'élevage à la prospérité duquel les courses sont indispensables, vous demande de subordonner l'organisation du pari mutuel.

Ainsi réglementé, le pari mutuel n'en restera pas moins un jeu. Mais les garanties prises diminueront les inconvénients de ce mal inévitable et permettront d'en tirer tous les avantages possibles au double point de vue de l'assistance des pauvres et de la défense nationale.

Votre commission vous propose en conséquence d'adopter le projet de loi suivant :

PROJET DE LOI

ARTICLE PREMIER. — Le Ministre de l'Intérieur peut autoriser les sociétés de courses dont les statuts et les programmes auront été approuvés par le ministre de l'Agriculture à faire fonctionner sur leurs hippodromes le mode de pari dit *pari mutuel* sous la condition qu'il sera attribué sur les recettes brutes à en provenir :

1° 2 0/0 à l'Assistance publique au profit d'œuvres de bienfaisance;

2° 1 0/0 à l'État pour subventions d'élevage;

3° 4 0/0 aux sociétés de courses des départements de la Seine et Seine-et-Oise et 7 0/0 aux sociétés de courses des autres départements pour couvrir les frais d'organisation du pari mutuel. Les excédents devront être employés en prix ou en encouragements à l'élevage.

L'autorisation donnée est toujours révocable.

ART. 2. — Les fonds provenant des prélèvements de 2 0/0 en faveur de l'Assistance publique et de 1 0/0 en faveur de l'élevage, établis, comme il est dit à l'article premier, sont versés à la caisse des trésoriers-payeurs généraux et centralisés par l'Administration des finances, pour être inscrits en recettes au budget sur ressources spéciales.

ART. 3. — Le Ministre de l'Intérieur dispose des fonds provenant du prélèvement de 2 0/0 en faveur de l'Assistance publique, au profit des œuvres de bienfaisance, par voie d'ordonnance de payement, sur la proposition d'une Commission spéciale. La composition de cette Commission est fixée comme suit :

2 sénateurs élus par le Sénat;

2 députés élus par la Chambre des députés;

1 conseiller d'État élu par le Conseil d'État;

Le vice-président du Conseil supérieur de l'Assistance publique;

Le directeur de l'Assistance et de l'Hygiène publiques;

Le vice-président du Conseil de l'Assistance publique de la ville de Paris;

Un conseiller municipal de Paris élu par le Conseil municipal de Paris ;

Le directeur général de la comptabilité publique ;

Le directeur des Haras ;

Un secrétaire désigné par le Ministre de l'Intérieur avec voix consultative.

ART. 4. — Le Ministre de l'Agriculture, après avoir pris l'avis du Conseil supérieur des Haras, dispose des fonds du prélèvement de 1 0/0 dont il est parlé à l'article 1er, en faveur de l'achat d'étalons et d'encouragements à l'élevage.

ART. 5. — Les frais généraux d'administration et de contrôle seront portés en dépense au budget sur ressources spéciales.

Un décret du Président de la République, rendu sur la proposition des Ministres de l'Intérieur, de l'Agriculture et des Finances, déterminera, s'il y a lieu, le mode de constatation des sommes dues par les Sociétés de courses.

ART. 6. — Sont abrogées les dispositions de la loi du 21 mai 1836, dans tout ce qu'elles ont de contraire aux dispositions de la présente loi.

Dispositions transitoires.

Les voies et moyens affectés aux dépenses du budget sur ressources spéciales de l'exercice de 1891 (Ministère de l'Intérieur) seront augmentés d'une somme égale au montant, en principal et intérêts, des fonds provenant des paris mutuels et existant au Crédit foncier au jour de la promulgation de la présente loi. Ladite somme sera inscrite au paragraphe 5 (produits divers) sous le titre : « Produits du prélèvement sur les paris mutuels ».

Les crédits affectés aux dépenses du même budget, qui se règlent d'après le montant des recettes réalisées, sont augmentés de la même somme, qui sera inscrite à un chapitre classé à une section spéciale du Ministère de l'Intérieur sous ce titre : « Emploi des ressources provenant des prélèvements sur les paris mutuels ».

Sur le projet de loi, divers amendements furent déposés, outre ceux de MM. Dreyfus et Demarçay, dont nous avons déjà parlé au mot *Pari.*

Seize députés soumirent à la Chambre l'amendement suivant :

« Toutefois, les deux tiers des fonds prélevés sur les trois hippodromes de Longchamps, d'Auteuil et de Vincennes, qui font partie du domaine de la Ville de Paris, seront attribués à l'administration de l'Assistance publique de la ville de Paris. »

Un autre amendement fut déposé par M. Cornudet. En voici les principaux articles :

Remplacer l'article 2 par la rédaction suivante :

« Les fonds provenant des prélèvements établis comme il est indiqué à l'article ci-dessus sont versés à la caisse des trésoriers-payeurs généraux et centralisés par l'administration des finances pour être inscrits en recettes au budget ordinaire ;

« 2 0/0 des recettes brutes produites par le pari mutuel, 3.000.000 de francs.

« 1 0/0 des recettes brutes produites par le pari mutuel, 1.500.000 francs. »

Supprimer les articles 4 et 5 et les dispositions transitoires, et les remplacer comme suit :

Art. 3. — Le prélèvement de 2 0/0 sur les recettes brutes du pari mutuel sera affecté exclusivement à des subventions aux institutions de bienfaisance (ministère de l'intérieur).

Le prélèvement de 1 0/0 sur les recettes brutes du pari mutuel sera affecté exclusivement à des acquisitions d'étalons, subventions aux sociétés de courses et primes à l'industrie chevaline (ministère de l'agriculture).

Art. 7. — Un décret du président de la République, rendu sur la proposition des ministres de l'intérieur, de l'agriculture et des finances, déterminera, s'il y a lieu, le mode de constatation des sommes dues par les sociétés de courses.

Telle était la situation des faits au moment où la discussion s'engagea à la séance de la Chambre du 28 février 1891 (V. *Journal officiel* du 1ᵉʳ mars).

Le projet de loi a été fort vivement attaqué par MM. de Lamarzelle, Roche et Michou et défendu par M. Develle, ministre de l'agriculture, et M. de Kerjégu, rapporteur de la commission, qui fit très justement observer que sans paris les courses ne peuvent exister et que sans les courses, l'élevage est mort. Malgré cette défense et après une intéressante intervention de M. Goussot, M. le ministre de l'intérieur est monté à la tribune, pour abandonner presque complètement le projet de loi qu'il sentait fort compromis.

M. Constans termina ses explications par l'appréciation suivante :

« Vous ne voulez pas qu'on joue : on ne jouera pas. Et sans m'attarder aux distinctions que faisait tout à l'heure l'honorable M. Goussot, je ne me demanderai pas s'il y a un genre de pari qui exige un effort d'esprit plus considérable que tel autre de la part du parieur.

« C'est affaire de police de faire respecter la loi. Nous agirons en conséquence et nous prendrons immédiatement toutes les mesures nécessaires — je ne dis pas demain, car il y a une armée de joueurs ; — mais, quand je serai fixé par un vote, la Chambre peut être tranquille; il n'y aura plus de bookmakers, plus de pari mutuel sur les champs de courses. »

Cette attitude n'était pas de nature à modifier l'impression que la Chambre s'était créée sur cette question ; par 338 voix contre 149 elle décidait, en effet, qu'elle ne passerait pas à la discussion des articles.

Quelles sont les conséquences juridiques de ce vote ?

Dès le lendemain, la presse laissait entendre que M. le ministre de l'intérieur, donnant suite aux menaces par lesquelles il avait terminé son discours, était décidé à supprimer toute espèce de pari sur les champs de courses.

Il faut reconnaître que, en ce qui concerne le pari mutuel, c'est pour lui un droit absolu, ce genre de pari n'existant qu'en vertu d'une autorisation administrative, toujours révocable.

Quant au pari à la cote, nous avons expliqué à ce mot que ce n'est pas un jeu de hasard. Nous pensons donc que le ministre est mal armé pour le poursuivre, et qu'il ne rencontrera pas dans les tribunaux une trop grande complaisance à suivre ses antipathies personnelles. La cour de cassation belge a jugé définitivement et récemment que le pari à la cote n'était pas un jeu de hasard. Nous aimons à croire que les magistrats français étudieront cette jurisprudence très juridique et songeront, avant de condamner trop facilement, que les intérêts de l'élevage, c'est-à-dire d'une des branches de notre agriculture, d'une de nos richesses nationales, sont liés intimement à l'existence des courses, et que la suppression de tout pari les menacerait dans leur essence même.

Au surplus, le vote de la Chambre n'a pas la portée et la signification que veut lui attribuer M. le ministre de l'intérieur.

La Chambre a refusé de connaître d'une question, qu'elle ne jugeait pas devoir réglementer : c'était à prévoir. Mais elle n'a pas entendu demander au ministre de supprimer tous les paris sur les hippodromes. Elle n'a pas voulu proclamer la légitimité du pari mutuel ; mais là s'est bornée son intention et le ministre reste libre de prendre, pour le meilleur intérêt de l'élevage, et par mesure de réglementation administrative, toutes les dispositions qui seront utiles.

Le plus sage eût été assurément de ne pas provoquer la Chambre à la discussion d'une matière qui devait lui rester étrangère, et de maintenir un état de choses dont, en définitive, le pays ne souffrait pas. Mais le mal deviendrait irréparable si M. le ministre de l'intérieur appliquait trop radicalement les mesures dont on lui prête l'intention, car le jeu est définitivement entré dans nos mœurs et en même temps que péricliteraient l'élevage et notre exportation chevaline, en même temps s'établirait la clandestinité du pari aux courses, le pire de tous les maux, parce que l'autorité restera toujours impuissante à l'atteindre.

STEEPLE-CHASES MILITAIRES.

Un nouveau règlement, approuvé par le ministre de la guerre à la date du 29 décembre 1890, a modifié dans certaines parties essentielles les dispositions qui étaient précédemment en vigueur. Ce nouveau règlement a donné lieu déjà à d'assez vives critiques et il est à présumer qu'en pratique l'autorité militaire se montrera tolérante pour certaines dispositions qui, en fait, pourraient créer d'inutiles embarras.

La règle la plus vivement commentée est celle

qu'impose ce nouveau règlement : à savoir la nécessité
de l'autorisation des commandants de corps d'armée.
On fait remarquer combien cette autorisation entraînera de lenteurs hiérarchiques et administratives et
pourrait être préjudiciable souvent aux engagements
militaires pour les courses d'obstacles.

Voici le texte de ce règlement :

ARTICLE PREMIER. — Les courses dites militaires sont celles
courues exclusivement par des chevaux appartenant à l'armée,
comme propriété de l'État ou comme propriété des officiers, et
montés par des militaires en activité de service.

ART. 2. — Aucun prix en argent ne pourra être affecté aux
courses *exclusivement* réservées aux officiers ou sous-officiers de
l'armée française.

Les prix consisteront en objets d'art ou d'utilité militaire.

ART. 3. — La tenue militaire sera de rigueur pour toutes les
séries de steeple-chases militaires prévus par le présent règlement : képi, dolman, tunique sans épaulettes, culotte et bottes.

ART. 4. — Les engagements ne comporteront aucune entrée.

L'autorisation de courir sera accordée par les généraux commandant les corps d'armée, sur la proposition du chef de corps,
qui certifiera que le cheval engagé remplit bien les conditions
de la course.

ART. 5. — Les officiers ne pourront prendre part avec leur
qualité d'officier qu'aux courses militaires de série, aux courses
internationales autorisées par le ministre et aux courses d'officiers inscrites aux programmes de la Société des steeple-chases
ou de la Société d'encouragement pour l'amélioration du cheval
français de demi-sang, pour chevaux appartenant à des officiers.

ART. 6. — Il y aura trois séries de steeple-chases militaires
pour les officiers (3e, 2e et 1re série).

Il y aura une seule série de steeple-chases militaires (4e série)
pour les sous-officiers.

Les sous-officiers du cadre des diverses écoles militaires ne
pourront concourir qu'entre eux, avec les chevaux de ces écoles.

1° *Steeple-Chase de 4e série.*
(SOUS-OFFICIERS)

Un objet d'art ou d'utilité militaire de la valeur minima de
100 francs au premier.

Un objet d'art ou d'utilité militaire de la valeur minima de
75 francs au deuxième.

Un objet d'art ou d'utilité militaire de la valeur minima de 50 francs au troisième.

Pour sous-officiers de l'armée active montant des chevaux d'armes de sous-officiers inscrits sur les contrôles comme affectés à des sous-officiers trois mois au moins avant le jour de la course.

Poids commun : 75 kilos.

Les chevaux de pur sang porteront 5 kilos de surcharge.

Tout gagnant de steeple-chases militaires de 4e série portera 2 kilos de surcharge par course gagnée dans cette série.

Sera exclu tout gagnant de quatre steeple-chases militaires de 4e série ou d'un steeple-chase militaire de série supérieure.

Le sous-officier qui montera son cheval d'armes recevra 2 kilos.

Les sous-officiers ne pourront être autorisés à courir que dans leur garnison ou dans les garnisons situées dans un rayon de 40 kilomètres.

Ces déplacements ne donneront droit à aucune indemnité.

Distance : 1.500 mètres à 1.800 mètres.

2o Steepl.-Chase militaire de 3e série.

Un objet d'art ou d'utilité militaire d'une valeur minima de 300 francs au premier.

Un objet d'art ou d'utilité militaire d'une valeur minima de 150 francs au deuxième.

Un objet d'art ou d'utilité militaire d'une valeur minima de 75 francs au troisième.

Pour officiers en activité de service, montant des chevaux d'armes d'officiers inscrits sur les contrôles et provenant des remontes de l'État ou achetés par les commissions de remonte des corps.

Poids : chevaux de demi-sang, 75 kilos; chevaux de pur sang, 80 kilos.

Tout gagnant d'un steeple-chase militaire de 3e série portera 2 kilos de surcharge ; de deux, 4 kilos; de trois, 6 kilos.

Sera exclu tout gagnant de quatre steeple-chases militaires de 3e série ou d'un steeple-chase militaire de série supérieure.

L'officier qui montera son cheval recevra 3 kilos de décharge.

Distance : 2.000 mètres environ.

3o. Steeple-chase militaire de 2e série.

Un objet d'art ou d'utilité militaire d'une valeur minima de 500 fr. au premier.

Un objet d'art ou d'utilité militaire d'une valeur minima de 300 fr. au deuxième.

Un objet d'art ou d'utilité militaire d'une valeur minima de 150 fr. au troisième.

Pour officiers en activité de service montant, soit des chevaux d'armes d'officiers inscrits sur les contrôles, soit des chevaux appartenant à des officiers en activité de service, depuis trois mois au moins avant le jour de la course, n'ayant jamais gagné de course publique à obstacles et ayant séjourné dans leur garnison au moins trois mois avant le jour de la course.

Poids : chevaux de demi-sang, 75 kil. ; chevaux de pur sang, 80 kil.

Tout gagnant de steeple-chase militaire de 2ᵉ série portera 2 kil. de surcharge par course gagnée.

Sera exclu tout gagnant de quatre steeple-chases militaires de 2ᵉ série ou d'un steeple-chase militaire de 1ʳᵉ série.

Distance : 3,000 mètres environ.

4° *Steeple-chase militaire de 1ʳᵉ série.*

Un objet d'art ou d'utilité militaire d'une valeur minima de 1.000 fr. au premier.

Un objet d'art ou d'utilité militaire d'une valeur minima de 500 fr. au deuxième.

Un objet d'art ou d'utilité militaire d'une valeur minima de 250 fr. au troisième.

Pour officiers en activité de service montant, soit des chevaux d'armes d'officiers inscrits sur les contrôles, soit des chevaux appartenant à des officiers en activité de service depuis trois mois au moins avant le jour de la course, et ayant séjourné dans leur garnison au moins trois mois avant le jour de la course, et n'ayant jamais gagné une course publique à obstacles.

Poids : chevaux de demi-sang, 75 kil. ; chevaux de pur sang, 80 kil.

Tout gagnant de steeple-chase militaire de 1ʳᵉ série portera 2 kil. de surcharge par course gagnée.

Distance : 3,500 mètres environ.

Aʀᴛ. 7. — Tout programme de courses comprenant des courses militaires dans une ville de garnison de troupes à cheval, à l'exclusion de Paris devra contenir un prix de 4ᵉ série ou un prix de 3ᵉ série.

Aʀᴛ. 8. — Aucune autorisation de courir ne sera donnée du 1ᵉʳ juillet au 20 septembre, en raison des grandes manœuvres et de leur préparation, sauf pour Saumur, cette école d'instruction étant dans des conditions spéciales et ayant toute latitude pour établir les programmes de ses courses.

Art. 9. — Chaque comité local de courses donnant des courses militaires devra s'adjoindre au moins un commissaire faisant partie de l'armée.

Ce commissaire sera consulté sur le choix des types à offrir comme objets d'art ou d'utilité militaire aux gagnants.

Art. 10. — Dans les cas non prévus par le présent règlement, le code de la Société des steeple-chases de France sera en vigueur.

En suite de ce règlement, le comité de la Société des steeple-chases a pris la décision suivante, dans sa séance du 3 février 1891 :

Dans toutes les courses d'officiers inscrites aux programmes de la Société des steeple-chases de France, un officier engageant plusieurs chevaux ne pourra en faire partir qu'un seul dans chaque course.

TABLE DES MATIÈRES

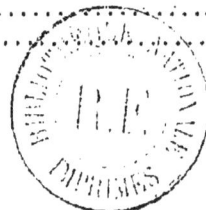

ERRATA

Page 198. — Au mot **Pari** :

« Voir le mot *Pari* à l'appendice. »

Page 322. — Aux mots **Voitures de courses** :

« La Cour de cassation a émis une opinion contraire par arrêt du 21 novembre 1890. » (*Gaz. Pal.* 91. 1. 194.)

PARIS. — IMP. P. MOUILLOT, 13, QUAI VOLTAIRE. — 45974.

www.ingramcontent.com/pod-product-compliance
Lightning Source LLC
Chambersburg PA
CBHW060124200326

41518CB00008B/920